MW00780342

TEOLOGÍA BÍBLICA DEL NUEVO TESTAMENTO

TEOLOGÍA BÍBLICA DEL NUEVO TESTAMENTO

Charles Ryrie

PORTAVOZ

Título del original: *Biblical Theology of the New Testament*
por Charles Caldwell Ryrie. © 1959 por The Moody Bible
Institute of Chicago.

Edición en castellano: *Teología bíblica del Nuevo Testamento*,
© 1999 por Editorial Portavoz, Grand Rapids, Michigan
49501. Todos los derechos reservados.

Tracuducción: Elsa Ramirez y Evis Carballosa

EDITORIAL PORTAVOZ
P.O. Box 2607
Grand Rapids, Michigan 49501 USA

Visítenos en: www.portavoz.com

ISBN 978-0-8254-1637-8

3 4 5 6 7 edición / año 14 13 12 11 10

Impreso en los Estados Unidos de América
Printed in the United States of America

En conmemoración a los diez años en el
ministerio de la enseñanza, este libro está
dedicado con profunda gratitud a todos mis
estudiantes y en particular a ese grupo
especial que ha contribuído en distintas
formas a mi propia vida, ministerio y
pensamiento.

Prólogo

Este libro sugió de la necesidad de preparar conferencias sobre Teología Bíblica. A medida que fueron desarrolladas llegó a ser más claro el beneficio distintivo que viene del abordar el estudio de las Escrituras desde un punto de vista bíblico teológico. Luego vinieron las sugerencias de escribirlo para su publicación. Esto ha sido hecho ahora con un gran beneficio personal para el autor con la oración de que este esfuerzo resulte igualmente beneficioso para otros.

En una obra de este tipo uno está en deuda con muchas personas. Algunas de estas deudas se reconocen en las referencias al trabajo de otros mencionado en esta obra. El Dr. Howard F. Vos, editor de libros de texto de Moody Press, me dio muchas sugerencias que han sido de gran ayuda en la preparación de esta obra. La asistencia del señor Henry A. Way, Jr. en escribir a máquina este manuscrito, la corrección de pruebas y la preparación de los índices ha sido muy valiosa.

Este es un libro para ser usado siempre con una Biblia y frecuentemente con comentarios bíblicos. La presente obra ayudará al lector a obtener una nueva apreciación de los escritores, circunstancias y escritos del Nuevo Testamento, y en nuestros días, cuando necesitamos desesperadamente más predicación bíblica, la Teología Bíblica puede ser usada para llenar esa necesidad. Que el Señor mismo, sin quien no podemos hacer nada, prospere este trabajo para su propia gloria.

CHARLES C. RYRIE

Contenido

SEXTA PARTE
LA TEOLOGIA DE PEDRO Y JUDAS

SEPTIMA PARTE
LA TEOLOGIA DE JUAN

Introducción

¿QUE ES LA TEOLOGIA BIBLICA?

El acercamiento de la Teología Bíblica a las Escrituras es único. La Teología Bíblica no es Teología Sistemática o exégesis, ni es meramente una clasificación diferente del mismo material. Al contrario, es una combinación parcialmente histórica, parcialmente exegética, parcialmente crítica, parcialmente teológica, y por lo tanto, totalmente distintiva. La Teología Bíblica se ocupa tanto en discutir la razón como el contenido de lo escrito. No solamente examina el producto sino investiga los procedimientos y presuposiciones que estuvieron en el acto de escribir las Escrituras.

Es un estudio remunerador. La Palabra de Dios es vista en la forma en que fue revelada—progresivamente. El todo es trazado en la forma en que Dios dio la Biblia—parte por parte. La perspectiva es la del marco histórico en el cual vino la verdad. La teología de la Biblia surge del pensamiento de los autores como se ve en sus escritos, nunca es impuesta sobre los escritos. Por cierto, el acercamiento de la Teología Bíblica constituye la mejor manera de predicar y enseñar doctrina a la gente, ya que a través de ella se darán cuenta que la teología es una parte del material de la Biblia misma y no algo que ha sido forzado sobre ella o leído dentro de ella. La recompensa de estudiar el progreso de la revelación parte por parte será ver las Escrituras en una detallada sencillez de belleza que sólo la Teología Bíblica puede traer a luz.

Entonces, el término *Teología Bíblica* debe tener un significado muy específico ya que equivale a un método tan distintivo de estudio bíblico. Sin embargo, el término no siempre es entendido así, ya que también puede ser usado en un sentido general. Podría indicar cualquier teología que está basada en la Biblia. Sin embargo, si lo que arriba ha sido dicho es cierto, debe tener un significado más particular que ése. Así que nues-

tra primera tarea es formular una definición exacta y clara para entender
los conceptos involucrados en esa definición de Teología Bíblica.

I. Definicion de la Teologia Biblica

La Teología Bíblica es esa rama de la ciencia teológica que trata
sistemáticamente con el progreso históricamente condicionado de la autorevelación de Dios como se deposita en la Biblia. No siempre la Teología Bíblica se ha definido así, ya que no siempre ha sido aplicada a la
misma rama de la ciencia teológica. En círculos pietistas denotaba una
presentación más popular (en contraste con la escolástica eclesial) de las
doctrinas del cristianismo. Para otros el término equivale al credo pri-
mitivo del cristianismo apostólico en contraste al desarrollo posterior de
la doctrina en la historia de la Iglesia.[1] Más recientemente con el sur-
gimiento de escuelas bíblicas evangélicas, la Teología Bíblica ha llegado
a erguirse como cualquier teología que pretende estar basada únicamente
en la Biblia. En otras palabras, esta noción popular hace de la Teología
Bíblica un estudio que destaca la naturaleza sobrenatural del cristianismo, mientras minimiza o ignora los aspectos racionales o filosóficos.
Aunque tal teología sea bíblica, no es necesariamente Teología Bíblica.

Si la Teología Bíblica es esa rama de la ciencia teológica que trata
sistemáticamente con el proceso históricamente condicionado de la revelación como ha sido entregada en la Biblia, tiene cuatro características
principales. Primero, los resultados de esta investigación deben ser pre-
sentados en una forma sistemática. En esto la Teología Bíblica es como
cualquier otra rama de la ciencia teológica. Sin embargo, afirmar que la
Teología Bíblica debe ser sistematizada no quiere decir que la identifi-
quemos con la Teología Sistemática, sino que significa que, cualquier
cosa que sea, no es formulada de manera desordenada. Esta primera
característica, aunque necesaria, no es distintiva.

La segunda característica de la Teología Bíblica sí la distingue de
otros estudios bíblicos. La Teología Bíblica presta atención cuidadosa al
hecho de que la revelación tomó forma en la historia. Sin embargo, no
es meramente una ciencia histórica, ni sus investigaciones se limitan a
circunstancias históricas.[2] Este énfasis histórico, aunque importante en
la Teología Bíblica, tampoco constituye un menosprecio del hecho de que

[1]Cf. H. Schultz, *Old Testament Theology* (Edinburgh: T. & T. Clark, 1895), I. 1.
[2]Como R. F. Weidner, *Biblical Theology of the New Testament* (New York: Revell,
1891) I. 13.

aunque la revelación pudo haber sido condicionada por circunstancias históricas, fue dada en palabras (cf. I Co. 2:13). Sin embargo, la investigación de los distintos escritores, de las circunstancias que le urgieron a escribir, y de la situación histórica de los destinatarios de sus cartas ayudará inmensamente a nuestro entendimiento de la doctrina revelada en la Palabra que ellos escribieron. Este estudio del condicionamienro histórico de la doctrina es un énfasis principal de la Teología Bíblica.

La tercera característica de la Teología Bíblica también es distintiva, porque concierne a la progresividad de la revelación. La Teología Bíblica investiga el progreso de la doctrina no solo como fue revelada por varios autores de la Biblia, sino también en las diferentes etapas de su desarrollo. Es evidente, pero muy poco reconocido, que lo que ahora llamamos la revelación completa de la Biblia no fue dada toda de una vez. Tampoco fue dada uniformemente, porque Dios escogió dar distintas cantidades a diferentes hombres en varios períodos de la historia de la humanidad. La revelación no fue completada en un solo acto, sino fue revelada mediante una larga serie de hechos sucesivos y a través de las mentes y manos de muchos hombres de distintos trasfondos. Esta característica de la Teología Bíblica de presentar el progreso de la doctrina representa, por así decir, un punto de vista teista de la revelación en contraste con un punto de vista deísta. El teismo reconoce el hecho de que la obra de Dios de revelación no fue completada toda de una vez y luego abandonada para que corra su propio curso. La Teología Bíblica, entonces, es un método del estudio de la Palabra de Dios muy provechoso, ya que ve el texto de la misma forma en que fue escrito. Hace años Bernard en su obra muy valiosa, *El Progreso de la Doctrina del Nuevo Testamanto,* enfatizó la importancia de este acercamiento de la Teología Bíblica a las Escrituras. El dijo:

> Dentro de todas nuestras feligresías y todas nuestras misiones los millares de evangelistas, pastores y maestros son enviados con la Biblia en sus manos, y con solemnes instrucciones de extraer de sus páginas el Evangelio que predican. Pero cuando esas páginas son abiertas, ellos presentan, no la exposición de una revelación completada, sino los registros de una revelación en progreso. Sus partes y características son vistas, no como arreglados después de su desarrollo sino como arreglándose a sí mismas en el curso de su desarrollo, y creciendo, a través de etapas que se pueden marcar, y por ende pueden ser medidas, hasta llegar a su perfecta culminación.[3]

[3]p. 20.

La última característica de la Teología Bíblica es que la fuente de su doctrina es la Biblia. Esto no anula el uso de hechos históricos que pudieran venir de otras fuentes, sino que afirma que la doctrina que será sistematizada está fundada en las palabras de la Biblia. No todos los que escriben sobre este asunto aceptan la inspiración verbal y plenaria de las Escrituras ni su autoridad, como hace el autor de este libro, pero todos reconocen que la Teología Bíblica no se ocupa de ningún otro medio de revelación sino aquel que está fundado en la Biblia.

II. La Relacion de la Teologia Biblica con Otros Estudios Biblicos

La validez de la definición arriba dada es adicionalmente sustanciada comparando la Teología Bíblica con las otras ramas de los estudios teológicos.

A. *Su Relación con la Apologética*

La Teología Bíblica presupone los resultados de la disciplina de la apologética y construye sobre ellos. Obviamente la clase de resultados que se dan por sentados, hacen una gran diferencia. Este autor cree que la apologética ha confirmado, entre otras cosas, los postulados del teismo, los hechos sobrenaturales, y la inspiración verbal y plenaria de las Escrituras.[4] Es sobre este fundamento que se construye esta obra.

B. *Su Relación con la Introducción al Nuevo Testamento*

Como ocurre con la apologética, los resultados de las investigaciones de la introducción al Nuevo Testamento son con mayor frecuencia meramente supuestos y no discutidos en un trabajo sobre Teología Bíblica. Sin embargo, ya que la Teología Bíblica no puede existir sin las investigaciones críticas de una introducción, esta última debe precederle, y en cierto modo incluirla también. Asuntos de paternidad literaria, fecha de escritura, y destino son de suma importancia para la perspectiva histórica de la Teología Bíblica, y por lo general estos asuntos pueden expresarse en resúmenes sobre la base de los resultados de la introducción al Nuevo Testamento. Ocasionalmente, los eruditos novotestamentrios es-

[4]Ver E. J. Cornell, *An Introduction to Christian Apologetics* (Grand Rapids: Eerdmans, 1948).

tán en tal desacuerdo con lo que respecta a ciertos asuntos críticos que el teólogo bíblico debe ocuparse en el estudio de estos con mayor ahínco a fin de establecer un fundamento sólido sobre el cual construir su teología.

Por ejemplo, se juzga necesario tratar en detalle el asunto de la paternidad de las epístolas pastorales antes de proceder con la teología paulina, porque los eruditos del Nuevo Testamento están agudamente divididos en esta cuestión, la cual debe establecerse definitivamente a fin de determinar la cantidad de las fuentes originales que correctamente pertenece a la teología paulina. Pero generalmente, puede afirmarse que la Teología Bíblica no se adentra en los detalles de las investigaciones críticas, porque como correctamente señala Weiss "[la teología bíblica] es sólo una ciencia histórico-descriptiva, y no histórico crítica".[5]

C. *Su Relación con la Exégesis*

La Teología Bíblica guarda una estrechísima relación con la exégesis, porque construye directamente sobre ella. La exégesis debe ser gramatical (debe decirnos exactamente lo que dijo el autor) y debe ser histórica (debe decirnos exactamente lo que el escritor dijo en su propio tiempo), y esta interpretación gramático-histórica es la base de la Teología Bíblica. El teólogo bíblico cuidadoso forzosamente debe incluir en la preparación de su tarea una exégesis de todo el material bíblico pertinente a su estudio. Existe cierta diferencia para un entendimiento adecuado de la teología paulina, por ejemplo, si en Efesios 5:26 el escritor está hablando de santificación o del rito del bautismo, o de ambos. Por lo tanto, una exégesis cuidadosa de un versículo como ése es una necesidad absoluta para una teología exacta. La solución de problemas textuales, que es parte de la tarea de la exégesis, es también fundamental en la ciencia de la Teología Bíblica. Uno no puede ser un teólogo sin ser un exégeta, aunque se puede ser un exégeta sin ser un teólogo. La Teología Bíblica va más allá de la exégesis, porque no solamente presenta lo que dijo el escritor, sino que busca descubrir el patrón teológico en su mente, del cual el escrito es una reflexión.

D. *Su Relación con la Historia de la Doctrina Cristiana*

La Teología Bíblica tiene estrecha relación con ciertos aspectos de la teología histórica, pero es ciertamente diferente de la historia de la doc-

[5]B. Wiss, *Biblical Theology of the New Testament* (Edinburgh: T. & T. Clark, 1882), I., 9.

trina cristiana. Mientras que la historia de la doctrina cristiana es el estudio de lo que los lectores pensaron de la Palabra, ya sea individual o colectivamente en los concilios de la Iglesia, la Teología Bíblica es el estudio de lo que los escritores de la Biblia pensaron y dijeron. La Teología Bíblica estudia la revelación en su fuente humana, mientras que la historia de la doctrina cristiana estudia la interpretación dada por la Iglesia.

E. *Su Relación con la Teología Sistemática*

Hay una manifiesta confusión o vaguedad en lo que respecta a la distinción entre Teología Bíblica y Teología Sistemática. Esto se debe en gran parte al hecho de que existe mucha similitud entre las dos ciencias. Por ejemplo, ambas están (o deben estar) basadas en la Biblia (aunque la Teología Sistemática debe incluir otras fuentes de conocimiento). Ambas son bíblicas. Ambas son sistemáticas. Está muy lejos de la verdad pensar de la Teología Sistemática como no bíblica o de la Teología Bíblica como no sistemática. Sin embargo, hay algunas diferencias básicas que distinguen estas dos disciplinas.

1. *En prioridad.* Estrictamente hablando la Teología Bíblica es fundamental para la Teología Sistemática. Es la práctica en nuestras instituciones educacionales hacer obligatorios los cursos de Teología Sistemática, mientras que los de Teología Bíblica son generalmente optativos. Esto podría dar la apariencia de que la Teología Bíblica lógicamente sigue al estudio de la Teología Sistemática. Lógica y cronológicamente la Teología Bíblica debería tomar prioridad sobre la Teología Sistemática, porque el orden de estudio debe ser introducción, exégesis, trasfondo histórico, Teología Bíblica y finalmente Teología Sistemática. Este es el orden que debería de seguirse si se empezase de cero. Como no ocurre así, se enseña la Teología Sistemática en los cursos prescritos. Verdaderamente así escomo debe de ser, porque con los limitaciones de tiempo y espacio de un curriculum teológico, los estudiantes deben cosechar los beneficios del pensamiento y trabajo de otros como lo hacen en el estudio de la Teología Sistemática. Más adelante pueden estudiar el método y los resultados de la Teología Bíblica.

2. *En el propósito.* El propósito de la Teología Bíblica es descubrir lo que los escritores originales de las Escrituras consideraron como verdad, no sólo de lo que escribieron, sino de lo que sus escritos reflejan tocante a su pensamiento teológico. El propósito de la Teología Sistemática es establecer no sólo la verdad, sino las razones de por qué es

verdad. En este contrastante marco de referencia, entonces, lo primero es puramente histórico, y lo último es histórico filosófico.

En tal grado podría decirse que la Teología Bíblica no tiene necesidad de la Sistemática, pero la Sistemática necesita todo lo que posee la Teología Bíblica.

3. *En la perspectiva.* La Teología Sistemática manifiesta el pensamiento cristiano como un todo armonioso desde la perspectiva contemporánea. La Teología Bíblica, por su lado, presenta el pensamiento de los líderes del judaísmo y cristianismo desde la perspectiva histórica del período particular en que ellos trabajaron. El punto de vista de la Teología Sistemática es el de hoy; el de la Teología Bíblica es el del escritor sagrado.

4. *En el contenido.* La Teología Sistemática, por supuesto, en lo que respecta a sus fuentes bíblicas, está basada por lo general en la totalidad de la Biblia. La Teología Bíblica investiga partes particulares de la Biblia, y aunque la suma de todas estas partes será la Escritura completa, las investigaciones están divididas de modo que el contenido de cada período particular o el pensamiento de cada escritor es investigado separadamente. La Teología Sistemática es como una flor cuyos pétalos son examinados por la Teología Bíblica separada y detalladamente.

En conclusión, pues, es evidente que aunque la Teología Bíblica sostiene relación con algunas otras ramas del estudio bíblico, sin embargo, es una ciencia distintiva en sí misma. El teólogo bíblico debe saber algo de las conclusiones de la apologética y la introducción bíblica, debe ser un exégeta calificado, y un historiador competente. Entonces estará preparado para investigar y sistemáticamente establecer el progreso históricamente condicionado de la autorrevelación de Dios como fue depositada en la Biblia, y los resultados de su investigación histórica imparcial de las fuentes originales de la verdad, no constituirá una Teología Sistemática, sino Teología Bíblica.[6]

III. La Metodologia en la Teologia Biblica

El método de la Teología Sistemática consiste en sistematizar toda la verdad revelada sobre cualquier asunto bajo las categorías generalmente aceptadas y humanamente diseñadas de la Teología Propia, Antropología, Soteriología, etc. El método de la Teología Bíblica consiste en

---

[6]Para una investigación de la historia de la Teología Bíblica como una ciencia véase a James Lindsay, "Biblical Theology," *International Standard Bible Encyclopaedia* (Grand Rapids: Eerdmans, 1943), I, 469-72.

sistematizar la verdad revelada durante un período específico o a través de un autor determinado. Generalmente hablando, la Teología Bíblica del Antiguo Testamento presenta la verdad tal como fue progresivamente revelada en varios períodos, mientras que la Teología Bíblica del Nuevo Testamento sistematiza la verdad tal como fue progresivamente revelada a través de los distintos autores del Nuevo Testamento. La razón de esto es clara. La doctrina del Antiguo Testamento fue revelada a través de varios siglos, mientras que la del Nuevo lo fue en menos de un siglo. Por lo tanto, la Teología Bíblica del Nuevo Testamento, aunque no ignora la progresión del tiempo involucrado en la escritura del Nuevo Testamento, está primordialmente interesada con el progreso de la doctrina como se revela a través de los distintos autores humanos. Así que el plan de este libro es presentar en orden la teología de los Evangelios Sinópticos, la Teología de Hechos, la teología de Santiago, la teología Paulina, la teología de Hebreos, la teología de Pedro y Judas, y la teología Juanina. Tal arreglo hace énfasis en los escritores involucrados, aunque reconoce en una forma secundaria y tanto como sea posible la progresión cronológica.

Habiendo decidido que la Teología Bíblica del Nuevo Testamento debe de ocuparse principalmente en el desarrollo de la revelación a través de hombres en lugar de períodos, el estudiante es confrontado con otra decisión de metodología. Tiene que decidir qué clase de bosquejo debe usar en el desarrollo del pensamiento de estos hombres. Algunos han escogido seguir el mismo bosquejo que generalmente se usa en la Teología Sistemática. Es decir, toda la enseñanza de un mismo autor es sencillamente clasificada bajo las categorías usuales. Esto muestra de un vistazo lo que el escritor enseñó sobre cada asunto, pero no va más allá de ser una mera subdivisión de la ciencia de la Teología Sistemática, y ciertamente nada contribuye para revelar las tendencias teológicas del pensamiento del autor en cuestión. Por lo tanto, parece altamente preferible desarrollar la Teología Bíblica de acuerdo a las áreas sobresalientes del pensamiento del escritor involucrado o de acuerdo a los distintos particulares de la revelación dada a través de ese hombre o durante ese período. Este será, entonces, la forma en que abordaremos esta disciplina, de manera que el estudiante de la Teología Bíblica recordará que la Teología Paulina es sobresaliente en tal y tal doctrina, o que la teología de Santiago gira alrededor de ciertas categorías centrales de pensamiento. Este acercamiento histórico, en lugar de dogmático, también proporcionará al estudiante una introspección del porqué, por ejemplo, la teología de Santiago se centra en ciertas doctrinas. Esto se descubrirá en una forma que no es posible hacer mediante una simple sistematización del material en categorías normales. Ocasionalmente será de ayuda resumir ciertos aspectos de la teología de un escritor si se busca abarcar todo su pensamiento, pero primordialmente el propósito será destacar su énfasis y tratar de explicar esos patrones teológicos que yacen en su mente y se revelan en sus escritos.

IV. EL VALOR DEL ESTUDIO DE LA TEOLOGIA BIBLICA

A estas alturas debe de entenderse que la Teología Bíblica no es una Teología Sistemática en miniatura, subdividida en períodos o personas, ya que no es la mera repetición de dogmas que siguen un bosquejo sistemático aceptado como fueron expresados por un escritor particular de la Escritura o durante un período particular. La Teología Bíblica es un acercamiento fresco a la Palabra de Dios, que no es enteramente exegético ni histórico, ni teológico, ni expositivo, sino una combinación de todos estos acercamientos. Entonces, ¿cuál es el valor particular de este acercamiento?

A. *La Teología Bíblica Enfoca la Doctrina en su Contexto Histórico*

Pasar por alto el contexto histórico de una doctrina es una debilidad frecuente de la Teología Sistemática, porque a menudo se ha hecho que el sistema teológico determine el significado de un versículo o pasaje en lugar de que el pasaje moldee el sistema. El enfoque de la doctrina en su contexto histórico es el mejor antídoto en contra de este mal uso de un sistema teológico. Por ejemplo, hace algún tiempo un estudiante mío concluyó que, ya que él no pudo encontrar una mención específica al pecado en Hechos 2, Pedro no predicó acerca del pecado el Día de Pentecostés. Su error simplemente yacía en no haber entendido la doctrina del arrepentimiento (Hechos 2:38) en el contexto histórico del sermón, tomando en cuenta el trasfondo del reciente crimen de la crucifixión del Cristo. El punto de vista de la Teología Bíblica lo proteje a uno contra tales errores.

B. *La Teología Bíblica Enfatiza la Subestructura Teológica*

La Teología Bíblica alivia la situación donde las doctrinas fundamentales de la fe parecen depender principalmente del testimonio de textos de prueba aislados.[7] No es que un texto aislado pruebe una verdad,

---

[7]G. Vos, *Biblical Theology* (Grand Rapids: Eerdmans, 1954), p. 27.

pero frecuentemente es cierto que la presentación usual de algunas doctrinas en la Teología Sistemática da la impresión que esas doctrinas dependen de uno o dos textos bíblicos. Un buen ejemplo es la doctrina de la inspiración. Casi siempre se presentan dos textos como la prueba nuevotestamentaria de esa doctrina (2 Ti. 3:16 y 2 Pedro 1:21). Algunas veces se deja la impresión en el estudiante de que estos son los únicos dos textos que pueden ser usados para demostrar la inspiración de las Escrituras. No hay mejor correctivo para tan mala impresión que el estudio de la epístola de Santiago desde el punto de vista de la Teología Bíblica. Aunque Santiago no hace ninguna afirmación directa concerniente a la inspiración, la investigación de la doctrina de la Palabra en su epístola revela sin la más leve sombra de duda que en su mente había una subestructura definida de las doctrinas de la inspiración y autoridad de la Palabra. La subestructura Teológica es una prueba tan válida de cualquier doctrina como las afirmaciones explícitas, y ninguna disciplina en todo el campo de los estudios teológicos revela las subestructuras teológicas como lo hace la Teología Bíblica.

C. *La Teología Bíblica Ayuda a Equilibrar la Doctrina de la Inspiración*

La inspiración puede definirse como la superintendencia de Dios sobre los autores humanos, que usando sus propias personalidades compusieron y recopilaron sin error Su revelación para el hombre en las palabras de los manuscritos originales. Tal definición, por supuesto, incluye las ideas de la superintendencia de Dios (no dictado) de toda la Biblia, inerrancia verbal, y el lugar adecuado del instrumento humano. En los últimos años la doctrina de la inspiración ha sufrido tanto en manos de sus partidarios como de sus enemigos. La erudicción liberal ha negado realmente cualquier elemento divino en la inspiración mediante su redefinición de la inspiración en términos del autor en lugar del escrito. La Biblia es inspirada, según la crítica, hasta donde es verdad; la misma crítica se asignó la tarea de determinar qué partes de la Biblia son verdad. Al combatir este acercamiento religioso-histórico, los conservadores han tenido que enfatizar la paternidad literaria divina de las Escrituras. El resultado de este énfasis ha sido la acusación por parte de los liberales y, más recientemente, de los teólogos neo-ortodoxos, que los teólogos conservadores se subscriben al dictado verbal como la doctrina de la inspiración. Esto sucede a pesar de que los teólogos conservadores han negado verbalmente y por escrito tal acusación por muchos años.[8] Sin embargo, debe admitirse que ha habido una subestimación de los factores humanos en la inspiración. Esta deficiencia de énfasis lo corrige la Teología Bíblica, ya que su acercamiento histórico mira más allá de las palabras de los escritos y apunta al trasfondo, los intereses y al estilo del autor. La Teología Bíblica destaca la parte que el escritor tuvo en la composición de la Palabra de Dios, mientras que, por supuesto, reconoce el carácter divino de los escritos.

D. *La Teología Bíblica Produce un gran aprecio por la Gracia de Dios*

El beneficio de la Teología Bíblica tal como se estableció en la sección anterior se comprende cuando la forma de abordar el estudio se realiza principalmente desde el punto de vista de la variedad de autores. El aspecto que consideramos ahora se evidencia cuando el acercamiento se hace desde el punto de vista de los diferentes períodos de la revelación. Cuando uno estudia, por ejemplo, la teología del Pentateuco y luego la teología paulina no puede evitar ser impresionado con el agudo contraste en el contenido de la revelación. Por supuesto, esto es verdad sólo si en el estudio de la teología del Pentateuco uno tiene cuidado de no leer el Nuevo Testamento retrospectivamente en el Antiguo. Si se evita tal cosa, el lector quedará sorprendido con la plenitud de la revelación de la gracia de Dios en Jesucristo en contraste con aquello que fue revelado en las sombras del Antiguo Testamento. Tal contraste sólo puede traer gratitud y humildad al corazón de aquel que vive hoy en la refulgente gloria de la completa revelación, y ese contraste es uno de los productos del estudio de la Teología Bíblica.

Entonces, este es el asunto que investigamos en este libro. Pero la prosecución personal de esa investigación puede ser hecha en varias formas. Algunos que usen este libro sólo querran hojearlo con el fin de trazar los pensamientos centrales en el progreso de la revelación. Otros, y esperamos que esta sea la gran mayoría, desearán estudiarlo de principio a fin. Esto debe hacerse con una Biblia abierta, usada (1) para leer varias veces los libros involucrados en cada división teológica; y (2) para ver cada referencia mencionada mientras este texto se estudia página por página. El autor se ha esforzado en dar cierto equilibrio entre trazar el movimiento general del pensamiento y el desarrollo específico de doctrinas particulares. Esto no ha sido siempre fácil de hacer, porque la ten-

---

[8] J. G. Machen, *Christianity and Liberalism* (New York: Macmillan, 1923), pp. 73-74.

tación de extenderse demasiado en ambas direcciones se ha presentado muchas veces. El resultado podría indudablemente ser mejorado, pero cualquier deficiencia en este asunto no se debe a la falta de un deseo sincero de mantener un equilibrio en este empeño y un límite razonable de la obra total. Esto ha requerido condensación y bosquejo en muchos lugares, los cuales pueden ser compensados por el uso fiel de la Biblia por el lector, junto con este libro. La diferencia de interpretación de algunos textos bíblicos han tenido que ser pasadas por alto sin mucha discusión. En tales casos el lector debe proveerse de comentarios sobre esos pasajes.

La Teología Bíblica es una forma de abordar las Escrituras. A pesar de su carácter sobresaliente y de fructíferos beneficios, no se puede garantizar provecho y bendición para el lector o estudiante aparte del ministerio del Espíritu Santo. Es El quien toma las cosas de Cristo y nos las enseña (Juan 16:13-15), y a no ser que ese ministerio obre en el corazón no puede haber beneficio del estudio. Cosechar la plenitud de su ministerio debe ser de interés constante para todo estudiante de la Palabra de Dios. Quiera Dios concederlo a todo el que lea este libro.

Primera Parte

LA TEOLOGIA DE LOS EVANGELIOS SINOPTICOS

Capítulo I

ASUNTOS INTRODUCTORIOS

"La Teología de los Evangelios Sinópticos" no es del todo sinónima con "La Teología de Jesús" porque la primera incluye y sobrepasa a la última. Sería más simple considerar sólo las enseñanzas de Jesús en esta división del libro, porque así uno se libraría de cualquiera de las consideraciones relativas a los diferentes autores que registraron las palabras de Jesús.[1] Sin embargo, si la Teología Bíblica se interesa en el progreso de la revelación de Dios como aparece en la Biblia, los asuntos relativos a ese testimonio, es decir, el énfasis y puntos de vista de los varios autores, se deben considerar aún en la Teología Sinóptica. Las razones detrás de la selectividad de Mateo, Marcos y Lucas son de importancia para el teólogo bíblico y se le debe dar consideración en la Teología Bíblica.

Sin embargo, esto no significa que en esta división sólo se busque notar el énfasis del autor. La Teología Sinóptica incorpora la teología de Jesús. Por lo tanto, se debe incluir una sección sobre las enseñanzas de nuestro Señor. Es obvio para cualquier lector de los Evangelios que Mateo es el Evangelio más teológico, que Marcos es el más cronológico, y que Lucas es el más personal. Por lo tanto, el plan de esta división (después de considerar los asuntos introductorios) incluirá los principales temas teológicos de Mateo, las enseñanzas de Cristo, y las adiciones personales de Lucas. Esto se hará intercalando las enseñanzas de Cristo y las adiciones personales de Lucas dentro del sistema de Mateo, el evangelio teológico.

---

[1]Como John M. King, *The Theology of Christ's Teaching* (London: Hodder & Stoughton, 1902).

I. ASUNTOS INTRODUCTORIOS ACERCA DE MATEO

A. *Su Posición en el Canon*

Es incuestionable que el Evangelio de Mateo ejerce una influencia mayor, simplemente porque está de primero en el Nuevo Testamento. Una razón para su posición es porque se pensó que había sido escrito primero. Sea cierto o no, su posición primaria es de ayuda inestimable en trazar un puente sobre la brecha entre la esperanza del Antiguo Testamento del reino mesiánico y la iglesia del Nuevo Testamento. Sin Mateo estaríamos hundidos en un pantano teológico.

B. *Paternidad Literaria*

El Evangelio verdaderamente no afirma haber sido escrito por Mateo, aunque los Padres de la Iglesia Primitiva unánimemente lo atribuyen a él.[2] Sin embargo, eso no implica que el asunto de la paternidad literaria esté basado sólo sobre la tradición, porque aunque el libro no afirma expresamente haber sido escrito por Mateo, claramente testifica de ese hecho. Por ejemplo, la fiesta en la casa (Mt. 9:10) se dice por los otros escritores de los Evangelios que fue en la casa de Mateo (Mr. 2:15; Lucas 5:29) — el silencio que Mateo guarda acerca del relato sugiere que fue él el autor del Evangelio que lleva su nombre. Además, frecuentemente se ha señalado que ya que Mateo fue un apóstol poco conocido no habría habido ninguna razón para asignarle el primer Evangelio a menos que él fuera verdaderamente el autor. Un impostor habría escogido un nombre más prominente bajo el cual publicar el evangelio.

Existe muy poca información tocante a este hombre, cuyo nombre significa "dádiva de Dios", pero ciertos hechos pueden ser seleccionados de lo que se conoce. Debió ser hebreo de hebreos y no un helenista, porque había sido bien enseñado en las profecías del Antiguo Testamento. Sabemos que era un cobrador de impuestos, una ocupación que había sido causa para ser despreciado por sus compatriotas judíos, pero que le daba cierto grado de dignidad. Ningún incidente especial en la vida de Cristo está conectado con su nombre, y después de mencionarse su nombre entre aquellos que en el° aposento alto esperaban el Pentecostés (Hechos 1:13) desaparece por completo del registro bíblico. La tradición dice que predicó por quince años en Palestina y luego a los

---

[2]Eusebio, *Ecclesiastical History*, III, xxxix, 16. citando a Papías; Ireneo, *Against Heresies*, III, i, 1.

etíopes, macedonios, sirios y persas. La tradición de la iglesia oriental dice que murió pacíficamente, mientras que la tradición de la iglesia occidental afirma que fue ejecutado.[3] Sin embargo, la anonimidad y la falta de prominencia no hace de Mateo el menos grande. "Las fuentes de las aguas corren profundo," y así fue con Mateo, porque al hombre de quien tanto la historia sagrada como la secular dice tan poco, estamos en deuda por una porción de la teología más profunda en toda la Biblia.

> Prodíamos describir a Mateo como silencioso, modesto, un hombre contemplativo "pronto para oir y tardo para hablar," . . . con una mente productiva con las asociaciones de su nación y profundamente consciente del importante drama que había sucedido delante de el, del cual él mismo se sentía llamado a ser el cronista e intérprete a su propia gente.[4]

Al leer el Evangelio uno solo se percata de la majestad de la persona de Jesucristo. Al estudiar el Evangelio uno también se percata de la reverente erudicción del teólogo, cuya tarea dada por Dios fue interpretar esa persona a sus lectores.

C. Fecha y Lugar

Los liberales colocan la fecha de Mateo después del 70 d.C. por dos razones.[5] Primero, dicen que la presencia de la fórmula bautismal trinitaria en el último capítulo no podría explicarse de otra manera, y segundo, afirman que el relato de los capítulos 24 y 25 refleja la destrucción de Jerusalén. Esto, por supuesto, está basado en una negación absoluta de la posibilidad de la predicción profética.

Los conservadores están divididos sobre la cuestión de la primacía de Mateo. Algunos creen que éste fue el primer Evangelio escrito, cuya fecha podría ser alrededor del 50 d.C., mientras que los que sostienen que Marcos fue escrito primero datan a Mateo un poco antes del 70. Este problema es discutido más adelante en detalles.

Probablemente la mejor sugerencia del lugar de escritura es Antioquía en Siria.

[3]Para un resumen ver A. Carr, *The Gospel According St. Matthew. Cambridge Greek Testament* (Cambridge: Cambridge University Press, 1887), pp. xv xvi.
[4]*Ibid.*, p. xvi.
[5]Una tendencia reciente entre los liberales es hacia una fecha más temprana para Mateo.

D. *Lenguaje Original de Mateo*

A Papías, en la referencia de Eusebio ya citada, se le atribuye haber dicho que el Evangelio de Mateo fue escrito originalmente en Arameo. Algunos eruditos rechazan el testimonio de Papías ya que ni un trazo del original arameo ha sobrevivido. Otros sostienen que aunque hubo originalmente un Evangelio Arameo, fue Mateo mismo quien por causa de la demanda del creciente número de iglesias griegas compuso una edición griega del Evangelio.

E. *El Propósito Teológico de Mateo*

Si ninguno de los Evangelios nos da un panorama completo de la vida de Cristo, y si el énfasis de Mateo es teológico, entonces cabría preguntarse cuál es el propósito particular distintivo de Mateo. El Evangelio responde a cuatro interrogantes: (1) ¿Es Jesús de Nazareth el Mesías del Antiguo Testamento? (2) ¿Por qué no instauró Jesús el reino mesiánico prometido? (3) ¿Se establecerá ese reino algún día? (4) ¿Cuál es el propósito de Dios para hoy? En otras palabras, Mateo está interesado con el Rey y Su reino y con la Iglesia y su Fundador. Las tres primeras interrogantes se relacionan con el intencionado énfasis concerniente al reino, y la cuarta con el decididamente secundario énfasis sobre la Iglesia. Este doble énfasis se presenta en el primer versículo: "El libro de la genealogía de Jesucristo, hijo de David, hijo de Abraham". Es decir, el Evangelio concierne a Jesús el Mesías, el hijo de David (lo cual lo relaciona directamente con las promesas del reino incluídas en el pacto davídico de 2. S. 7), y Jesús el Mesías, el hijo de Abraham (que lo vincula al Pacto Abrahámico de Génesis 12, que incluía a todo el mundo).

II. Asuntos Introductorios Acerca de Marcos

A. *El Enfasis de Marcos*

Ya se ha señalado que Marcos es el Evangelio cronológico. Más de cuarenta veces el escritor usa la palabra *en seguida,* la cual muestra tanto una relación activa como cronológica. Los lectores eran en la mayoría cristianos gentiles, no judíos creyentes. Por esta razón la genealogía de Cristo no está incluída (porque habría significado poco a los gentiles) el Sermón del Monte no está registrado (porque se refiere a la vida del reino en la cual los judíos, y no los gentiles, estarían primordialmente interesados), y las condenaciones a los judíos y sus sectas reciben poca atención. Esta atención a las necesidades de sus lectores gentiles, y sin duda principalmente romanos, también cuenta para la interpretación de palabras arameas en el Evangelio (cf. 3:17; 5:41; 7:34; 9:43; 10:46; 14:36; 15:22, 34).

> El Evangelio . . . debe presentar el carácter y carrera de Jesús del lado o punto de vista romano, como respuesta a la idea del poder divino, obra, ley, conquista, y la autoridad universal. Para los romanos estas son las credenciales de Jesús, no menos esenciales que la profecía para los judíos . . .[6]

B. *El Autor*

El Evangelio de Marcos permanece como un testimonio al hecho de que el fracaso no necesariamente significa el fin de la eficacia. El autor fue hijo de una mujer de algún significado y posición en Jerusalén (Hechos 12:12), y su amistad con Pedro era cercana (I P. 5:13).[7] Como un joven, Marcos tuvo el raro privilegio de servir a Pablo y a Bernabé en el primer viaje misionero (Hch. 13:5), aunque no permaneció con ellos durante todo el viaje. No se conoce la razón de la partida de Marcos, pero Pablo evidentemente pensó que no era válida (Hch. 15:39). Doce años más tarde, sin embargo, Pablo reconoce a Marcos como un colaborador (Col. 4:10-11), y por el tiempo del segundo encarcelamiento de Pablo, Marcos evidentemente había borrado por completo la impresión desfavorable dejada con su deserción en el principio (2 Ti. 4:11). Probablemente ministró en Roma (I P. 5:13; 2 Ti. 4:11), y la tradición añade que fundó la iglesia de Alejandría, Egipto, donde murió como mártir.[8]

C. *Fecha y Lugar del Escrito*

El asunto de la fecha de Marcos depende enteramente de la conclusión a la que se haya llegado tocante al problema sinóptico. Si Marcos fue escrito primero debe ser fechado por el año 50 d.C.; si no, podría ser fechado más tarde, aunque nunca después del año 70. Generalmente se acepta que fue escrito desde Roma, un hecho que podría aceptarse como

---

[6]W. G. Scroggie, *Guide to the Gospels* (London: Pickering & Inglis, 1948), p. 169.
[7]La relación personal de Marcos con Pedro se menciona por los Padres de la Iglesia; cf. Eusebio, *op. cit.* III, xxxix.
[8]La leyenda dice que el cuerpo de Marcos fue removido de Alejandría a Venecia en el 827 donde está enterrado hoy día.

verdadero según las referencias de Eusebio.[9] Evidentemente fue Pedro, el amigo cercano de su madre María, quien tomó a Marcos bajo su protección, rescatándolo de la inutilidad después del incidente en Perga, y quien proveyó a Marcos con los hechos de la vida de Cristo (compare el bosquejo de Marcos con el mensaje de Pedro registrado en Hechos 10:34-43).

D. Una Nota Sobre el Problema Sinóptico

El problema sinóptico se basa sobre la pregunta: ¿Cómo podemos justificar las similaridades entre los evangelios y al mismo tiempo preservar el carácter independiente de su testimonio? Al tratar con el problema hay dos errores que deben evitarse. Aunque es necesario no pasar por alto el problema, igualmente es necesario no estar tan ocupado en él que llegue a perderse el mensaje de los escritos. La realidad del caso es que (1) sólo 50-55 versículos de Marcos no se encuentran en Mateo o Lucas (ya que 500 de los 1068 versículos de Mateo son similares a los encontrados en Marcos y 320 de los 1149 de Lucas se encuentran en Marcos); y (2) hay cerca de 250 versículos en Mateo y Lucas que muestran un paralelismo cercano y que no se encuentran del todo en Marcos. El hecho (1) parece apuntar a la conclusión de que Marcos fue escrito primero y Mateo y Lucas tuvieron acceso a él cuando escribieron. El hecho (2) parece sugerir que existía otra fuente que Mateo y Lucas usaron pero a la que Marcos no tuvo acceso.

Algunos creen haber solucionado el problema sinóptico, sugiriendo que las similaridades entre los evangelios pueden explicarse si se observa que una gran cantidad de la tradición oral precisa y exacta, acerca de la vida y enseñanzas de Cristo, era de conocimiento común entre los cristianos primitivos, y ya que Mateo, Marcos y Lucas habrían conocido esta tradición, pudieron haber usado dicha fuente en sus escritos, justificando así las similaridades aún cuando los escritos fueron publicados independientemente, y tal vez de manera simultánea.[10]

Otros (liberales y algunos conservadores[11]) admiten que los dos hechos arriba mencionados apuntan definitivamente a las conclusiones sugeridas; a saber, que Marcos fue escrito primero y fue usado por Mateo

[9]*Op. cit.*, II, xv; III, xxxix; VI, xxv.
[10]M. C. Tenney, *The New Testament, An Historical and Analytical Survey* (Grand Rapids: Eerdmans, 1953), pp. 169, 215.
[11]Scroggie, *op. cit.*, pp. 83-94.

y Lucas, y que Mateo y Lucas usaron otra fuente, generalmente llamada *Q*, porque *Q* es la primera letra de la palabra alemana para fuente.[12] Cualquier solución que se prefiera no es de gran importancia para la Teología Bíblica de los Evangelios Sinópticos; sólo hay que darse cuenta de que la doctrina evangélica de la inspiración no es arriesgada en ninguna forma si uno acepta la idea de que Marcos fue escrito primero y que un documento tal como Q existió en un tiempo. Las fuentes no son un problema para el estudiante de los Sinópticos como no lo son las citas del libro de Enoc en Judas o las fuentes de información usadas por Moisés y registradas en el Pentateuco. La Inspiración concierne a los escritos y no a las fuentes.

III. ASUNTOS INTRODUCTORIOS ACERCA DE LUCAS

Los asuntos que conciernen a Lucas y a su método de investigación van a ser discutidos bajo la división sobre Hechos. Sin embargo, se hace necesario incluir aquí anticipadamente algunos datos.

A. Las Fuentes de Lucas

De la breve discusión sobre el problema sinóptico se desprende que algunos concluyen que alrededor de una tercera parte de Lucas está relacionado con la tradición oral o con Marcos. Además, se observó que alrededor de una sexta parte del Evangelio no tiene relación alguna con Marcos pero que es similar al material de Mateo, sugiriendo a algunos que Lucas usó una fuente que fue denominada *Q.* Como quiera que se expliquen estas partes de Lucas, quedan otras porciones peculiares a ese autor. El material en 9:51-18:14 es exclusivo de Lucas. Los hechos ahí narrados probablemente fueron obtenidos de uno o más de los setenta que fueron enviados por Cristo y cuya misión es reportada en esa sección. Las llamadas parejas que se encuentran en esa sección (expresiones e historias similares a algunas encontradas en Mateo y Marcos pero bajo diferentes circunstancias) son fácilmente explicadas al recordar que un

---

[12]Un argumento de peso contra la evidencia de una fecha temprana para Marcos es el testimonio de Ireneo (*Against Heresies,* III, i, 1), en el cual dice: "Y después del éxodo de ellos (Pedro y Pablo) Marcos, el discípulo e interprete de Pedro, habiendo escrito las cosas que Pedro usó para predicar, nos las entregó." Sin embargo, se debe responder dos interrogantes a fin de evaluar adecuadamente este testimonio: (1)¿Se refiere "éxodo" a la muerte de los apóstoles o a una salida de Roma? (2) ¿Fue el escrito y la entrega realizado al mismo tiempo?

maestro frecuentemente usa el mismo material, o similar, bajo diferentes circunstancias.

Otra sección mayor también peculiar a Lucas es 1:5-2:52, las historias de la infancia de Jesús. Algunos dicen que eso es pura invensión (pero ¿cómo podría un griego inventar los himnos hebráicos de Elizabeth y María?). Otros lo ven como una adición posterior por un redactor. Tales puntos de vista deben ser rechazados. La sugerencia más aceptable tocante a la fuente de información del contenido de esos capítulos fue hecha por Ramsay, quien sugiere que María misma informó a Lucas de estos asuntos en la manera en que una mujer estaría dispuesta para decírselo a un médico.[13]

B. *Fecha y Lugar del Escrito*

Como en el caso de Mateo, los escritores liberales, generalmente colocan la fecha de Lucas después del año 70 por causa de su desacuerdo con los elementos proféticos en la Biblia.[14] Sin embargo, si la posibilidad de predicción no es soslayada (véase especialmente Lucas 21:20-24) la idea de una fecha anterior al año 70 puede ser aceptable. No obstante, el tema de la profecía no es el único argumento para una fecha temprana. Verdaderamente, la fecha temprana para Lucas está relacionada con la cuestión de la fecha de Hechos, la cual será discutida más tarde. Si se asume por el momento que Hechos debió ser escrito durante la vida de Pablo, entonces, por supuesto, el Evangelio de Lucas debió haber sido escrito alrededor del 60.

Las sugerencias en cuanto al lugar donde se escribió son un poco más que suposiciones. Cesarea parece ser tan buen candidato como cualquier otro lugar; también es posible que Lucas escribiese su Evangelio desde Roma. Podría ser aun que lo comenzase en un lugar, digamos Cesarea, y lo terminase en Roma.

C. *Los Distintivos del Evangelio*

1. *Los asuntos médicos.* El Evangelio de Lucas es peculiar en un número de formas. El primero y más obvio, por supuesto, es el interés

[13]W. M. Ramsay, *Was Christ Born at Bethlehem?* (London: Hodder & Stoughton, 1898), pp. 78-83.
[14]A. H. McNeile, *An Introduction to the Study of the New Testament* (Oxford: (Oxford University Press, 1953), p. 33.

que el Dr. Lucas manifiesta en los asuntos médicos.[15] Este interés se refleja no sólo en el uso de términos médicos (véase Lucas 4:38; 7:15; 14:2; 18:25), sino también en el interés no común mostrado en las explicaciones de sanidades y los detalles de diagnósticos y curas en esas explicaciones, los cuales no son registrados por los otros evangelistas (cf. Lc. 4:38; 5:12; 8:55; 22:50). Estos asuntos muestran el interés profesional de un médico, no meramente el vocabulario normal e interés de un griego educado.

2. *Las narraciones de la infancia.* Estrechamente relacionado con el interés médico está el relato de Lucas de los eventos que rodean el nacimiento de Cristo. Sólo él registra aquellos pensamientos íntimos, los cuales, como ya se ha sugerido, debió haberlos aprendido de María misma simplemente porque él fue un médico. Sólo Lucas menciona la anunciación dada a Zacarías y a María, los cantos de Elizabeth y María, el nacimiento y niñez de Juan el Bautista, el nacimiento de Jesús y la visita de los pastores, la circuncisión de Jesús y su presentación en el Templo, y los únicos detalles que tenemos acerca de la niñez del Señor. Indudablemente este es un énfasis significativo.

3. *El interés en individuos.* Lucas también muestra un interés singular en individuos. Diecinueve de las parábolas de Cristo son relatadas sólo por Lucas y muchas de estas conciernen a individuos. Por ejemplo, es Lucas quien relata la parábola del buen samaritano (Lc. 10:30-37), el rico insensato (12:16-21), el rico y Lázaro (16:19-31), el fariseo y el publicano (18:9-14) y las parábolas clásicas de la oveja perdida, la moneda perdida, y el hijo pródigo en el capítulo 15.

4. *El énfasis en la oración.*

5. *Las enseñanzas concernientes al lugar y obra de la mujer.*

6. *El interés en la pobreza y la riqueza.*

Todos estos temas serán tratados con detalle más adelante.

---

[15]Cf. W. K. Hobart, *Medical Language of St. Luke* (London: Longmans Green and Co., 1882), and A. T. Robertson, *Luke the Historian in the Light of Research* (Edinburgh: T. & T. Clark, 1920), pp. 90-102.

Capítulo 2

LA CRISTOLOGIA DE LOS SINOPTICOS

Hemos dicho que una teología de los sinópticos debe incluir los temas teológicos sobresalientes del Evangelio de Mateo, las enseñanzas de Cristo, y los énfasis particulares de Lucas. Si es cierto que Mateo es el Evangelio teológico, y si se reconoce que la superintendencia del Espíritu Santo sobre los escritos causó que fuera así, entonces el contenido de esta sección debe intercalar las contribuciones de Marcos y Lucas dentro del patrón teológico de Mateo. Esa estructura es muy sencilla. Se ocupa del Rey y su reino. En otras palabras, se ocupa de Cristología y Escatología. Muchas otras doctrinas están involucradas, pero todas pueden ser relacionadas a estas dos áreas básicas de la teología que, entonces, vienen a ser el bosquejo básico para toda la Teología Sinóptica.

I. LA PRESENTACION DEL REY

A. La Genealogía del Rey (Mt. 1:1-17; Lc. 3:23-38)

1. *Las divisiones de la genealogía.* Si el Rey y el reino son los temas prominentes en los Sinópticos, no es sorprendente encontrar una genealogía al inicio del registro. La genealogía que Mateo presenta no es ordinaria como la de Lucas. Está claramente adaptada al propósito del autor de arreglar la genealogía en tres divisiones. Esta división arbitraria requiere que haya algunas omisiones (cf. I Cr. 3:11-12). ¿Cuál es la explicación para esto? Lightfoot dice que se encuentra en el procedimiento judío común en estos asuntos de genealogías. Ellos frecuentemente ajustaban las genealogías para acomodarlas a sus propósitos de buen gusto en los arreglos. "Se deleitaban tanto en tal clase de contenido, que con frecuencia atezaban el hilo más allá de la medida debida y lo

35

ajustaban hasta que se quebraba".[1] Aunque hay mucha verdad en esta afirmación, no es esa toda la explicación. La solución realmente se va a encontrar en el propósito teológico del Espíritu Santo a través del instrumento humano, Mateo. Su propósito es destacar a Jesús como el hijo de David y por lo tanto el Rey de Israel. Para hacer esto la primera división de la genealogía termina con David y la segunda empieza con su nombre. Así la atención del lector es inmediatamente enfocada en David, quien es el único en la genealogía en ser llamado el rey. Esto concuerda con el propósito del autor, porque este Evangelio concierne a "Jesús el Mesías, hijo de David". La segunda división termina con la cautividad babilónica, la cual podría ser un recordatorio cáustico a los judíos que ellos estuvieron lejos de darse cuenta del cumplimiento de las promesas pertinentes a su reino mesiánico. Así, las divisiones de la genealogía enfatizan los dos aspectos del bosquejo del Evangelio—el Rey y Su reino.

2. *Los distintivos de la genealogía.* Ya se ha hecho constar que el contenido de la genealogía de Mateo es diferente a la de Lucas. La Primera contiene sólo cuarenta y un nombres, mientras la segunda contiene setenta y cuatro. El arreglo de Lucas no es artificial como el de Mateo, y Lucas va de regreso hasta Adán, mientras Mateo traza el origen del Rey desde Abraham. Por supuesto, el hecho de que Mateo usa la palabra *engendró* no quiere decir que se refiere a la prole inmediata, porque la palabra *hijo de* es usada aun cuando se saltan las generaciones (cf. Mt. 1:1; 2 Cr. 22:9).

Se ha discutido mucho sobre si las dos genealogías son o nó diferentes con referencia a los padres de Jesús. Muchos afirman que la genealogía de Mateo es a través de José mientras que la de Lucas lo es a través de María. Plummer expresa la objeción principal a este punto de vista, cuando dice:

> es probable que una solución tan obvia como esa de que una era la ascendencia de José y la otra la de María, habría sido pronto defendida, si hubiera habido razón alguna (exceptuando la dificultad) para adoptarla. Pero esta solución no fue sugerida por nadie hasta que Anio de Viterbo la propuso, cerca del año 1490 d.C.[2]

Sin embargo, Godet arguye a favor del linaje de María en Lucas sobre la base de la ausencia del artículo ante José (3:23), lo cual liga a Jesús

[1]A. Carr, *The Gospel According To St. Matthew, Cambridge Bible,* p. 31 citando a Lightfoot.
[2]A. Plummer, *A Critical and Exegetical Commentary on the Gospel According to Luke, International Critical Commentary* (Edinburg: T. & T. Clark, 1810), p. 103.

directamente con Elí, dejando a José fuera de toda la genealogía.[3] Por el otro lado, muchos sostienen que ambas genealogías son a través de José. Se dan varias explicaciones para esta posibilidad. Una de ellas dice que Matán y Matat son la misma persona, haciendo a Jacob y Elí hermanos y a José el hijo de Elí y sobrino de Jacob. Si Jacob murió sin herederos José habría venido a ser el heredero, o posiblemente José llegó a ser el heredero de Jacob porque Elí (asumiendo que su esposa estaba muerta) se casó con la viuda de Jacobo de acuerdo a la costumbre del matrimonio de levirato.[4]

Cualquiera que sea la solución correcta, una cosa está clara: Ambas genealogías demuestran el derecho de Jesús como heredero de David. Mateo enfatiza el hecho de que José es el esposo de María a fin de mostrar que ya que José reconoció al hijo de su esposa en un sentido legal como suyo propio, Jesús era legalmente el heredero de David. Lucas enteramente omite el nombre de María, y aunque cuidadosamente evita dar la impresión de que Jesús podría ser el hijo natural de José, sin embargo rechaza la más leve posibilidad de soslayar el derecho real de Jesús al trono, evitando ligarlo únicamente a su madre.[5] El derecho del Rey es, por lo tanto, cuidadosamente guardado y claramente presentado. Ese derecho al trono nunca fue disputado durante el tiempo de la vida terrenal de Jesús sobre la base de que hubiese alguna duda tocante a su descendencia de David (cf. Mt. 12:23; 15:22; 20:30-31; 21:9, 15).

3. *La doctrina de la genealogía.*

a. La doctrina del reinado. Como se mencionó anteriormente, la prominencia del rey David y la legalidad substanciada por las genealogías enfatizan el carácter real de las genealogías.

b. La doctrina de la salvación de los gentiles. El tema secundario de los Sinópticos, el de la salvación de los gentiles, está implicado en ambas genealogías. En Mateo se ve en la conexión de Jesús con Abraham y el pacto abrahámico, el cual prometía bendición a todas las naciones en la Simiente. En Lucas se ve en el trazo de la genealogía desde Adán.

4. *La doctrina de la gracia.* Frecuentemente se ha hecho notar que el arreglo artificial de nombres hecho por Mateo incluye a los de cuatro

---

[3]F. Godet, A Commentary on the Gospel of St. Luke (Edinburg: T. & T. Clark, 1890), I, 195-204.

[4]J. G. Machen, *The Virgin Birth of Christ* (New York: Harper, 1930), pp. 207-9.

[5]Esto es cierto no importa si uno acepta la genealogía como de José o de María. Si es del primero, Jesús es entonces ligado a José y el caso es el mismo que en Mateo; si es el último, Jesús es ligado a su abuelo Heli a través de María, pero sin mencionar su nombre, porque los judíos decían, *"Genus matris non vocatur genus"* (Baba bathra, 110a).

mujeres. Dos de ellas eran gentiles, Rahab y Ruth, y Ruth siendo una moabita, fue maldecida expresamente (Dt. 23:3). Tres de las cuatro mujeres eran reconocidas pecadoras —la fornicación de Tamar, la prostitución de Rahab, y el bien conocido pecado de Betsabé. Aún su inclusión en la genealogía del Mesías es una muestra del triunfo de la gracia de Dios.

B. El Nacimiento del Rey (Mt. 1:18-2:23; Lc. 1:26-2:38)

　　1. *La doctrina del nacimiento virginal.*

　　a. El significado del nacimiento virginal. El nacimiento virginal significa que la concepción de Cristo fue sin un padre humano y así contrario al proceso natural. No fue la apertura de la matriz de María como en el caso de Elizabeth, sino su activación fuera de la presencia de un varón, y después de la concepción tuvo lugar el proceso del embarazo y el nacimiento, los cuales fueron normales.

　　b. La importancia del nacimiento virginal. Algunos dicen que esta doctrina no es necesaria para la fe salvadora. Tal vez eso pueda ser aceptado, pero no puede aceptarse que sea irrelevante para los hechos sobre los cuales descansa nuestra fe. Uno puede ser salvo, sin duda, sin incluir conscientemente el nacimiento virginal en los hechos que cree, pero es increíble pensar que pueda ser salvo cuando deliberadamente niega la doctrina, porque es vital a los hechos de la fe. Sin el nacimiento virginal sólo hay un Salvador pecador, y tal Salvador no puede proveer verdadera salvación.

　　c. El testimonio del nacimiento virginal. Tanto Mateo como Lucas atestiguan del hecho y la forma del nacimiento virginal. Lucas habla de la forma al decir simplemente que el Espíritu Santo cubrió en una sombra a María (Lc. 1:34-38). Definitivamente se tiene que admitir un milagro, cuyo resultado fue el nacimiento del Hijo de Dios sin pecado. Mateo atestigua del hecho mediante el uso preciso del pronombre femenino singular relativo en 1:16. Si hubiera usado el plural hubiera indicado que tanto María como José eran los padres de Jesús, pero el uso estricto del femenino singular da fe del hecho de que sólo María era la progenitora humana de Jesús. El único comentario de Mateo concerniente al método del nacimiento virginal es su uso de *ek* con un genitivo de origen en 1:18 (indicando que el Espíritu Santo fue la fuente de origen).

　　2. *El anuncio del Rey.*

　　a. El anuncio a María (Lc. 1:31-33). El anuncio del nacimiento del

Mesías fue hecho a María con mucho detalle. Gabriel le dijo que (1) la encarnación sería en un hombre (cf. Jer. 31:22), (2) su nombre sería Jesús (un nombre judío común que significa Jehová es Salvador), (3) El sería grande en su naturaleza esencial, (4) El era el Hijo de Dios, y (5) Quien cumpliría el pacto davídico.

b. El anuncio a José (Mt. 1:18-25). Cuando José descubrió que su prometida estaba encinta, tenía dos alternativas. Pudo haber hecho de María un ejemplo público, acusándola públicamente y haciendo que fuese condenada a morir apedreada. O podría haberse divorciado ("dejarla" en el v. 19 es la palabra común para divorcio) de ella en privado, es decir, sin asignarle una causa. Esta acción habría sido un verdadero divorcio aún cuando no estuvieran casados, porque todo el año anterior a la boda era considerado un período de obligación legal, y, aunque la prometida vivía en su propia casa, en relación al hombre era considerada como si estuviera casada y así sujeta a la ley del divorcio. El dilema de José fue resuelto por el anuncio que el angel le diera respecto a lo que Dios estaba haciendo.

c. El anuncio a los pastores (Lucas 2:8-14). En el momento del nacimiento se hizo otro anuncio angelical a los pastores en los campos. Su mensaje contenía tres elementos (1) los pastores no necesitaban temer (mostrando que la naturaleza humana no está en buenas relaciones con el cielo), (2) el Salvador no favorecería sólo a una nación, sino a todas las naciones, y (3) El traería perdón de pecados.

3. *La adoración del Rey.*

a. Por los pastores.

b. Por Simeón y Ana (Lc. 2:22-38). Cuarenta días después del nacimiento, María se presentó para la purificación y el niño Jesús recibió más adoración de Simeón y Ana en el Templo. Sus palabras muestran reconocimiento del Mesías en la persona de Jesús, y sus características piadosas debieron haber sido típicas de por lo menos algunos en Israel por la época de nuestro Señor.

c. Por los magos (Mt. 2:1-12).[6] La adoración de los magos revela

---

[6]A pesar de todos los argumentos en contra a mi parecer todavía no se ha probado que los magos no vinieron en el tiempo en que Jesús nació. Trench (*The Star of the Wise Men* [Philadelphia: H. Hooker. 1950]) sugiere muy creíblemente que la estrella debió haber aparecido primero en el tiempo de la concepción. causando así la llegada de los magos a Belén en coincidencia con el nacimiento. El hecho de que Mateo use *paidion.* niñito, para describir al bebe (2:11) no prueba nada, porque la palabra es usada para un niño recién nacido tanto como para uno mayor (cf. Juan 16:21). El hecho de que lo encuentren en una casa es razonable por sí solo, porque uno no se puede imaginar a la familia quedándose en el establo más de lo que era absolutamente necesario.

ciertos puntos de interés teológico. (1) Muestra la condición religiosa de Israel. Aunque los pastores habían promulgado las nuevas, evidentemente pocos judíos habían puesto atención alguna a ello. De otra forma, los magos no habrían tenido que indagar tan diligentemente. Aún cuando los miembros del Sanedrín repitieron la profecía de Miqueas no pusieron atención a quienes les pudieron haber guiado al cumplimiento de ella. (2) Muestra la depravación del corazón humano como se manifiesta en Herodes y sus acciones. (3) Muestra la condición religiosa de algunos gentiles, porque los magos mostraron gran fe en seguir la estrella y gran percepción en reconocer al niño Jesús como Dios. (4) Muestra el cuidado providencial de Dios. La importancia teológica de los regalos que trajeron está en que son un reconocimiento concreto de la dignidad del Rey ante quien ellos fueron traídos. La importancia práctica es que posiblemente dichos regalos fueron usados por José para transportar y sostener a su familia en Egipto. Debieron ser la provisión de Dios para ese propósito.

C. La Niñez del Rey (Mt. 2:13-23; Lc. 2:39-52)

Poco se dice tocante a este período de la vida del Rey aparte de la huida a Egipto y la visita a Jerusalén en la Pascua a los doce años. Sin embargo, ciertos hechos pertinentes pueden recogerse del registro que tenemos.

1. *El ambiente de nuestro Señor.* El Señor Jesús fue criado en una familia temerosa de Dios. Sabemos que iban a Jerusalén cada año — un viaje que debió haber puesto un gran peso financiero sobre un carpintero. Además, María lo acompañaba, y, ya que no era requerido por la Ley que fueran las mujeres, eso muestra algo de la piedad extrema de la familia. La familia del Señor también estaba dotada de gran iniciativa, porque a pesar del hecho de que eran pobres y tenían que trabajar duro para obtener el sustento, la educación de los niños no se descuidaba. Ya que sabemos que el Señor nunca asistió a la escuela (Mr. 6:2; Jn. 7:15), su educación debió haberse efectuado en el hogar, y sabemos que incluía la capacidad de leer (Lc. 4:16) y escribir (Jn. 8:6). El Señor Jesús fue criado en una ciudad pecaminosa, porque Nazareth, estando en el cruce de rutas comerciales, no tenía sino una mala reputación (Juan 1:46). Aún así el muchacho vivió una vida sin pecado en medio de tales alrededores.

2. *El ejemplo de nuestro Señor.* Esos años de maduración todavía consituyen un ejemplo para todos (He. 5:8). Obedeció fielmente la ley (cf. Dt. 16:1-3); obedeció a sus padres (Lc. 2:51; esto incluye el tiempo cuando estaba sólo en la gran ciudad de Jerusalén por tres días); adoró

a Dios (Lc. 2:49); y su desarrollo durante esos años fue completo (físico, mental, social y espiritualmente; Lc. 2:52).

D. El Bautismo del Rey (Mt. 3:13-17; Mr. 1:9-11; Lc. 3:21-22)

1. *El método de su bautismo.* Cristo fue bautizado por otro hombre, y es difícil para nosotros apreciar lo que esto significa. Estamos acostumbrados a ver el bautismo realizado por un hombre sobre otra persona, pero ese no era el caso en tiempos de nuestro Señor. Para entonces todos los bautismos dentro del judaismo eran auto administrados.[7] Un prosélito dentro del judaismo tenía que ser circuncidado, ofrecer un sacrificio, y bautizarse a sí mismo en presencia de los rabinos antes de que se le adjudicaran los privilegios del judaismo. Así, el bautismo era bien conocido, pero era un rito auto impuesto. Cuando Juan vino pidiendo a los hombres que fueran bautizados por él, esta fue la forma más definitiva que pudo pedirles para que se identificaran con lo que él estaba predicando. No estaba pidiéndoles que se volvieran judíos (ya lo eran); la iglesia aún no había sido fundada, así que no estaba pidiendo que la integraran ella; él tampoco estaba empezando una nueva organización. Aunque de la tribu de Leví (Lc. 1:5), Juan, evidentemente, no era un sacerdote que hubiese sido consagrado; por lo tanto, someterse al bautismo bajo su mano era un testimonio indisputable de la identificación de uno con el ministerio y mensaje de Juan. El método de ser bautizado por otra persona, nuevo con Juan el Bautista, fue el método del bautismo de Cristo.

2. *El significado de su bautismo.* Ya se ha dicho suficiente para determinar que el significado del bautismo del Señor fue de identificación. Este es el significado de todo bautismo. El prosélito judío se identificaba con el judaismo cuando se bautizaba a sí mismo. El cristiano se identifica a sí mismo con el cristianismo (el mensaje y el grupo) cuando es bautizado. El Señor se identificó a sí mismo con la *justicia* y el *reino* cuando fue bautizado por el que predicaba "*arrepentíos* porque el *reino* de los cielos se ha acercado". Aquí estaba el cumplidor de toda justicia y el Rey del reino identificándose a sí mismo como tal.

Otros puntos de vista del significado del bautismo de Cristo son frecuentemente sugeridos. Algunos conservadores sienten que fue el rito

---

[7]A. Edersheim, *The Life and Times of Jesus the Messiah* (Grand Rapids: Eerdmans, 1943), II, 745-47; and C. H. Kraeling, *John the Baptist* (New York: Charles Scribner's Sons, 1951), pp. 99-101.

de entrada a su sacerdocio.[8] Sin embargo, nuestro Señor nunca fue un sacerdote según el orden de Aaron, porque estaba descalificado a causa de su tribu. Entonces, ¿en qué fue iniciado Aquel quien era eternamente un sacerdote según el orden de Melquisedec? Los liberales frecuentemente consideran el bautismo del Señor como una identificación con los pecadores, y dicen con esto que Cristo estaba declarando en su bautismo que El era un pecador. Otros puntos de vista son un poco más que variaciones de estos tres básicos.

E. La Tentación del Rey (Mt. 4:1-11; Mr. 1:12-13; Lc. 4:1-13)

Queda un acto final en el drama de la presentación del Rey — su tentación. Marcos reporta que esto ocurrió inmediatamente después del bautismo, y la tradición dice que tuvo lugar en el desierto cerca de Jericó.

1. *El promotor de la tentación.* Los tres relatos de la tentación expresamente establecen que el Espíritu Santo fue quien dirigió al Señor hacia la prueba. Esto, por supuesto, no fue una instigación al mal (porque Dios no hace eso) pero fue una prueba para demostrar que El era el Rey divino. Las pruebas no fueron dirigidas hacia un fin malo, sino hacia el amplimiento de fines legítimos por medios malos — medios que si hubieran sido usados por el Señor, no sólo habrían probado que El era pecador, sino también habrían demostrado que no era la clase correcta de rey para Israel — sólo un rey poderoso y no un siervo sufriente. Probar que Jesús era el rey correcto era el propósito perseguido por el Espíritu Santo.

2. *El instrumento de la tentación.* Satán fue, por supuesto, el instrumento usado para cumplir el propósito de Dios en este asunto. Cuanto más brillante es la luz más obscura son las tinieblas. Así que encontramos una actividad intensa de parte de Satanás durante toda la vida y ministerio de Cristo.

3. *El propósito de la tentación.*

a. De parte de Satanás. El propósito de Satanás en la tentación era hacer pecar a Cristo mediante la toma de atajos para efectuar el cumplimiento de sus propósitos mesiánicos, es decir, ofreciéndole fines legítimos por medios ilegítimos. Satanás intentó hacer esto apelando a la carne, al orgullo de la vida, y los ojos. Es obvio que no era incorrecto que Cristo ordenare a las piedras a convertirse en pan para alimentarse a sí mismo. Tampoco había nada malo en que Cristo demostrase ser:

[8]L. S. Chafer, *Systematic Theology* (Dallas: Dallas Seminary Press, 1947), V, 61-63.

sobrenatural al tirarse del pináculo del templo, ni su posesión de los reinos de este mundo, lo cual él *tendrá* algún día. Lo malo, entonces, no estaba en los fines con los cuales Cristo fue tentado, sino estaba en los medios para cumplir esos fines, porque eran medios que no incluían el sufrimiento antes de la gloria.

b. De parte de Dios. Si el Espíritu Santo dirigió a nuestro Señor hacia la prueba, entonces Dios debió haber tenido algún propósito para ello, y ese propósito fue demostrar la impecabilidad de su Hijo a través de su obediencia completa a la totalidad de la voluntad de Dios. Esto, entonces, fue la prueba del hecho de que Jesús no podía pecar. No fue meramente que Él podía no pecar, sino que no podía pecar. Siempre surgen objeciones a esta doctrina de la impecabilidad de Cristo, porque se cree que tal doctrina niega la realidad de la tentación y quita toda la posiblidad de una compasión genuina (He. 4:15). No hace ni lo uno ni lo otro. La realidad de cualquier prueba no descansa en la naturaleza moral del que es probado, y la posibilidad de compadecerse no depende de una correspondencia exacta de los problemas que exigen la compasión. La prueba fue real, porque aunque el Señor no pudo haber pecado en lo que respecta a la habilidad natural (I Juan 3:5b), tenía el poder para volver las piedras en pan, tirarse del pináculo del templo sin dañarse, y tomar el control de los gobiernos del mundo, pero haberlo hecho bajo las circunstancias de la prueba habría sido pecado. Por lo tanto, Él no pudo haber hecho esas cosas en aquella ocasión. La naturaleza de la prueba era diferente de cualquier cosa conocida por los seres humanos, pero la prueba era real proporcionando una base verdadera y suficiente para nuestra completa seguridad de su interés compasivo.

II. Las Credenciales del Rey

A. *El Rey es Acreditado por sus Nombres y Títulos*

Los nombres y títulos conferidos al Señor Jesucristo por los que lo siguieron son pruebas de primer orden para la demostración de su realeza. La prueba está construida sobre la investigación del uso que los diferentes escritores de los Evangelios hacen de los sustantivos "Jesús", "Señor", "Cristo", y de los títulos "Señor", "Salvador", "Profeta", "Rey", "Hijo de Dios", e "Hijo del hombre".[9] La contribución de Marcos a la

---

[9] Cf. B. B. Warfield, *The Lord of Glory* (London: Hodder & Stoughton, 1907), para el uso detallado de todos los nombres y títulos de Cristo por los escritores del Nuevo Testamento.

investigación es muy poca, porque Marcos no incluye nombres o títulos que no aparezcan en otro Evangelio, y su uso de ellos es el menos teológico. El nombre *Jesús* se usa sin excepción simplemente como el nombre narrativo de nuestro Señor, es decir, el nombre usado en la narración. Esto es de esperarse, porque la terminología de los Evangelios sigue de cerca a la de las fuentes orales o escritas en las que se apoyan, y la descripción de nuestro Señor en los relatos de su ministerio habrían sido bajo la simple designación de *Jesús*. Sin embargo, hay unas pocas excepciones sobresalientes que muestran que los escritores mismos concibieron el nombre *Jesús* como un título significativo de "Jehová es salvación". Los ejemplos más claros para una concepción más completa de la cuestión están en Lucas (1:31; 3:21, 23; Mt. 1:21). Es también Lucas quien usa la simple designación *Jesús* frecuentemente en combinaciones que exhiben connotaciones mesiánicas claras (cf. Lc. 8:28; 17:13; 18:38; Mt. 1:1; 16:21). Es natural que Lucas tomase la delantera en esto por haber estado bajo la influencia de las enseñanzas de Pablo, y también es normal descubrir un uso similar, aunque menos frecuente, en Mateo (el uso de Marcos de combinaciones está limitado a 1:1). Así que "Jesús" fue usado por los escritores de los Evangelios no meramente como el nombre de una persona, sino como un título que significaba la obra de esa persona como Salvador.

"Señor" es un título honorífico de una connotación especialmente alta. Fue usado por quienes estaban fuera del círculo de los seguidores de Cristo en formas que eran tanto sinceras como no sinceras; algunas veces sólo significaba "maestro", pero otras veces tenía un sentido más amplio (Mr. 7:28; Lucas 5:8; 6:46; 7:6; 10:17). Aunque era una forma común de dirigirse a algunos, también fue claramente usado como un sinónimo de *Adonai* (Mr. 2:28; 12:37). Además, el hecho de que "Señor" es usado por Lucas como una designación narrativa que substituía a "Jesús" muestra el elevado concepto que Lucas tenía de Jesús como deidad (cf. 7:13, 19; 10:1, 41; 11:39; 12:42; 13:15; 17:5-6; 18:6; 22:61). Por lo tanto, debemos concluir que, aunque la palabra tuviera un significado muy ordinario, fue aplicada a Jesús de Nazareth en una forma que confirmaba sus demandas como Rey.

Todos los escritores de los Evangelios registraron títulos del Señor que son definitivamente mesiánicos. El es el Profeta (Mt. 13:57; 16:14; 21:11, 46; Mr. 6:15; 8:28; Lc. 7:16, 39; 9:8, 19; 13:33-34; 24:19). La designación de *Salvador* como la usa Lucas está ligada con las profecías mesiánicas (1:47; 2:30; 3:6; 24:46). El uso de "Cristo" también satisface sus demandas mesiánicas (Mt. 1:17; 11:2; Mr. 8:29; 12:35; 13:21; 14:61;

15:32; Lc. 2:26; 22:67; 23:39; 24:26, 46). Otros títulos mesiánicos incluyen "Rey" (Mt. 2:2; 27:11; Mr. 15:2, 26; Lc. 23:2), "Pastor" (Mt. 26:31; Mr. 14:27), "Elegido de Dios" (Lc. 9:35 R.V.; 23:35), e "Hijo de David" (Mt. 12:23; 15:22; 20:31). Todos estos títulos, por supuesto ayudan a autenticar sus demandas.

Quedan por ser discutidos otros dos títulos importantes — "Hijo de Dios" e "Hijo del Hombre". El título *Hijo de Dios* no es una adición paulina posterior a las demandas de Cristo. Que El era Dios mismo fue revelado por este título al principio de su ministerio; viz., en su bautismo (Mt. 3:17; Mr. 1:11; Lc. 3:22). El no llegó a ser el Hijo de Dios en ese momento, ni estuvo simplemente consciente de eso desde ese momento en adelante. Al contrario, la voz del Padre fue una confirmación de su deidad. Esto también no es sólo afirmado por el Padre en el bautismo sino también por el maligno en la tentación, porque Satanás dijo, "si eres Hijo de Dios" (Lc. 4:3, 9). La frase griega es una condición lógica, esto es, muestra que el método del maligno no era arrojar duda sobre el hecho de que Cristo era el Hijo de Dios, sino incitarlo a probar la realidad de ello ejerciendo el poder de Dios. Podría traducirse, "dado que eres el Hijo de Dios". El Señor mismo enseñó por parábola que El era el Hijo de Dios (Lc. 20:13-14). Durante su juicio, todos los testigos entendían que El estaba claramente afirmando ser divino (Mr. 14:61; Lc. 22:67). Así los Sinópticos están llenos de pruebas de sus demandas de ser Dios.

El título *Hijo del Hombre* era la manera favorita del Señor para autodesignarse. Se encuentra treinta veces en Mateo, Catorce veces en Marcos, y veinticinco veces en Lucas, y sólo es usado por el Señor para referirse a sí mismo. Este uso frecuente debió de traer a la memoria de las gentes la profecía de Daniel (7:13-14), y de ese modo se conectaba a Jesús con el establecimiento del reino. Pero el uso frecuente que el Señor da a ese título también tenía otro propósito porque enfatizaba la humildad y humanidad de su persona. De esta forma El buscaba unir en la mente de los judíos al Salvador con el reino. Es decir, trató de dar la idea de que el Reino iba a ser establecido sobre un Salvador sufriente y humillado. Así que el título tiene tanto un significado soteriológico como escatológico (cf. Mt. 24:27, 30, 37, 39, 44; 25:31; 26:2, 24, 45, 64; Mr. 8:31; Lc. 19:10). En todos estos pasajes el énfasis claro está sobre el hecho de que la persona humana que iba a sufrir y morir era la misma que vendría con gran gloria para establecer el reino. También, uniformemente el título *Hijo del Hombre* está ligado de alguna forma con la tierra, ya sea con referencia al sufrimiento del Salvador o al Rey glorioso. Así como el sufrimiento del Hijo del Hombre fue sobre la tierra, también su reino será sobre la tierra.

Por lo tanto, sus nombres y títulos muestran que nuestro Señor fue realmente un hombre pero no un mero hombre, porque esos nombres y títulos están llenos de las más altas implicaciones. Muestran que Jesús de Nazaret fue un maestro autoritativo, el Hijo de Dios, el Redentor, y el Mesías de Israel.

B. *El Rey es Acreditado por sus Milagros*

Un milagro es un hecho extraordinario en el campo físico, perceptible a los sentidos, causado por la intervensión de un poder sobrenatural transcendente, fuera del campo de la causa y efectos naturales. Los milagros de Cristo tuvieron por lo menos dos propósitos. Manifestaron el poder de Dios y demostraron los preceptos de Dios, y en ambas de estas formas autenticaron las demandas del Mesías quien los ejecutó. Debido a que demostraban el poder de Dios fueron llamados *dunameis,* poderes (Mt. 11:20; Mr. 6:2; Lc. 1:13), porque eran manifestaciones evidentes del poder trascendental en este nuestro mundo terrenal. Que estas manifestaciones estaban singularmente conectadas con la autenticación de las demandas del Mesías es evidente en Mateo 14:2 y Lucas 19:37. La manifestación del poder de Dios en los milagros de Jesús de Nazaret debió haber probado a todos que Este era el Mesías.

Los milagros también enseñaron ciertos preceptos divinos que no podrían ser enseñados de otra forma. En contraste con las parábolas, por ejemplo, "no había nada milagroso en las parábolas; todo era natural e inevitable: la semilla creciendo; los labradores trabajando; la luz brillando; pero no era por parábolas que iba a mostrar que los ciegos podían ver, los mudos hablar, y los sordos oir; los milagros tenían que ejecutarse para enseñar estas lecciones."[10] Que este era un propósito de los milagros es corroborado en la teología juanina donde son llamados *semeio,* señales (Juan 4:48), lo cual significa "acciones que simbolizan verdades espirituales". Sin embargo, tanto la obra como la verdad era importante, porque los milagros de sanidades, por ejemplo, fueron citados por el Señor mismo como prueba suficiente y válida de que El era el Mesías (Mt. 11:4-6).

---

[10]W. G. Scroggie, *A Guide to the Gospels* (London: Pickering and Inglis, 1948), p. 555.

C. El Rey es Acreditado por su Persona

La enseñanza mesiánica del judaísmo concernía a una persona y a una era.[11] La naturaleza de la persona del Mesías fue bien definida en el Antiguo Testamento bajo los dos conceptos de Rey y Siervo de Jehová. El concepto de Rey estaba fundado sobre la base de pasajes tales como Génesis 49:8-12; II Samuel 7:11ss; Isaías 7:10-17; 9:6; Jeremías 23:5; 30:9; Miqueas 5:2; Zacarías 3:8; 6:12; 9:9. Muchas características concernientes al Mesías se encuentran en estos pasajes: (1) la permanencia y universalidad de su reinado como se ve en el pacto davídico, (2) el origen humilde del Mesías en la línea davídica (Miq. 5:2), (3) el hecho de que El sería tanto sacerdote como Rey (Zac. 6:11), y (4) la profecía de Isaías de que el Mesías sería divino porque el sería Emanuel. Así el concepto del Antiguo Testamento del Mesías como Rey claramente incluía el hecho de que El sería el Hijo de Dios (cf. Mt. 16:16; 26:63; Juan 1:34, 49; 11:27).

El concepto del Siervo de Jehová enfatizaba el sufrimiento del Mesías (Is. 41:8; 42:1-7, 19ss; 43:10; 44:1ss; 21; 49:3-6; 50:4-9; 52:13-53:12). Aunque es verdad que el título algunas veces es usado para toda la nación de Israel y otras veces para el remanente fiel, igualmente es verdad que el concepto de Siervo de Jehová culmina en un ser humano individual quien sufrirá vicariamente por su pueblo. En su deseo de ser libre del yugo romano en la época de Cristo, los judíos perdieron de vista el aspecto del sufrimiento, pero esa era, sin embargo, una parte del concepto de Mesías.

La idea doble del Rey divino y el siervo humano en el concepto del Mesías encuentra su encarnación en el Jesucristo divino-humano. Por lo tanto, todas las pruebas de que El era Aquel divino-humano convalidan las demandas de ser el Mesías.

Que El era divino se demuestra por los nombres y títulos previamente discutidos, por el hecho de que se le otorgan atributos divinos (Mt. 11:27), por el hecho de que realizó actos divinos (Jn. 5:25-39), y por el testimonio de los demonios de que El era Dios (Mt. 8:28-29), por los ángeles (Lucas 2:9-11), sus enemigos (Mt. 27:54), sus amigos (Mt. 16:16), y el Padre (Mt. 3:17; 17:5).

Que El era humano era evidente a todos. El poseyó un cuerpo verdadero (Lc. 2:52; cf. Mt. 26:12, 26; Mr. 14:8, 22, 24; Lc. 7:44-46; 22:19-20; 24:39). Poseyó una naturaleza inmaterial (Mt. 26:38; Mr. 14:34;

[11]Cf. J. Crichton, "Messiah", *The International Standard Bible Encyclopaedia* (Grand Rapids: Eerdmans, 1943), III, 2039-40.

Lc. 23:46). Experimentó el desarrolló normal y las dificultades de la vida (Lc. 2:52; Mt. 8:24). Así que la mera presencia de Jesús sobre la tierra como una manifestación de la unión de una naturaleza divina y una humana en una persona era una constante acreditación de sus demandas de ser el Mesías como se había prometido en el Antiguo Testamento.

III. EL REPUDIO DEL REY

El repudio del Rey es fácil trazarlo a través del relato de Mateo, y sólo se necesita notar su bosquejo.

1. El repudio de los gadarenos por causa de la condenación de sus negocios ilegales (8:34).

2. El repudio de los escribas cuando Cristo perdonó los pecados del paralítico (9:3).

3. El repudio de los fariseos cuando impugnaron que Jesús comía con los pecadores (9:11).

4. La confirmación por parte de Cristo del repudio de quienes rechazaron el testimonio de Juan el Bautista (11:2-19).

5. El repudio de toda la gente de las ciudades donde presentó sus credenciales (11:20-30). En medio de la condenación, extendía una palabra de invitación a los individuos (no a la nación como a un todo) a venir a El.

6. El repudio por los fariseos (12:1-50). Estos pasajes muestran el contraste marcado entre el yugo de los fariseos y el del Mesías. Esto fue claramente demostrado en la ocasión de la sanidad de un hombre con la mano seca en el día sábado en violación a la tradición judía. Además, fue manifestado definitivamente en su comisión del pecado imperdonable, el cual era imperdonable por la simple razón que estos líderes religiosos debían haber conocido el poder del Espíritu Santo de su estudio del Antiguo Testamento y consecuentemente debieron haber reconocido al Mesías, quien estaba realizando sus milagros mediante ese poder.

7. El repudio de la gente de Nazaret (13:53-58).

8. El repudio de Herodes en su decapitación de Juan (14:1-4).

9. El rechazo adicional de los fariseos (15:1-20).

10. El rechazo por el joven rico (19:16-26).

11. El rechazo por el sumo sacerdote y los ancianos (21:23-22:14).

12. El rechazo por los herodianos, saduceos y fariseos (22:15-46).

13. Total y completo rechazo en la crucifixión (26:1-27:50).

IV. EL MINISTERIO DEL REY

En la introducción de esta sección se señaló que una teología de los Sinópticos debe ciertamente incluir una sección principal sobre las enseñanzas de Cristo. Sin embargo, una sección tal no debe abarcar la totalidad de la división ni obscurecer el patrón teológico que estaba en la mente de los autores; por lo tanto, se incluye aquí como una sección principal pero dentro del bosquejo teológico de los Sinópticos.

A. *La Manera de la Enseñanza de Cristo*

Es muy difícil distinguir entre la predicación y la enseñanza de Cristo, porque toda su predicación estaba llena de enseñanza y su enseñanza fue predicada. El fue llamado "Rabí" no porque vino de las escuelas, sino por la calidad de su expresión. Antes de considerar el verdadero contenido de sus enseñanzas será ventajoso ver algunas características de su enseñanza.

1. *Fue algo ocasional.* Con esto no queremos decir que no enseñó frecuentemente, sino, al contrario, que enseñó cuando surgía la oportunidad. El estaba constantemente atento a las oportunidades y aprovechó una variedad de situaciones. Gustosamente usó el servicio en la sinagoga como ocasión para enseñar (Mr. 1:21; Mt. 4:23). Si no había oportunidad adentro, El predicaba afuera, al aire libre (Mr. 4:1).

Los siervos de Cristo deben aprender de la conducta de su Maestro . . . No debemos esperar hasta que toda pequeña dificultad u obstáculo sea quitado, antes de poner nuestra mano al arado, o ir adelante a sembrar la semilla en el mundo. Frecuentemente se desean edificios convenientes para albergar a los oyentes. Frecuentemente no se encuentran salones convenientes para alojar a los niños en la escuela. Entonces, ¿qué debemos hacer? ¿Nos sentaremos a esperar sin hacer nada? ¡De ninguna manera! Si no podemos hacer todo lo que queremos, hagamos lo que podamos.[12]

2. *No fue sistemática.* Esta característica de la enseñanza de nuestro Señor es, en un sentido, el resultado de la naturaleza ocasional de esta. Es la tarea del intérprete sistematizar las dispersas referencias a las distintas doctrinas en la enseñanza de Cristo.

3. *Fue abundantemente ilustrada.* Esto se evidencia por el uso fre-

[12]J. C. Ryle, *Expository Thoughts on the Gospels. Luke* (New York: Baker & Taylor, 1858), I, 131.

cuente que nuestro Señor hizo de las parábolas y del mundo natural para ilustrar el mundo espiritual.

4. *El usó la interrogación.* Este método fue frecuentemente usado en controversias con las distintas sectas del judaismo (Mt. 22).

5. *Era autoritativa.* Tal vez esta fue la característica más sobresaliente de la enseñanza de Jesús, y puede explicarse de varias formas. Su enseñanza fue autoritativa en contraste con la enseñanza de los escribas y fariseos (Mr. 1:22). Fue autoritativa porque era fresca (Mr. 1:27). Además, hablaba de realidad en lugar de suposiciones y estaba relacionada a los criterios más absolutos y elevados en vez de los más bajos y relativos (Mt. 5:20-48).

6. *Era subjetiva.* La enseñanza generalmente apunta hacia lo que otros dicen. Shammai y Hillel constantemente enseñaron en términos de lo que la gente debió hacer; nuestro Señor enseñó subjetivamente al ponerse como la norma a seguir.

7. *Atraía a las personas.* Aunque las enseñanzas de Jesús causaron división entre la gente, sin embargo atrajo la atención de multitudes de personas. En una ocasión la gente testificaba que sus palabras estaban llenas de gracia (Lc. 4:22). Constantemente ministró a todos–no sólo a quienes podían hacer algo para El en recompensa (Mr. 4:9, 22-23). Además hay evidencia escrita de que sus mensajes atrajeron tanto a hombres como a mujeres, y como ambos estaban entre las multitudes, ajustó sus enseñanzas a ellos. Por ejemplo el Reino de los cielos era comparado tanto a lo que hace un hombre como a lo que hace una mujer (Lc. 13:19, 21). La parábola de la oveja perdida es seguida por la parábola de la moneda perdida – una involucra a un hombre y la otra a una mujer (Lc. 15:4, 8). Cuando el Señor usó los lirios como una lección objetiva (Mt. 6:28), escogió algo que podía ser relacionado con las actividades tanto de hombres como de mujeres ("no trabajan ni hilan"). También, refiriéndose a su regreso, El habló de dos hombres en el campo (*eis,* el masculino, será tomado) y dos mujeres en el molino (*mia,* el femenino, será tomada; Mt. 24:40-41).

B. *Las enseñanzas de Cristo en lo que Respecta al Pecado*

El punto de vista determinante de Cristo sobre el pecado es de gran importancia, porque de este asunto depende la doctrina de la redención. Afortunadamente las referencias al pecado son numerosas y explícitas en las palabras de nuestro Señor, así que no se nos ha dejado en duda alguna tocante a sus ideas sobre este asunto.

1. *La universalidad del pecado.* Cristo no enfocó el pecado como

algo superficial o limitado a una porción de la raza humana. El clasificó lo mejor de los hombres —sus discípulos —como malos (Lc. 11:13), y les enseñó a orar por el perdón de pecados (Mt. 6:12). Además, llamó a los hombres al arrepentimiento sin discriminación o distinción (Mr. 1:15), lo que no habría sido necesario si todos los hombres no fueran pecadores. El Señor reiteró este hecho de la universalidad del pecado en parábolas (Mt. 13:47-50; 22:1-14; 25:1-13). Esto no significa que el Señor no reconoció diferentes grados de pecado (cf. Juan 8:34; 18:37; 1:47; Mr. 2:17; Lc. 5:32).

2. *La doctrina de la depravación.* Depravación quiere decir que el hombre es incapaz por naturaleza de hacer cosa alguna que pueda hacerlo aceptable delante de Dios. Eso no quiere decir que el hombre no pueda hacer algo que sea relativamente bueno, sino que ninguna bondad humana es apta para ganar la vida eterna. Nuestro Señor plenamente enseñó que el hombre por naturaleza es malo. Las parábolas de Lucas 15 muestran la condición perdida del hombre y el encuentro con el intérprete de la ley es el mejor ejemplo de la verdadera naturaleza del hombre (Lc. 10:25-37). Que esta pecaminosidad en el hombre se debe a la raíz interna del pecado también fue claramente una parte de las enseñanzas de Cristo (Mr. 7:20-23; Mt. 11:16-19; 12:39; 17:17; 23:1-39). Aunque todos estos hechos concernientes a la naturaleza depravada del hombre son ciertos, uno nunca debe olvidar el valor inestimable que el Señor le dio al alma del hombre (Mt. 16:26).

3. *Las formas del pecado.* La raíz del pecado se expresa a sí misma en muchas formas de acuerdo a las enseñanzas del Señor.

a. Sacrilegio (Mr. 11:15-21).

b. Hipocresía (Mt. 16:6-12; 23:1-39).

c. Codicia (Lucas 12).

d. Blasfemia (Mt. 12:22-37).

e. Transgresión de la Ley (Mt. 16:3-6; 19:3-12; Mr. 2:23-3:5; 7:1-13).

f. Orgullo (Mt. 20:20-28; Mr. 10:35-45).

g. Deslealtad (Mt. 8:19-22).

h. Inmoralidad (Mt. 5:28).

i. Palabras ociosas (Mt. 12:36-37).

j. Incredulidad (Mt. 15:14-30; Lc. 19:22-27).

4. *El perdón de pecados.* Esta materia encierra asuntos que están aún por discutirse; por lo tanto, es suficiente notar en este punto que el Salvador basó el perdón sobre el derramamiento de su propia sangre (Mt. 26:28). Que la entrega de su propia vida fue un acto estrictamente substitucionario se ve en su propia afirmación de que fue dado como un rescate por (*anti,* en el lugar de) muchos (Mt. 20:28; Mr. 10:45). La

preposición *anti* no puede ser interpretada en ninguna otra forma sino la de substitución.[13] El Señor frecuentemente relacionó el asunto de nuestro perdón unos a otros al perdón de Dios para nuestros pecados (Mr. 11:25, 26; Lc. 11:4; 17:3, 4).

C. La Enseñanza de Cristo Sobre la Salvación

1. *La necesidad de salvación.* La necesidad de la salvación otorgada por Cristo se ve en su estimación de la naturaleza del hombre. El declaró que por naturaleza el hombre es malo (Mt. 12:34; Lc. 11:13) o/y capaz de grandes maldades (Mr. 7:20-23). Ya que esta corrupción es interna (Mt. 15:11, 17-20) el hombre tiene la necesidad del arrepentimiento (Mt. 18:3).

2. *La muerte de Cristo.*

a. La forma de su muerte. La forma de la muerte de Cristo es claramente predicada en sus enseñanzas. Sería una muerte violenta (Mt. 16:21; Mr. 8:31; Lc. 9:22), un hecho que también es enseñado en parábolas (Mt. 21:39). Sería una muerte por crucifixión (Mt. 20:19; 26:2). Su muerte sería precedida por traición (Mt. 26:21; Mr. 14:18). La participación de los ancianos, principales sacerdotes, escribas y gentiles también estaba predicho (Mt. 16:21; 20:19).

b. El significado de su muerte. La propia enseñanza de nuestro Señor deja en claro que no hay duda del significado de su muerte para nosotros. Fue una entrega voluntaria y vicaria de su vida como un rescate (Mt. 20:28). Fue una expiación por el pecado (Mt. 26:28; Mr. 14:24; Lc. 22:20), y el uso establecido en la Biblia de la sangre prohibe cualquier otra interpretación de las palabras del Señor que no sea la enseñanza de la expiación del pecado mediante la muerte.[14] En cuanto a El, su muerte traería exaltación y gloria (Lc. 24:26).

3. *La universalidad de su salvación.* La necesidad de la fe en relación con la salvación se ve en los sinópticos mayormente en los incidentes de sanidad física (Lc. 6:9; 7:50; 8:48, 50; 17:19; 18:42). La exposición

[13]Aun *huper*. el cual también es usado en cuanto a la muerte de Cristo por nosotros algunas veces tiene claramente el significado de substitución (Lucas 22:19-20; Juan 10:11; 11:50-51; cf. Flm. 13, donde la preposición claramente significa "en lugar de" y que es usada en un pasaje que no tiene conección alguna con la expiación). El liberalismo moderno ignora completamente esta evidencia lingüística y aún así insite en que la muerte de Cristo fue meramente "representativa" en lugar de "substitutoria" (cf. A. N. Wilder, *New Testament Faith for Today* (New York: Harper, 1955), p. 134).

[14]Cf. A. M. Stibbs, *The Meaning of the Word "Blood" in Scripture* (London: Tyndale Press, 1947), pp. 1-35.

más profunda de la forma de la salvación es una revelación juanina. La universalidad de la salvación, sin embargo, es primeramente lucana y por lo tanto una parte importante en la enseñanza Sinóptica. Fue anunciada por los ángeles (2:10 – "para todo el pueblo"), confirmada por Simeón (2:32 – "luz para revelación a los gentiles") y Juan el Bautista (3:6 – "toda carne"), y afirmada en la genealogía lucana, la cual traza a Jesús desde Adán; pero la universalidad de la salvación se contempla mejor en la parábola del buen samaritano y el incidente que la provocó (Lc. 10:25-37). La motivación del intérprete de la Ley fue una mera discusión y no una convicción del corazón. El propósito de Cristo fue dirigirlo a ver la propia bancarrota de su corazón y así la necesidad de un Salvador. La intención del intérprete de auto justificarse al preguntar quién era su prójimo fue lo que provocó la parábola del Buen Samaritano y, además, extendió los límites del amor más allá del exclusivismo del judaismo.

D. La Enseñanza de Cristo Concerniente a los Angeles

1. *Satanás.*
    a. Su existencia. Toda referencia de Cristo al Maligno es una prueba de la existencia de Satanás. Aun cuando la teología moderna explica éstas como acomodaciones del Señor de su lenguaje a las creencias ordinarias judías, debe notarse que tal acomodación en realidad invalida todo su mensaje.

> Es imposible concebir que el Salvador estuviera equivocado en su punto de vista, o desorientando a los hombres en su enseñanza sobre tal asunto, y aún mantener su infabilidad por un lado, o su perfección moral, por el otro.[15]

    b. Su personalidad. La personalidad de Satanás es demostrada por las referencias a su intelecto (Mt. 4:6), sensibilidad (Lc. 22:31), y voluntad (Mt. 13:39; Lc. 13:16). Además es demostrada por el hecho de que él es tratado como un ser moralmente responsable (Mt. 25:41), y por el hecho de que se usan pronombres personales cuando se habla de él (Mt. 4:10; 10:25; 16:23).
    c. Su posición. El Señor afirmó que Satanás es la cabeza del sistema mundial (Mt. 4:8-10; 12:26; Juan 12:31). La revelación completa del

[15]J. M. King, *The Theology of Christ's Teaching* (London: Hodder and Stoughton. 1902), p. 298.

significado de esta verdad forma una parte importante de la teología juanina.

d. Su propósito. El propósito de Satanás en esta era se observa mejor en las parábolas de Mateo 13 donde su carácter de engañador y de opositor del programa de Dios se enseña claramente.

e. Su juicio. El Señor también habló de la certeza del juicio de Satanás (Lc. 10:18; Juan 12:31; 16:11).

2. *Los Angeles*. En Burtisland, Escocia se levanta la primera iglesia construida después de la Reforma, y en esta iglesia está la siguiente inscripción:

> Aunque el poder de Dios sea suficiente para gobernarnos, sin embargo, a causa de la flaqueza humana, ha puesto a sus ángeles a velar por nosotros.

El ministerio de los ángeles generalmente es tenido en poco por los protestantes, probablemente por causa del temor de ir a los extremos que muestran otros grupos. Sin embargo, los agentes angelicales son importantes en la obra providencial del plan de Dios, un hecho que es visto más claramente en la vida y enseñanzas de Cristo.

a. Las características de los ángeles. De acuerdo a las enseñanzas del Señor los ángeles no se propagan según su especie; por lo tanto, su número es constante (Mt. 22:30; Mr. 12:25; Lc. 20:36). En los casos en que aparecen los ángeles, su apariencia es juvenil (Mt. 16:5). Aparecen como varones (Lc. 24:4; pero véase Zac. 5:9); aparecen como seres sobrenaturales y eran reconocidos como tales (Mt. 28:3-4); su vestidura era por lo general blanca y brillante (Mt. 28:3; Lc. 24:4); y su fuerza es extraordinaria (Mt. 28:2; cf. Mr. 16:3-4).

b. Su ministerio a Jesús de Nazaret. (1) En conexión al nacimiento de Cristo. Un ángel anunció el nacimiento del precursor (Lc. 1:11). El mismo ángel, Gabriel, quien evidentemente se presenta en ocasiones especiales, anunció el nacimiento del Mesías a María (Lc. 1:26). Los ángeles también hicieron el anuncio del hecho a los pastores (Lc. 2:9). (2) En conexión con la vida de Cristo. Los ángeles ministraron a Cristo después de su tentación (Mt. 4:11), y un ángel lo fortaleció en Getsemaní (Lc. 22:43 — la palabra para "fortalecerle" usada en este versículo sólo aparece una vez más en Hechos 9:19, donde indica fortaleza física). También, evidentemente, los ángeles estuvieron siempre listos para ejecutar a favor del Señor cualquier ministerio que El les pidiese (Mt. 26:53). (3) En conexión con la resurrección de Cristo. Un ángel corrió la piedra de la tumba (Mt. 28:2) de forma que los testigos de la resurrección pudieran ver. También fueron ángeles quienes de primero anunciaron la resurrección (Lc. 24:4-6, 23). (4) En conexión con el regreso de Cristo. Nuestro Señor enseñó que su regreso sería en compañía de ángeles (Lc. 9:26), y que en su regreso al fin de la era los ángeles actuarían como segadores separando el trigo de la cizaña (Mt. 13:39, 41-42, 49-50). También serán usados para juntar a los elegidos en su venida (Mt. 24:31).

c. Otros ministerios de los ángeles. Además de lo que se ha dicho, el Señor también reveló otros dos aspectos acerca de los ángeles. Se gozan cuando un pecador se arrepiente (Lc. 15:10), porque su estima del valor de un alma es mucho más exacta que aquella de los fariseos para quienes eran dirigidas las parábolas de ese capítulo. En la historia del rico y Lázaro el Señor incidentalmente se refiere al hecho de que los ángeles llevaron a Lázaro al seno de Abraham (Lc. 16:22). Es casi imposible explicar el significado de la mencionada referencia en lo que respecta al procedimiento general del traslado de Lázaro al seno de Abraham por los ángeles.

3. *Los demonios.*

a. Su realidad. La realidad de los demonios como seres verdaderos y substanciales cuya existencia no depende del ser o del pensar del hombre es afirmado repetidas veces por Cristo. No todos están de acuerdo con esto hoy día, porque algunos han dicho que el Señor verdaderamente no realizó la sanidad de quienes se decían ser poseídos de demonios, sino que los Evangelistas se lo atribuyeron erróneamente a El. Otros han dicho que el Señor meramente aparentó sacar demonios aunque en realidad El sabía que no había demonios que sacar. Aún otros declaran que El dió la apariencia de sacar demonios porque creía que había demonios presentes, pero que en esa creencia estaba equivocado y que meramente compartía la creencia errónea de sus contemporáneos. Estas explicaciones pretenden hacer creer que (1) los Evangelistas mintieron o (2) Jesús deliberadamente mintió, o (3) Jesús estaba equivocado en sus propias creencias. Si fuera cierto la número (1) abriría la puerta para negar la historicidad de toda la Escritura. La número (2) es en realidad una acomodación engañosa y no es digna de ninguna gran persona — ciertamente indigno del Hijo de Dios; y tal acomodación concerniente a demonios va demasiado lejos — el Señor habló de la realidad de los demonios en ocasiones cuando enseñaba a sus discípulos y no para hacerse aceptable a las multitudes (Mt. 10:8, 17-18). La explicación (3) es una completa negación de la deidad de Cristo. Si la autoridad de Cristo es reconocida, la realidad de los demonios es cierta.

b. Su naturaleza. Los demonios son seres espirituales (Mt. 8:16; 17:18; cf. Mr. 9:25; Lc. 10:17, 20) e inmundos (Mt. 10:1; Mr. 1:27; 3:11), y algunos son peores que otros (Mt. 12:45). Están organizados (Mt. 12:22-30); reconocen la autoridad de Jesús (Lc. 8:28); y evidentemente

se dan cuenta de que su destino al abismo es cierto (Lc. 8:31).
c. Su obra. La obra de los demonios, por supuesto, es en general
promover los propósitos de Satanás y oponerse al propósito de Dios. Ya
que Satanás no es omnipresente, los demonios son empleados para extender su autoridad y actividad. Sabemos a través de los Evangelios que
pueden poseer a los hombres y a los animales (Mr. 5:8-14), que guían a
los hombres a la impureza moral (Mt. 10:1; 12:43; Mr. 1:23-27; 5:12,
13; Lc. 4:33-36), y que pueden dar origen a enfermedades físicas y mentales (Mt. 8:18; 9:32-33; Mr. 5:5; 9:17-18).

Hemos discutido las enseñanzas de Cristo concernientes al pecado,
la salvación y a seres angelicales. Otros temas tales como el Espíritu
Santo, la regeneración, y la santificación pertenecen a la teología juanina
y serán discutidos allí. Las enseñanzas concernientes al reino y a la era
presente de la iglesia encuentran su lugar correcto bajo la escatología de
los Sinópticos. El trato de otros tópicos tales como la oración, el discipulado, etcétera, aunque son valiosos y apropiados, parecen fuera de los
límites para un libro de este tamaño y sólo pueden ser recomendados
para la investigación individual.

V. La Condenacion del Rey

La historia del Rey es una historia de soledad. Primero fue recibido
y aclamado; El se probó a sí mismo de todas formas. Su enseñanza fue
reconocida, pero ahora el repudio llega a su clímax en el rechazo. Este
es claramente el bosquejo de la Cristología dentro de la teología de los
Sinópticos. Algunos aspectos del rechazo son meramente históricos y
algunos son teológicos, pero ambos son esenciales para un entendimiento
apropiado de la teología Sinóptica visto desde el punto de vista de los
escritores humanos.

A. *El Huerto de Getsemaní*

En el huerto todos lo abandonaron y quedó completamente solo. El
problema teológico conectado con la escena es explicar el comportamiento aparentemente turbado del Señor en su oración concerniente a
pasar la copa de El.

Una explicación es que Jesús temía morir. Por supuesto, si esto fuera
verdad lo haría mucho más inferior que muchos de sus seguidores quienes
en años posteriores murieron sin temor alguno. También llevaría lógicamente a la conclusión de que Jesús mismo era un pecador.

Otra explicación de sus acciones en el huerto es aquella de que El tenía miedo de morir antes del tiempo oportuno del sacrificio en la cruz; es decir, que Satanás podría desviar el propósito de la cruz con una muerte prematura. Pero sabemos que Satanás no tenía poder sobre Cristo al respecto (Juan 10:18).

Una tercera explicación es que el ir a la cruz involucraría un crimen contra Dios de parte del hombre y que Jesús no quería estar involucrado en un crimen como ese; por lo tanto, El oró que el asunto no se realizase. Pero no hay evidencia en sus pensamientos, tal como se revelan por sus acciones en esta escena, de que existiera una idea tal, porque el Señor nunca se asoció a sí mismo con sus asesinos.

La única explicación correcta de su comportamiento es que El estaba retrocediendo ante la perspectiva de ser el portador del pecado del mundo. Esto involucraba vincularse a sí mismo con el pecado, lo cual era en sí algo suficientemente terrible para explicar lo ocurrido en el huerto; pero ese ligamiento con el pecado también involucraba ser abandonado por el Padre, cuyo significado es incomprensible para la mente humana. Es verdad que la lucha es propia de la naturaleza humana, y en un sentido fue la voluntad de Cristo lo que fue ofrecido en el Getsemaní en esta breve oración.

B. *El Arresto*

Inmediatamente la multitud apareció, el traidor lo besó, los soldados se hicieron atrás evidentemente por causa de un deslubre de su gloria (Jn. 18:6), y Pedro (probablemente fallando en cortar la cabeza del hombre) le cortó la oreja al siervo del sumo sacerdote. Nuestro Señor sanó la oreja, reprendió a la multitud por la portación de armas, y fue llevado afuera para ser juzgado y condenado.

C. *Los Juicios*

1. *El juicio delante del sumo sacerdote* (Mt. 26:57-68; Mr. 14:53-65; Lc. 22:54-65; cf. Juan 18:12-27).

a. La primera fase — el juicio informal delante de Anás. Jesús fue traído primero delante de Anás, el suegro de Caifás. Posiblemente esto fue hecho porque la casa de Anás estaba muy cerca,[16] o mucho mejor,

---

[16]A. Edersheim, *The Life and Times of Jesus the Messiah* (Grand Rapids: Wm. B. Eerdmans Publishing Co., 1943), II, 547.

porque Anás era reconocido como el legítimo sumo sacerdote por los judíos estrictos, mientras Caifás era el sumo sacerdote políticamente establecido por los romanos.[17] Durante esta fase del juicio los testigos fueron asegurados.

b. La segunda fase — delante de Caifás con dos testigos falsos. Nuestro Señor fue llevado en seguida delante de Caifás, pero no se le hizo cargo formal. Cuando no comparecieron los testigos, trajeron dos testigos falsos, pero aún no se había hecho ningún cargo formal.

c. La tercera fase — la violencia del sumo sacerdote y el silencio de Cristo. La reacción del sumo sacerdote al testimonio de los testigos falsos fue violenta. Se levantó y demandó respuesta del prisionero, pero Jesús mantuvo su paz. Este silencio de parte del Señor no debe tomarse como su consentimiento a los procedimientos; ciertamente su silencio es prueba clara de su repudio de aquel juicio ilegal. Es una muestra vívida de serenidad real.

d. La cuarta fase — la colocación de Jesús bajo juramento. Finalmente el sumo sacerdote puso a Jesús bajo un juramento formal para que declarara si era o no divino. La respuesta de nuestro Señor fue una afirmación terminante de que El era el Hijo de Dios y aún fue un paso más adelante, porque añadió que verían el Hijo del Hombre viniendo en las nubes del cielo, identificándose a sí mismo con las profecías del Antiguo Testamento. Por este testimonio fue acusado de blasfemia, porque reconocieron esto como una afirmación de deidad.

2. *El primer juicio delante de Pilato* (Mt. 27:2, 11-14; Mr. 15:1-5; Lc. 23:1-5; cf. Jn. 18:28-38). El juicio delante de Pilato era necesario por el simple hecho de que los judíos no tenían la autoridad de matar a Jesús (Jn. 18:31). No era simplemente que estuvieran buscando librarse a sí mismos del asunto, porque si ese hubiera sido el caso se habrían alegrado cuando Pilato lo declaró inocente. Es Juan quien presenta más detalles concernientes a este juicio, y su relato empieza notando la escrupulosidad ridículamente incongruente de los judíos quienes rehusaron entrar en la casa de Pilato (un gentil) para no contaminarse para la Pascua. La acusación que se le hizo delante de la autoridad Romana no fue de blasfemia sino de sedición. Por lo tanto, la pregunta de Pilato fue "¿Eres tú el Rey de los judíos?" La respuesta del Señor (Juan 18:34) fue preguntar a Pilato si él estaba haciendo la pregunta desde el punto de vista de un romano o de un judío, porque existiría una gran diferencia en la respuesta si él

---

[17]Para una discusión más amplia de esto véase J. A. Alexander, *The Acts of the Apostles* (New York: Charles Schribner, 1872), I, 134-36.

le estuviera preguntando a Jesús si era un rey de acuerdo al punto de vista romano o judío. Cuando Pilato declaró que su punto de vista ciertamente no era judío (v. 35) el Señor respondió que su reino no concernía a los reinos de este mundo. Luego Pilato preguntó si Él era un rey en cualquier sentido (v. 37). El Señor dijo que Él era el Rey de la verdad, y la frívola respuesta de Pilato fue simplemente "¿Qué es la verdad?" El resultado del juicio fue el pronunciamiento que Jesús no era peligroso a Roma. Sin embargo, los judíos no estuvieron satisfechos y en su persistencia mencionaron a Galilea, lo cual proveyó a Pilato de una excusa para enviar a Jesús a Herodes.

3. *El juicio delante de Herodes* (Lc. 23:6-12). Las acciones de Herodes en esta ocasión evidencian claramente los efectos del pecado endureciendo el corazón. Este es el Herodes quien se casó con la esposa de su hermano Felipe y quien decapitó a Juan el Bautista. Su interés estaba en ver un milagro, y cuando no se realizó, él y sus hombres se mofaron de Jesús y lo devolvieron a Pilato.

4. *El segundo juicio delante de Pilato* (Mt. 27:15-26; Mr. 15:6-15; Lc. 23:13-25; cf. Juan 18:39-19:26). Si Herodes tipifica la dureza de corazón, Pilato representa la debilidad de carácter. Aunque había encontrado a Jesús inocente, pensó en azotarlo antes de soltarlo. Luego se asió a lo último que le faltaba, la costumbre de soltar a un prisionero en la Pascua. La petición de los judíos de que soltara a Barrabás muestra el éxito de la campaña propagandista de los sacerdotes entre la gente. Pilato entregó a Jesús a los soldados para que lo azotaran, tal vez pensando que esto sería suficiente y que luego podría soltarle, pero la multitud lo interpretó como el azote què precede a la crucifixión (cf. Juan 19:4-5). Pilato otra vez se detuvo, pero cuando la multitud amenazó con pasar por encima de él y llevar el caso a Roma, cedió.

D. *La muerte*

Ya se ha hecho mención de ciertos aspectos teológicos de la muerte de Cristo en su propia enseñanza. En esta coyuntura, entonces, se necesita dar consideración a las siete frases pronunciadas en la cruz como a las que revelan los propios pensamientos del Salvador durante la crucifixión.

1. *"Padre, perdónales, porque no saben lo que hacen."* (Lc. 23:34). Esto fue probablemente dicho mientras lo clavaban en la cruz y es una plegaria a Dios para que fuese misericordioso. La gente no sabía qué hacía porque no sabían a quien crucificaban; por lo tanto, estas palabras

implican que su ignorancia mitigó la criminalidad de la acción, pero por supuesto no exhoneró a quienes la cometieron (cf. I Co. 2:8). En su muerte, el estaba perdonando.

2. *"Hoy estarás conmigo en el paraíso."* (Lc. 23:43). El ladrón, a quien se le dijo estas palabras, probablemente oyó la primera oración de perdón y se volvió en arrepentimiento al Salvador. Aun en la cruz el Señor estaba ganando hombres para sí mismo, y su palabra de seguridad presupone que viviría después de su resurrección. Sólo aquí Cristo usa la palabra paraíso, y significa la gloria misma del cielo.[18] No es una estación intermedia. En su muerte salvó a los hombres.

3. *"Mujer, he ahí tu hijo . . . He ahí tu madre"* (Juan 19:26-27). Si los asuntos espirituales no fueran de mayor importancia, el Señor habría encomendado a su madre a Santiago o Judas o a alguno de los otros de su propia familia, pero porque sus hermanos aún eran incrédulos la puso bajo el cuidado de Juan. En su muerte El estaba interesado en las cosas espirituales.

4. *"Dios mío, Dios mío ¿por qué me has desamparado?"* (Mt. 27:46; Mr. 15:34). Las primeras tres frases fueron probablemente dichas antes del medio día. Esta, que es central en todo respecto, fue dicha cerca de las 3:00 de la tarde, después de tres horas de oscuridad y silencio durante las cuales el Hijo de Dios llevó el pecado del mundo. En esa obra El tenía que ser abandonado por Dios y aún así no hubo división de la Trinidad. Todo lo que está involucrado es inescrutable, pero El se dió a sí mismo, fue hecho pecado, llevó nuestros pecados, y su alma fue hecha una ofrenda por el pecado. Su obra era llevar el pecado.

5. *"Tengo sed"* (Juan 19:28). Hasta aquí el Señor había rechazado la bebida estupefaciente que generalmente era dada a quienes iban a estar bajo las torturas de la crucifixión (cf. Mt. 27:34, 48). Ahora que había cumplido su obra en el pleno uso de todas sus facultades, El pidió la bebida. Su obra fue hecha conscientemente.

6. *"Consumado es"* (Juan 19:30). Este es el grito de victoria en la hora del aparente fracaso. El plan de salvación es completado. Esto involucra especialmente la obra de redención del pecado, la reconciliación del hombre, y la propiciación de Dios. Su obra esta completamente hecha.

7. *"Padre, en tus manos encomiendo mi espíritu"* (Lc. 23:46). Esta última frase demuestra la característica voluntaria de su muerte, porque no fue sino hasta que entregó su espíritu que ocurrió la muerte. Ningún hombre le quitó la vida. Su obra fue hecha voluntariamente.

---

[18] A. T. Robertson, *Word Pictures in the New Testament* (New York: Harper, 1930).

Así, las siete frases en la cruz revelan que en su muerte El estaba perdonando, salvando, e interesado en las cosas espirituales; y revelan que su obra sacrificial fue llevar el pecado consciente, completa y voluntariamente. Ningún hombre puede sondear todo lo que aquí está involucrado.

El valor del sacrificio no va a ser descubierto en la intensidad de la angustia del Salvador, sino al contrario en la dignidad e infinito valor de Aquél que sufre. El no dio más o menos; El se dio a *sí mismo*, se ofreció a sí mismo, pero Quien se dio no fue sino la Segunda Persona de la Deidad en quien reside inmensurable dignidad y gloria.[19]

VI. La Vindicación del Rey

Todos los escritores de los Evangelios concluyen con el relato de la resurrección, considerándola, por lo tanto, como una parte vital y necesaria de su teología. Cada uno de los evangelistas parece usarla para sus propios propósitos peculiares. Mateo enfatiza la resurrección como una prueba de todo lo que Cristo enseñó (28:6 – "como dijo") y la relaciona con el poder que sería dado a sus discípulos en el cumplimiento de la misión (28:18). Marcos parece enfatizar las apariciones del Señor resucitado como prueba de su resurrección. Después de todo, nadie vio el suceso de la resurrección y los testigos daban fe del hecho de que la tumba estaba vacía y de que vieron al Cristo resucitado. Lucas, cuyo testimonio incluye un relato extenso de la aparición a los discípulos en el camino a Emaús, conecta la resurrección con un nuevo entendimiento de la verdad (24:27), un nuevo patrón de vida (24:44 – "estando aún con vosotros" indica un modo de vida diferente en Jesús antes y después de su resurrección) y la nueva obra (24:48).

Es así que la resurrección se demuestra (este es el énfasis de Marcos), ésta a su vez prueba todas las demandas de Cristo (este es el énfasis de Mateo); y es la base de la novedad de vida (este es el énfasis de Lucas).

[19]L. S. Chafer, *Systematic Theology* (Dallas: Dallas Seminary Press, 1947), III, 68.

Capítulo III

LA ESCATOLOGIA DE LOS SINOPTICOS

I. El Ofrecimiento del Reino

Se ha observado correctamente que la teología de los Evangelios o es una escatología o no es nada.[1] Como hemos visto en la sección anterior, aun la Cristología es esencialmente escatológica porque concierne al Mesías. Por lo tanto, no es sorpresa descubrir que la importancia de la enseñanza sinóptica radica en el reino.

A. Los Mensajeros del Reino

1. *Juan el Bautista* (Mt. 3:1-12). El primer mensajero del reino fue Juan el Bautista, cuyo ministerio fue un cumplimiento de la profecía del regreso de Elías antes del Día del Señor (Mt. 11:10, 14; 17:12).

2. *Jesús* (Mt. 4:17). Nuestro Señor también vino anunciando el reino. Una comparación de Mateo 4:17 con Marcos 1:14 mostrará que *euanggelion* (evangelio) no es una palabra técnica sino simplemente quiere decir buenas nuevas y cuyo contenido debe definirse según el contexto. En este caso eran las buenas nuevas concernientes a la cercanía del reino.

3. *Los Doce* (Mt. 10:1-11:1). Los doce apóstoles también fueron comisionados para predicar las buenas nuevas concernientes al reino. La extensión de su ministerio fue expresamente limitada por el Señor a los israelitas. Por israelitas debía entenderse gente judía porque el Señor específicamente les prohibió ir a los gentiles o aun a la raza mixta, los samaritanos.

---

[1] J. Moffatt, The Theology of the Gospels (New York: Charles Scribner's Sons, 1913), pág 41

B. El Mensaje del Reino

El mensaje de cada uno de los mensajeros era el mismo — "arrepentíos, porque el reino de los cielos se ha acercado." El reino que estaba siendo anunciado y profetizado en ese momento no era cosa nueva a la gente judía. Tenían una idea clara de lo que se quería decir, y de que aquel anuncio concernía al reino del hijo de David, el Mesías. El anuncio era que se había acercado y permanecía cerca (tiempo perfecto de "acercar"; cf. Mt. 21:1; 11:9-12; 26:45-46; Ro. 13:12; Stg. 5:8; 1 P. 4:7). En realidad estaba tan cerca que la gente debería haber visto las evidencias y señales de ello. El concepto del reino era lo suficientemente claro, y su cercanía era central en el mensaje. La nueva idea que constituía una barrera en el mensaje era la necesidad del arrepentimiento. Verdaderamente no era nueva, porque los profetas del Antiguo Testamento frecuentemente habían llamado a la gente al arrepentimiento en conexión a sus bendiciones prometidas, pero era nueva en el sentido de que la gente de los días de Jesús había estado esperando un reino de poder y sin demandas de algún cambio interno de su parte. Muchos de ellos se arrepintieron y como evidencia recibieron el bautismo de manos de Juan. Pero la mayoría no lo hizo. Específicamente, el Señor destacó lo que involucraba ese arrepentimiento en el Sermón del Monte. La gente aceptó las buenas nuevas de que el reino estaba cerca pero rechazó la demanda de arrepentimiento que habría traído el establecimiento de dicho reino.

C. El Significado del Reino

Este es un asunto crucial, porque una cosa es que el mensaje del reino concierna a la Iglesia y otra muy distinta que concierna al reino davídico terrenal. El punto de vista amilenarista es que el reino tal como se anunció no era el reino davídico.[2] Dicho reino era, como se explica en el ministerio posterior de Cristo, la Iglesia; y el reino de los cielos y la Iglesia "son en muchos aspectos por lo menos equivalentes y . . . las dos instituciones son coexistentes y grandemente sinónimas".[3] Según ese punto de vista, el Sermón del Monte viene a ser la ley y norma para la Iglesia, las parábolas de Mateo 13 también conciernen a la Iglesia y la describen, y el discurso del Monte de los Olivos solamente se refiere al

---

[2]O. T. Allis, *Prophecy and the Church* (Philadelphia: The Presbyterian and Reformed Publishing Co., 1945), p. 71.

[3]*Ibid.*, p. 83.

fin de todos los tiempos, no a los sucesos cataclísmicos previos al establecimiento del reino davídico. La razón por la cual este autor rechaza el punto de vista amilenarista ya ha sido establecida en otra obra a la cual se remite al lector.[4]

El concepto premilenial no niega el hecho de que en algunos lugares la palabra reino es usada de un reino universal, sin tiempo, eterno (Mt. 6:33). Tampoco niega el hecho de que los misterios del reino de los cielos (Mt. 13) conciernen a la era presente. Pero afirma que el reino mesiánico, davídico, terrenal, y milenial fue aquel que anunciaron Juan, el Señor y los doce, que fue rechazado por los judíos y por lo tanto (desde el punto de vista humano) pospuesto, y que las promesas que hacen necesario su establecimiento sobre la tierra serán literalmente cumplidas en la segunda venida de Cristo. Cualquier variedad que hubiera dentro del campo premilenialista no puede obscurecer el hecho de que la diferencia básica entre el premilenialismo y el amilenialismo es que el premilenialismo considera que las promesas del reino davídico no son cumplidas por la Iglesia y aún aguardan un cumplimiento literal. El amilenarismo no concibe lugar para este aspecto del reino excepto en un supuesto cumplimiento por la Iglesia. Así que, en los Sinópticos, el premilenialismo reconoce y distingue el reino eterno, la forma misteriosa del reino, y el reino mesiánico.

Dentro del círculo premilenarista hay una variación que debe ser mencionada. Algunos premilenaristas diferencian entre el significado de las frases *reino de los cielos* y *reino de Dios*. Tal diferencia generalmente, se hace siguiendo esta línea: el reino de los cielos, se dice, abarca aun a la gente que ha hecho una profesión de fe no genuina, mientras que el reino de Dios no. Este no es un asunto esencial en la interpretación de los Sinópticos. La cuestión básica es la distinción de los aspectos eterno, mesiánico y misterioso del reino. Algunos sostienen que la diferencia entre el reino de los cielos y el reino de Dios no es real sino que sigue la línea del idioma Arameo en el cual predicó nuestro Señor.[5] Otros dicen que las dos frases son sinónimos porque aparecen en parábolas similares, y lo que se dice del reino de los cielos también se dice del reino de Dios.[6] Otros dicen que probablemente no hubo una diferencia esencial en lo

---

[4]C. C. Ryrie, *The Basis of the Premillenial Faith* (New York: Loizeaux Brothers, 1953).

[5]G. E. Ladd, *Crucial Questions About the Kingdom of God* (Grand Rapids: Eerdmans, 1952), pp. 122 y siguientes.

[6]G. N. H. Peters, *The Theocratic Kingdom* (Grand Rapids: Kregel, 1952), I, 183.

66   *Teología Bíblica del Nuevo Testamento*

que respecta a la predicación primitiva, pero que la diferencia es real en virtud del uso que recibe en los Evangelios. Esta es una diferencia hecha más por el Espíritu Santo en la obra de revelación e inspiración que por los primitivos predicadores.[7] Tal punto de vista reconoce que por el uso parece haber una distinción, la cual no puede ser pasada por alto como una peculiaridad del sabor judío de Mateo. (Si eso es todo lo que está involucrado entonces¿Por qué Marcos y Lucas no usan la frase reino de los cielos por lo menos ocasionalmente como sinónimo con el reino de Dios?). Pero también reconoce que la diferencia esencial es entre el reino eterno, el reino mesiánico o milenial y la forma misteriosa del reino (cualquiera que sea la frase que se use en cada caso).

Mateo parece enfatizar esta distinción básica simplemente por el espacio que da a (1) el Sermón del Monte, (2) las parábolas del capítulo trece, y (3) el discurso de los Olivos (el cual también se relaciona con el establecimiento futuro del reino mesiánico). Mateo se refiere al reino eterno sólo ocasionalmente (cf. 6:33; 12:28; 13:38, 43; 19:24; 21:31). Sin embargo, la cuestión es, ¿qué reino se había acercado según la predicación de Juan el Bautista y Cristo? Obviamente no era el reino eterno, porque ese ya estaba en existencia. Igualmente es claro que no era la forma misteriosa del reino, porque no fue revelado sino hasta en el ministerio de nuestro Señor. Por lo tanto, el reino que fue predicado como cercano debió haber sido el mesiánico. Esto estaba de total acuerdo con el concepto del reino que los judíos tenían en el tiempo cuando Cristo empezó su ministerio. Ellos estaban esperando el reino mesiánico, ninguna otra cosa, y aunque el Señor reveló más tarde otras cosas acerca del reino, no anuló aquel del cual había hablado previamente. El reino ofrecido era el reino milenial. La oferta era tan genuina como la de ofrecer el evangelio a cualquier persona no elegida. La reacción o habilidad del hombre para responder no determina la validez de una oferta. Los judíos rechazaron esta oferta de acuerdo al programa de Dios, y el reino mesiánico fue pospuesto. Muchos objetan al concepto del reino pospuesto aludiendo que dicha idea impugna el carácter de Dios o la cruz de Cristo. Debe de reconocerse que decir que el reino fue pospuesto es tan apropiado como decir que Dios pospone ciertas bendiciones en la vida de uno por causa de la incredulidad. Decir que un reino pospuesto implica que si se hubiera recibido no habría habido la cruz (y concluir así que el concepto minimiza la cruz) es un gran error. La cruz ha estado siempre

[7]Cf. Ryrie, op. cit., pp. 98-99, and Peters, op. cit., I, 195.

en el plan de Dios y no dependía ni de la aceptación o del rechazo por parte de Israel del reino mesiánico. Si la oferta del reino hubiera sido aceptada en la primera venida de Cristo, el Mesías aún habría tenido que morir, un Mesías vicario sufriente era parte integral del concepto antiguotestamentario del reino. El hecho de que el reino fue rechazado y de ahí pospuesto en ninguna forma menosprecia la cruz.

Así que, el reino ofrecido fue el mesiánico, milenial, ofrecido a David y su simiente, afirmado en todas las enseñanzas de los profetas del Antiguo Testamento, anticipado con aguda espectación por los judíos en el tiempo de Cristo, y proclamado por Juan y Jesús durante la primera parte del ministerio del último.

II. El Reino Proclamado

El Evangelio de Mateo es una teología ordenada. Habiendo presentado al Rey a través de su genealogía, su nacimiento y adoración por los magos, su bautismo y su tentación; y habiendo enfatizado la predicación del reino como cercano (3:2; 4:17), Mateo entonces registra el Sermón del Monte. Del mero orden del Evangelio uno podría sospechar fuertemente que el Sermón del Monte tiene algo que ver con el reino mesiánico. Las parábolas de los misterios del reino no aparecen sino hasta mucho más tarde, y la revelación de la Iglesia a ser establecida en el futuro es aún posterior a eso. Por lo tanto, aunque el orden cronológico de estos hechos y discursos no sea el mismo, el orden teológico es claramente establecido por Mateo. Muchas de las objeciones hechas en contra del orden de Mateo lindan con la falta de respeto al Espíritu Santo quien diseñó este arreglo ordenado y santo.

Sin embargo, antes de discutir exactamente cómo se relaciona el sermón con el reino, será bueno investigar otros puntos de vista básicos concernientes a la interpretación del pasaje. (1) El primer punto de vista considera el sermón como un medio de salvación para el mundo. Esta es generalmente la opinión de los liberales, no importa si la salvación es individual o cultural. Por ejemplo, Harnack dice que en el sermón Jesús repasa

> varios aspectos de las relaciones y fracasos humanos a fin de traer a la luz la disposición e intención en cada caso, para juzgar a través de ellas las obras del hombre y hacer que de ello dependa el cielo y el infierno.[8]

[8] A. Harnack, *What Is Christianity?* (London: Williams & Norgate, 1904), p. 72.

Otro lo expresa en esta forma:

> En todo esto se hace claro que lo que importa es el carácter y la conducta. La salvación viene a quienes se vuelven con una mente humilde a adorar y obedecer a Dios, caminando en la forma trazada por Jesús.[9]

Se hace necesario formular varias objeciones en contra de este punto de vista. Primero el sermón no estaba dirigido a todo el mundo, sino a los discípulos como representantes judíos que esperaban el reino mesiánico (Mt. 5:1-2). Segundo, no hay mención de redención, justificación u otro tema básico relacionado con la salvación espiritual. Tercero, para hacer que esto hable de la salvación, se necesita demostrar que el reino de los cielos (Mt. 5:20; 7:21) significa el cielo o la Iglesia, y no el reino mesiánico. Esto sería difícil para no decir imposible de hacer. Cuarto, hacer de esto una forma de salvación requeriría predicar un evangelio de obras.

(2) El segundo punto de vista generalizado es que el sermón es para la Iglesia. "Es la voz del Obispo de los pastores. Es el encargo del gran Obispo y Cabeza de la Iglesia".[10] Es una "declaración de la forma práctica en la cual el *agape* mismo ha de trabajar en la conducta diaria aquí y ahora. El sermón expresa por lo tanto la única justicia aceptable a Dios en esta o en cualquier otra era".[11] Otros concluyen que "el Sermón del Monte es para guiar a las personas regeneradas en un mundo no regenerado".[12] Los que sostienen el punto de vista antes señalado tocante al elemento escatológico del Sermón del Monte, consideran que el aspecto escatológico ocupa un plano secundario en comparación con el énfasis principal del Sermón como un código de ética personal para la Iglesia hoy.

Tocante a la postura expresada anteriormente, surgen varias objeciones. Primero, para interpretar el sermón en relación con el cristiano y la Iglesia el principio de interpretación literal debe ser abandonado. Miller, quien sostiene este punto de vista, claramente dice:

> Muchos de los dichos del sermón son metafóricos o afirmaciones proverbiales y no deben ser interpretados en un sentido literal o legal . . . sino que los principios detrás de los ejemplos concretos deben ser perseguidos y

[9]Major, Manson, and Wright, *The Mission and Message of Jesus* (London: Ivor Nicholson and Watson, 1937), p. 470.

[10]J. C. Ryle, *Expository Thoughts on the Gospels, Matthew* (New York: Baker and Taylor, 1858), p. 32.

[11]C. F. H. Henry, *Christian Personal Ethics* (Grand Rapids: Eerdmans, 1957), p. 308.

[12]C. F. Hogg and J. B. Watson, *On the Sermon on the Mount* (London: Pickering & Inglis, 1933), p. 19.

aplicados nuevamente a la vida del presente como Jesús los aplicó a la vida de su propio tiempo.[13]

Cualquier punto de vista que desdeñe la interpretación literal debe ser considerado muy dudoso.

Segundo, tal interpretación es contraria al patrón teológico de Mateo. Si el Espíritu Santo estaba cumpliendo la promesa del Señor tanto de enseñar a los discípulos, como de recordarles las cosas (Jn. 14:26), y si el libro de Mateo constituye una perspectiva teológica del significado de las enseñanzas de Cristo, entonces no debe ignorarse el lugar que Mateo le da al sermón — un lugar que definitivamente lo relaciona con el reino mesiánico y no con la Iglesia.

Tercero, hay en el Sermón una sorprendente y desconcertante ausencia de las verdades relacionadas con la Iglesia como se revela más tarde en las Epístolas. Debe admitirse sin titubeos que esto no prueba concluyentemente que el Sermón no es para la Iglesia, pero debe reconocerse como muy extraño que, siendo esta la enseñanza más completa de Jesús, no menciona al Espíritu Santo, o a la Iglesia como tal, o la oración en el nombre de Cristo. Estas cosas las mencionó Cristo durante su ministerio (cf. Juan 14:16; 16:13, 24; Mt. 16:18). De todas las enseñanzas sobre la oración que aparecen en el Sermón, por ejemplo, el Señor dijo más tarde que no revelaban la base adecuada (Jn. 16:24), lo cual es una omisión bastante importante de aquello que constituye "la norma de vida diaria para el cristiano".[14] La respuesta usual a tal objeción es que el Sermón ha de ser suplementado por las enseñanzas del resto del Nuevo Testamento. Pero esa suplementación parece involucrar mas bién una diferencia esencial y hace que se sospeche de esta interpretación. Aun Hogg y Watson admiten que "tomado por sí solo bello como es, sería Ley y no Evangelio".[15] Por lo tanto, parece que la información adicional suplida por el resto del Nuevo Testamento es en realidad diferente y tan esencialmente diferente como para provocar una seria interrogante acerca de la validez de dicha interpretación.

(3) El Sermón del Monte es la verdad del reino. Toda la Escritura es útil; por lo tanto, cualquiera que sea la interpretación del Sermón tendrá aplicación a la Iglesia. Aun los dispensacionalistas más ardientes enseñan su aplicación a la Iglesia: "Una aplicación secundaria a la Iglesia

---

[13]R. B. Miller, "Sermon on the Mount," *The International Standard Bible Encyclopaedia,* IV, 2735.
[14]Henry, *loc. cit.*
[15]*Op. cit.,* p. 105.

significa que hay lecciones y principios que deben ser extraídos de él".[16]
Así que, decir que es la verdad del reino no es negar su relevancia a la
Iglesia.

Que el Sermón concierne al reino está establecido (1) por el principio
de interpretación literal y (2) por el principio de la Teología Bíblica como
se demuestra en el Evangelio teológico de Mateo (el cual está basado en
Juan 14:26). El rey fue presentado, y El, en respuestra, ofreció a Israel
su reino. Lógico es, por lo tanto, que trazara las leyes de ese reino. Este
es el orden divinamente inspirado de Mateo.

Sin embargo, algunos dicen que el Sermón es la verdad tocante al
reino y luego proceden a hacer del reino el gobierno universal de Dios en
todos los tiempos. En otras palabras, "reino" es tomado como sinónimo
con "Iglesia" y aunque se dice que el sermón es para el reino, en realidad
se quiere decir que es para la Iglesia. Por "reino" queremos decir el reino
mesiánico milenial, davídico, ofrecido por el Mesías en su primera venida
pero no establecido sino hasta su segunda venida. El Sermón fue predicado con relación a este concepto de reino, y cualquiera que sea su
aplicación, fue predicado en el contexto de una expectación del reino
mesiánico, y esa debe ser su interpretación primaria.

La mayoría de los que siguen este punto de vista entienden que el
Sermón se relaciona con el reino tal como será establecido en el futuro.
Es en esta conexión que frecuentemente es llamado la constitución del
reino. Sin embargo, es de esperarse que surjan objeciones en contra del
hecho de relacionar el Sermón exclusivamente con el reino mesiánico
como se establecerá en el milenio futuro. Las objeciones están basadas
sobre el simple hecho de que hay algunas cosas en el Sermón que describen condiciones que son enteramente diferentes de aquellas conocidas
como pertenecientes a la era milenial en otras partes de las Escrituras.
Por ejemplo, si el reino ha sido establecido, ¿por qué orar "venga tu
reino?": u otra vez, si la justicia reina ¿por qué aquellos que son perseguidos son llamados benditos? A fin de evitar estas objeciones algunas
veces se dice que el Sermón se refiere al tiempo del *ofrecimiento* del
reino (tanto durante la vida de Cristo como durante la tribulación). Ese
punto de vista no toma completamente en cuenta algunas cosas en el
Sermón que describen condiciones mileniales (cf. 5:13-16, 39-44; 7:1-6),
y pasa por alto que aun en el milenio habrá gente no redimida en necesidad del mensaje de arrepentimiento.

A la luz de la discusión anterior parece mejor a este escritor consi-

[16]L. S. Chafer, *Systematic Theology,* V, 97.

derar el Sermón del Monte en una luz cuádruple. (1) Básica y primariamente es una explicación detallada de lo que el Señor quiso decir por arrepentimiento. Fue un llamado a quienes le oían a ese cambio interno, el cual ellos habían separado de los requerimientos para el establecimiento del reino mesiánico. Por lo tanto, (2) tenía pertinencia a cualquier tiempo en que el reino es ofrecido, y eso incluye tanto los días de la tribulación como los días cuando Cristo habló. Pero (3) describe ciertos aspectos de la vida en el reino milenial y así, en un sentido limitado, es una especie de constitución del reino. Sin embargo (4) como toda la Escritura, es provechoso para cualquier gente, y ya que es uno de los códigos éticos más detallados en la Biblia tiene una aplicación especial a la vida de los hombres en cualquier época. Uno debe evitar relegarlo todo al futuro o todo al tiempo del ofrecimiento del reino y, al mismo tiempo, nunca debe pasarse por alto la importancia de su aplicación a la Iglesia hoy. Por interpretación (basado en el uso que le da Mateo) el Sermón del Monte explica el arrepentimiento en detalle en relación con la ciudadanía en el reino. La frase *ciudadanía en el reino* servirá para enfatizar los tres aspectos interpretativos bosquejados anteriormente y en ninguna forma contradecirá el valor aplicativo del Sermón. En resumen, se seguirán las enseñanzas del Señor tal como aparecen en San Mateo.

A. *Las Características de la Ciudadanía del Reino* (5:1-16)

1. *Características con relación a Dios* (5:3-6). Se requieren cuatro características con respecto a Dios: pobreza de espíritu, lo cual involucra un reconocimiento de la indignidad de uno delante de Dios, un lamento piadoso en el corazón como resultado de reconocer la condición de pobreza, mansedumbre (la palabra significa "domesticado"), y hambre y sed de justicia. Estos son requisitos espirituales para la entrada en el reino mesiánico.

2. *Características con relación al hombre* (5:7-12). Nuevamente hay cuatro características: misericordia, pureza de corazón, pacificador, y el sufrir persecución. Los ciudadanos del reino deben de caracterizarse en estas formas, y estas cuatro, como el primer grupo, primeramente conciernen a la entrada en el reino.

3. *Características con relación al mundo* (5:13-16). Habrá necesidad de testificar durante el milenio. Esa necesidad será satisfecha por los súbditos del reino. Deben de preservar como la sal y ser prominentes como una ciudad sobre un monte. Aunque ningún inconverso entrará al

reino milenial, muchos redimidos entrarán con cuerpos no glorificados a quienes les nacerán niños que necesitarán que se les testifique.

B. El Código de la Ciudadanía del Reino (5:17-48)

En esta sección del Sermón se presentan siete leyes. Cada una está marcada en el texto con la frase: "oisteis que fue dicho a los antiguos ... Pero yo os digo." (v. 2, 27, 31, 33, 38, 43). Como leyes indudablemente tiene una pertinencia especial referente a la norma de conducta esperada durante el reino de Cristo, y como pronunciamientos autoritativos (los cuales se hallan en un contraste bien marcado a la ley y su interpretación farisaica) tienen pertinencia referente al tiempo de la predicación del reino al establecer los requisitos de justicia interna en contraste a la justicia externa de los fariseos (cf. 5:20).

1. *La ley del homicidio* (5:21-26). Aunque los rabinos eran muy estrictos en su enseñanza contra el homicidio, Jesús enfocó las causas de éste. La ira empieza el proceso; luego sigue el llamar al hermano *raca* (de una palabra que significa escupir); finalmente el hermano es acusado de ser un fatuo. Estas son las cosas que conducen al asesinato. Por lo tanto, a fin de evitar las consecuencias, el Señor aconseja a reconciliarse con el hermano (en asuntos religiosos) o ponerse de acuerdo con el adversario fuera del tribunal (en asuntos seculares). Esta ley, como todas, tuvieron significado cuando Cristo las anunció a aquellos que buscaban entrada al reino y necesitaban examinar sus corazones y no hay razón de porqué no estará vigente durante el reino.

2. *La ley del adulterio* (5:27-30). Nuevamente el Señor apunta con su dedo al corazón del hombre. Los rabinos definían el adulterio como la relación sexual ilícita de un hombre casado y una mujer casada.[17] El Señor amplió la definición al incluir a cualquiera que realizara dicho acto fuera del estado marital. Pero también fue más allá al señalar que el centro del pecado está en el corazón. Los judíos racionalizaban al decir que el ojo los arrastraba hacia el adulterio. El Señor dice que tal idea es sin sentido, porque el corazón es quien lo hace. Jesús usó el razonamiento ilógico de ellos y lo trajo a su conclusión lógica, porque dijo, si es el ojo sacadlo, o si es la mano quien lleva a este pecado cortadla. Sin embargo, si es el corazón, cambiadlo. El Señor no decía que el hecho no es peor que la mirada, sino que trata de señalar la fuente del hecho y lo que necesita hacerse con el corazón.

---

[17]Major, Manson and Wright, op. cit., p. 428.

3. *La ley del divorcio* (5:31-32). Podría pensarse de esta ley que el Señor permite el divorcio en el caso único del adulterio. Si esto fuera así, entonces esta enseñanza particular estaría a la misma altura de la escuela de Shammai. Es verdad que la escuela de Hillel permitía el divorcio por muchas causas, y sobre esa base algunos han dicho que en esta declaración el Señor simplemente limitó el divorcio a la única circunstancia probada a fin de que las mujeres divorciadas por razones triviales no fuesen marcadas como adúlteras. Sin embargo una interpretación tal no coloca la enseñanza del Señor por encima de la de los escribas y fariseos, representada por la escuela de Shammai.

Por eso, como todo el Sermón, parece ser una norma más alta que la de los fariseos, ¿es posible que el Señor estuviera verdaderamente prohibiendo el divorcio en cualquier caso? Los liberales piensan así, y enfocan la cláusula exceptuante como una interpolación que realmente altera el sentido de la declaración original del Señor.[18] Los conservadores, por supuesto, no pueden aceptar una explicación tal, y la explicación usual es que el divorcio es permitido en esta única circunstancia. A este autor le parece que tal explicación contradice Marcos 10:2-12; Lucas 16:18; y I Corintios 7:10. Por lo tanto, se sugiere que el Señor estaba prohibiendo el divorcio en forma absoluta y que fornicación *(porneia)* significa relaciones maritales dentro de las relaciones prohibidas de Levítico 18. En otras palabras, quien se hubiera casado con un pariente muy cercano debería buscar anulamiento, pero para todo lo demás el divorcio es desaprobado. Esto armoniza con el significado de *porneia* en I Corintios 5:1 y Hechos 15:29.[19] De ser esa la verdadera explicación, entonces nuestro Señor estaba substituyendo la ley con el ideal de Dios de no permitir el divorcio.

4. *La ley de los juramentos* (5:33-37). Al presentar las enseñanzas del Antiguo Testamento concernientes a juramentos el Señor resumió los requisitos establecidos en Levítico 19:12 y Números 30:2. La interpretación rabínica había dicho que sólo si el nombre de Dios estaba involucrado era juramento, así uno podía hacer una gran cantidad de juramentos sin quebrantar tal interpretación de la ley. Nuestro Señor

---

[18]Cf. C. Gore, *The Question of Divorce* (London: John Murray, 1911), p. 23 and W. C. Allen, *A Critical and Exegetical Commentary on the Gospel According to St. Matthew, International Critical Commentary* (Edinburg: T. & T. Clark, 1970), p. 51, and G. Salomon, *The Human Element in the Gospels* (London: John Murray, 1908), pp. 130-31.

[19]Cf. W. K. L. Clarke, *New Testament Problems* (London: SPCK, 1929), pp. 59-60, para una explicación detallada de este punto de vista.

demostró que aunque el nombre de Dios no fuera mencionado, Dios podía ser involucrado en los juramentos por involucrar sus obras. Un nombre simboliza a la persona, y la persona es revelada por y relacionada a sus obras. Por lo tanto, difamar las obras es tomar el nombre en vano. Involucrar al cielo, a Jerusalén o a uno mismo es involucrar a Dios. Además, añade el Señor, si alguien necesita enfatizar lo que habla, no haga juramentos, sólo repita lo que desee decir (v. 37).

5. *La ley de la no resitencia* (5:38-42). La ley dice que se podía recompensar mal por mal (Ex. 21:22-26; Lv. 24:17-20; Dt. 19:18-21); Cristo dijo "no resistáis al malvado" y no calificó dicho mandamiento de forma alguna. Al contrario, lo explicó e ilustró en varias áreas de la vida (en indignidad, v. 39; injusticia, v. 40; inconveniencia, v. 41; e indigencia, v. 42).

6. *La ley del amor* (5:43-48). Al introducir esta ley el Señor cita Levítico 19:18 y resume el sentido de pasajes como Deuteronomio 23:3-6 y 7:2. La nueva ley del Señor desecha el odio a los enemigos y sustituye en su lugar amor piadoso, dirigido hacia todos los seres humanos.

C. *La Conducta de los Ciudadanos del Reino* (6:1-7:12)

En esta sección el Rey trata con asuntos de conducta que deben sobresalir en los ciudadanos del reino. Esto es válido tanto si el establecimiento del reino es futuro o presente.

1. *La conducta referente a la ofrenda* (6:1-4). Humildad y secretividad.

2. *La conducta referente a la oración* (6:5-15). En esta sección el Señor dice que el lugar de la oración debe ser en privado donde podrá haber una amistad y comunión de corazón a corazón con Dios (vv 5-6). (Esto estaba en agudo contraste con la práctica de los fariseos quienes se aprestaban para ser hallados en las calles a la hora de la oración de modo que todos pudieran ver cuán religiosos eran). El también dice que el propósito de la oración no es asediar a Dios con vanas repeticiones, sino pedirle por aquello que El ya sabe que necesitamos (vv. 7-8). Finalmente nuestro Señor dio la gran oración modelo (vv. 9-15).

3. *La conducta referente al ayuno* (6:16-18). El Señor dice que hay que hacer el ayuno en secreto. El que ayuna debe comportarse normalmente cuando realiza dicha práctica.

4. *La conducta concerniente al dinero* (6:19-24) — hacer tesoros en el cielo.

5. *La conducta concerniente a la ansiedad* (6:25-34). Los ciudada-

nos del reino no necesitan estar ansiosos porque (1) el que dio la vida, en primer lugar, la cuidará (v. 25); (2) Dios, quien alimenta a las aves, seguramente alimentará a sus hijos (v. 26); (3) es fútil pensar que podamos añadir algo a nuestras vidas (v. 27); (4) Dios, quien viste los lirios, también vestirá a sus hijos (vv. 28-30); (5) es característica de los gentiles preocuparse (vv. 31-32a); (6) Dios sabe de lo que tenemos necesidad (v. 32b) y (7) la prioridad pertenece a las cosas espirituales (vv. 33-34).

6. *La conducta concerniente al juicio* (7:1-6). Esta es una sección que indudablemente tiene una aplicación particular cuando se establezca el reino, porque los tiempos de los verbos muestran que el juicia en el cual se persiste (tiempo presente) trae castigo instantáneo (tiempo aoristo). En relación con su aplicación presente, con frecuencia se abusa de este pasaje porque algunos lo toman para decir que el Señor condenó todo juicio. La condenación está sólo en juzgar hipócritamente. En realidad el Señor recomienda que saquemos la paja del ojo del hermano si nuestra condición espiritual es tal que podamos ver claramente (v 5). Esto es una condenación de la hipocresía, no de las críticas. Pero en el reino la forma como los hipócritas juzgan revelará su condición no regenerada y resultará en su condenación.

7. *La conducta concerniente a la oración* (7:7-12). La sección se cierra con una exhortación a pedir y una promesa de recibir.

D. *Precauciones Concernientes a la Ciudadanía del Reino* (7:13-29)

Después de la enseñanza concerniente al juzgar hipócritamente, el Sermón concluye con advertencias para probar la realidad de la profesión de uno. El Señor habla de dos cimientos (7:13-14), dos clases de árboles (7:15-20), dos profesiones (7:21-23), y dos constructores (7:24-29). Estas advertencias, por supuesto, tienen una pertinencia especial a cualquier tiempo en que el reino sea proclamado, porque es esencial una correcta relación con Dios para la entrada en el reino Mesiánico (cf. 7:21).

III. EL REINO POSPUESTO

Un título como "El Reino Pospuesto" inmediatamente producirá preguntas en la mente de algunos. ¿Cómo puede hablarse de posposición del reino cuando el pasaje bajo discusión en esta sección, Mateo 13, habla del reino? La respuesta a ese interrogante es, por supuesto, que la posposición se usa aquí con relación al reino milenial o davídico. Pero se argumentará, si el reino davídico es pospuesto eso significa que si los judíos lo hubieran recibido no habría sido necesario para el Señor Jesús haber sido crucificado. La posposición del reino está primordialmente relacionada con la cuestión del programa de Dios en esta era a través de la Iglesia y no con la necesidad de la crucifixión. La crucifixión habría sido necessaria como la base para el establecimiento del reino aun si la era de la Iglesia nunca hubiera sido concebida en los propósitos de Dios. La cuestión no es si la crucifixión pudo ser evitada, sino si el reino davídico fue pospuesto.

En el bosquejo teológico divinamente inspirado de Mateo no hay mejor forma de expresar los propósitos de Dios concernientes al reino mesiánico que con la palabra *pospuesto*. Ya se ha demostrado que debe reconocerse tanto la dirección divina en el orden del Evangelio como en el contenido de éste (Juan 14:26). El arreglo de Mateo ha presentado a Cristo como el Rey de los judíos proclamando el reino davídico que se ha acercado (3:2; 4:17; 10:7). También ha mostrado la línea distintiva del rechazo del Rey (cf. especialmente los capítulos 11-12). En muchos aspectos hay un clímax de ese rechazo en el caso del pecado imperdonable, aunque, por supuesto, el rechazo continúa a través de todo el relato. Sin embargo, no hay evidencia de que el Rey proclamase la cercanía del reino después del clímax del rechazo en el capítulo 12, sino que más bien introduce los misterios del reino.

La palabra *misterio* es un término técnico usado para describir un secreto que permanece escondido hasta que es revelado. El reino de los cielos, identificado como el reino eterno de Dios, no era ciertamente desconocido en la teología judía. El reino de los cielos referido como el reino davídico, mesiánico, milenial era asimismo bien conocido para los judíos de los días de Cristo (cf. Dn. 7:14). Por lo tanto, los misterios del reino no podían referirse al reino eterno o al reino mesiánico, sino que el significado de la palabra *misterio* requiere que se refiera a otro aspecto del gobierno de Dios, el cual era desconocido en esa época. Si la referencia no es a la eternidad ni al milenio, sólo queda otro período en la historia del mundo, el tiempo entre la primera y la segunda venida de Cristo. Claro está que ese período incluye el tiempo durante el cual Cristo está edificando a su Iglesia, pero los misterios del reino de los cielos tienen que ver con el gobierno de Dios sobre todo el mundo, no con el gobierno de Cristo sobre la Iglesia. Concierne a las condiciones existentes durante el tiempo cuando Cristo está ausente de la tierra.

La forma de esta revelación es parabólica. La palabra *parábola* significa lanzar al lado de. Una parábola significa colocar dos verdades lado a lado—una verdad del campo de la naturaleza y la otra del campo de lo sobrenatural. Las parábolas son instrumentos para la comunicación de la doctrina a fin de que pueda ser revelada y al mismo tiempo escondida (Mt. 13:11ss). Ya que contienen verdades de los dos campos uno debe esperar encontrar en las parábolas un lenguaje metafórico, pero como en todas las figuras de expresión el significado literal de la figura será evidente. Cada parábola debe ser interpretada como un todo, y una sola parábola no debe ser usada para enseñar la historia comunicada por la totalidad de estas. Está por demás decir que la interpretación de las que se encuentran en Mateo 13 debe seguir el patrón establecido por el Señor en su propia interpretación de las dos primeras.

Para resumir: estas parábolas revelan algunas de las características principales del gobierno de Dios durante el tiempo cuando Cristo está fuera de la tierra. Que habría un tiempo tal era desconocido previamente; por lo tanto, esos son los misterios del reino; y mientras tanto el reino davídico prometido es meramente pospuesto.

A. *El Sembrador* (13:1-23)

1. *Las identificaciones.* El sembrador es Cristo; la semilla son personas quienes han recibido la Palabra en una forma u otra y que son sembradas dentro del mundo para un testimonio (cf. vv. 19-20, 22-23, "el que fue sembrado"). La Palabra juega una parte vital en la parábola, pero la semilla son personas que han recibido la Palabra. El campo en el cual son sembrados es el mundo.

2. *La interpretación.* Durante el curso de esta era mucha gente recibirá la Palabra y automáticamente se constituyen en testimonios al mundo, y habrá muchos más quienes recibirán la Palabra y harán una especie de profesión pero no producen como los que reciben y llevan fruto. Una clase de personas oye pero no entiende; otra oye y tiene una experiencia emocional pero pronto se marchita; la profesión de otros no es fructífera por causa de la mundanalidad; mientras otro grupo es fructífero en distintos grados. Todos hacen una profesión, todos son sembrados para testimonio, pero sólo un grupo lleva fruto para el reino.

B. *El Trigo y la Cizaña* (13:24-30, 36-43)

1. *Las identificaciones.* Nuevamente el sembrador es Cristo, y el campo es el mundo. La buena semilla son los hijos del reino, y la cizaña los hijos del Maligno. Los segadores quienes hacen su tarea al fin del

siglo son los ángeles. Todas estas identificaciones son ciertas porque es el Señor quien las hace.

2. *La interpretación.* Durante el curso de esta era Satanás plantará tan sutilmente a falsos creyentes entre los verdaderos seguidores de Cristo que serán irreconocibles a los hombres e inseparables hasta que sean separados por los ángeles al regreso de Cristo.

C. *La Semilla de Mostaza* (13:31-32)

1. *Las identificaciones.* El sembrador y el campo son, sin duda, los mismos de las parábolas anteriores.
2. *La interpretación.* El punto principal de esta parábola es el crecimiento no usual o inesperado del cristianismo durante el curso de esta era.

D. *La Levadura* (13:33)

1. *Las identificaciones.* Si levadura significa aquí lo mismo que en cualquier otra parte de las Escrituras (y no hay indicio alguno en la parábola que no sea así) se refiere a algo maligno (Ex. 12:15; Lv. 2:11; 6:17; 10:12; Mt. 16:6; Mr. 8:15 I Co. 5:6; Gá. 5:9).
2. *La interpretación.* Obviamente la interpretación de esta parábola depende de la identificación que se le de a la levadura. Si representa una doctrina mala el Señor está diciendo que la era presente se caracterizará por la infiltración de la enseñanza corrupta dentro de la verdadera. Si la levadura se refiere al Evangelio es raro encontrarlo escondido y no proclamado, y la sugerencia de que el Evangelio leude a todo el mundo es una flagrante contradicción de la Escritura (I Ti. 4; 2 Ti. 3:1-7) y de los hechos de la historia contemporánea.

E. *El Tesoro Escondido* (13:44)

1. *Las identificaciones.* El hombre aludido en esta parábola debe ser Cristo, ya que no hay razón para cambiar la identidad para la de otra persona. Los oyentes judíos habrían asumido que el tesoro respresentaba a su propia nación (Ex. 19:5; Salmo 135:4).
2. *La interpretación.* Los judíos serán parte de la multitud de salvos de esta era, y su salvación, como la de todos los que son salvos, está basada en la muerte de Cristo.

F. La Perla de Gran Precio (13:45-46)

1. *Las identificaciones.* El hombre sigue siendo Cristo. La identificación de la perla tal vez sea más difícil, pero para los judíos la perla no era tan preciosa como para los gentiles.
2. *La interpretación.* Esta parábola, evidentemente, enseña que Cristo se dio a sí mismo también por los gentiles. Pablo llama a eso un misterio (Ef. 3:1-6).

G. La Red (13:47-50)

1. *Las identificaciones.* La red es la Palabra del reino. Los peces son los que responden a la Palabra, y la separación es el juicio al fin del siglo.
2. *La interpretación.* El énfasis de esta parábola parece estar en la separación, y no en el recoger dentro de la red. Entonces, se refiere a una forma más particular de la separación que ocurrirá al final de la tribulación, descrita además, en Mateo 25:31-46.

La introducción de estos misterios concernientes al gobierno de Dios afirma la idea de que el reino mesiánico, davídico había sido pospuesto. Las últimas promesas no han sido abrogadas ni asumidas por la Iglesia; aún están por cumplirse, pero mientras tanto Dios está gobernando de otras maneras, y esas maneras han sido descritas en esos misterios del reino.

IV. El Reino Profetizado

A. La Importancia del Discurso de los Olivos

Hemos visto que la teología divinamente ordenada de Mateo se interesa en el Rey y el reino. Mateo usa el vocablo "reino" primeramente con relación al reino mesiánico, davídico, milenial. En el progreso de la revelación sobre el reino, el autor enfatiza la oferta en la predicación de Juan, de Cristo, y de los doce. Muy temprano en su Evangelio introduce el mensaje detallado del reino en el Sermón del Monte; luego muestra cómo el Señor revela ciertos misterios de verdades desconocidas hasta entonces concernientes al reino mediante la revelación de la introducción de esta era. En vista de este desarrollo doctrinal surge una interrogante: ¿Han sido abrogadas las promesas del pacto davídico de un reino terrenal, nacional, mesiánico davídico? La respuesta de la Teología Sinóp-

tica es un *NO* rotundo, porque el discurso de los Olivos, colocado por Mateo tan al final del Evangelio como le fue posible, contiene dos pasajes que tienen que ver con el reino milenial y que fueron emitidos después del tiempo en que el Señor introdujo las verdades concernientes a los misterios del reino.
   La amplia variedad de interpretaciones de este pasaje (Mt. 24, 25; Mr. 13:1-37; Lc. 21:5-36) no debe preocupar al estudiante. Muchos intérpretes, tanto liberales como conservadores, consideran que se refiere a la destrucción de Jerusalén en el 70 d. C. Sin embargo, si la interpretación literal significa algo, tal sugerencia debe ser rechazada. Esto no quiere decir que el discurso no incluye la profecía de ese suceso (verdaderamente este es el énfasis peculiar de Lucas), pero lo que sucedió en el 70 d.C. ni tan siquiera comenzaría a cumplir todo lo que se encuentra en el discurso. Por lo tanto, muchos intérpretes entienden que el Señor también se refiere a su segunda venida, y, aunque parezca raro, tanto amilenaristas como premilenaristas comparten esa opinión.[20] Aun sin la presencia de una exposición detallada de todas las palabras y frases del discurso que denoten el elemento de tiempo, es evidente que todas se refieren a la gran tribulación o al orden de sucesos relacionados con la segunda venida de Cristo (cf. Mt. 24:3, 6-7, 14-15, 21, 29-30, 37, 42, 44; 25:10, 19, 31). Si el discurso como un todo se refiere al tiempo de la segunda venida, los dos pasajes particulares que se refieren al reino mesiánico también deben ser interpretados con relación a ese tiempo; y, por lo tanto, esos dos pasajes, la parábola de las vírgenes (25:1-10) y el juicio de los gentiles (25:31-46), los cuales hablan del reino milenial, demuestran que en ninguna manera había sido abrogado por cualquiera otra enseñanza que Cristo hubiera introducido.

B. *Las Preguntas de los Discípulos* (Mt. 24:1-3; Mr. 13:1-4; Lc. 21:5-7)

   Tres preguntas de los discípulos motivaron el discurso. Mientras el Señor les mostraba el templo y predecía su destrucción ellos le preguntaron (1) cuándo sería la destrucción, (2) cuáles serían las señales de su venida, y (3) cuáles serían las señales del fin del siglo. Es evidente que entendieron que dichos sucesos serían simultáneos y, en su respuesta, el Señor no intentó corregir esa impresión porque esta sería una

---

[20]Cf. F. E. Hamilton, *The Basis of Millenial Faith* (Grand Rapids: Eerdmans, 1952), pp. 67 ss.

de las muchas cosas que ellos no entenderían sino hasta después de la resurrección (Juan 16:12).

C. *Las Señales del Fin del Siglo* (Mt. 24:4-26)

La respuesta a la primera pregunta concerniente a la destrucción de Jerusalén no se encuentra en el relato de Mateo, porque su interés está en el Rey y el reino, y lo que sucedió en el 70 d.C. no se relaciona con ninguno de los dos. Mateo se apresura a incluir en su Evangelio lo que el Señor tenía que decir acerca de las señales del fin del siglo, porque cuando estas aparecieran el establecimiento del reino estaría cercano. Las señales en el campo de lo físico incluyen los disturbios mencionados en los versículos 6-7. Las señales sobresalientes en lo espiritual serán los muchos falsos cristos que aparecerán (v 5), la persecución de los judíos y el desinterés general en la religión (vv 10-12), la aparición de la abominación desoladora con sus consecuencias resultantes (vv 15-22), y la predicación mundial del evangelio del reino (v. 14).

D. *La Señal de la Venida de Cristo* (Mt. 24:27-31)

La segunda venida de Cristo será visible (v 27) y acompañada de una gran mortandad en todo el mundo (v 28). El Señor señala el tiempo de dicho suceso como "inmediatamente después de la tribulación" y establece que un fenómeno físico no común lo acompañará (v 29). También en ese tiempo se verá la señal del Hijo del Hombre cuya aparición traerá aflicción sobre los hijos de Israel (v 30; cf. Zac. 12:10-12). El recogimiento final de los judíos de los rincones de la tierra será efectuado en el regreso del Señor por obra de los ángeles (v 31).

E. *Las Ilustraciones* (Mt. 24:32-25:46)

En el discurso se incluye un número de ilustraciones tocante al regreso del Señor. La higuera (24:32-35) es una ilustración de la rapidez con que vendrá el fin del siglo y la necesidad de estar alerta a las señales que aparecerán en el mundo. Los días de Noé (24:36-39) apuntan a lo inesperado del retorno del Señor por la falta de preparación en la vida cotidiana de los hombres en esos días. Las ilustraciones de las parejas (24:40-42) y del siervo fiel (24:43-51), enseñan la necesidad de preparación en vista de la separación que traerá el regreso de Cristo.

La ilustración que sigue (las diez vírgenes, 25:1-13; los talentos,

25:14-30; el juicio de los gentiles,[21] 25:31-46) incluyen tanto advertencias de juicio como exhortaciones a estar preparado. En cada caso la recompensa es el reino de los Cielos y el castigo el infierno. Si estas palabras se comprenden a cabalidad, entonces, obviamente enseñan que el reino de los Cielos aún está por establecerse cuando Cristo regrese. De manera que el reino davídico no pudo haber sido reemplazado por la Iglesia.

Es incontrovertible que la teología de los Sinópticos tiene que ver primordialmente con el Rey y su reino. Este es el énfasis divinamente provisto en Mateo, el Evangelio teológico de los Sinópticos, y es la clave para la interpretación del significado de la vida de Cristo. Sin esta perspectiva básica el material viene a ser un conjunto de contradicciones. Con ella, se demuestra el desarrollo progresivo de la revelación de los propósitos de Dios en la manera de la verdadera Teología Bíblica.

---

[21]La palabra *ethnos*. Mt. 25:32, se traduce en el Nuevo Testamento por "gente" dos veces, "pagano" cinco veces, "nación" sesenta y cuatro veces, y "gentil" noventa y tres veces. El autor entiende este juicio como el que es individualmente para los gentiles, no para grupos nacionales, y al fin de la tribulación por su trato para los hermanos de Cristo, el pueblo judío.

Segunda Parte
LA TEOLOGIA DE LOS HECHOS

Capítulo I

TRASFONDO

I. EL AUTOR

Ya que la Teología Bíblica enfatiza el condicionamiento histórico de la revelación, es necesaria una palabra concerniente al autor de Hechos de los Apóstoles. El Doctor Lucas era, evidentemente, un griego y no un judío, porque en Colosenses 4:12-14 es separado de los de la circuncisión.[1] Algunos sostienen que nació en Antioquía de Siria[2] mientras otros creen que Filipos era su ciudad natal.[3] Evidentemente era un hombre libre, y posiblemente nació y se crió en Antioquía pero practicó la medicina en Filipos. Dónde fue que recibió su entrenamiento médico es un asunto enteramente de conjetura aun cuando por fuerza tuvo que haber sido en Alejandría, Atenas o Tarso. Los hechos que corresponden a su conversión son igualmente desconocidos. El prólogo del Evangelio podría indicar que Lucas no fue un testigo ocular del ministerio de Cristo. Posiblemente su conversión ocurrió en Antioquía a través del ministerio de los que huyeron de Jerusalén por causa de la persecución. Igualmente es posible que se haya convertido a través del ministerio de Pablo cuando éste estuvo en Tarso antes de ser llamado a la obra en Antioquía. A pesar de que Lucas es generalmente recordado como un médico, debe de reconocerse que primordialmente era un misionero. Siendo el autor del tercer Evangelio se calificaría como tal, pero también hizo obra misionera itinerante. El llamamiento macedonio fue respondido tanto por Lucas

[1]El Lucas en Romanos 16:21 es indudablmente una persona diferente, como también en Hechos 13:1.
[2]A. T. Robertson, *Luke The Historian in the Light of Historical Research* (Edinburgh: T. & T. Clark, 1920), p. 23.
[3]R. B. Rackham, *The Acts of the Apostles* (London: Methuen & Co., 1951), p. xxx. prefiere Antioquía en Pisidia, pero este punto de vista no es ampliamente sostenido.

86   *Teología Bíblica del Nuevo Testamento*

como por Pablo (Hechos 16:13, 17). Lucas, evidentemente, quedó encargado de la obra en Filipos por aproximadamente seis años. Más tarde predicó en Roma (Filemón 24). El Señor también lo usó en un ministerio personal para las necesidades físicas del Apóstol Pablo (Col. 4:14), y ya que estuvo con Pablo al final de su vida tal vez hizo los arreglos para su entierro (II Ti. 4:11).

II. El Metodo de Investigacion

La declaración de Lucas concerniente a su método de investigación se encuentra en el prólogo al Evangelio, y aunque algunos de los detalles en la afirmación se refieren principalmente al Evangelio en vez de Hechos, sin embargo, el método general es aplicable a ambas obras.

A. *El Propósito*

El método que Lucas usó era congruente con un tratado histórico, y no con uno polémico o apologético. Si ese era su propósito expreso, y si su método de investigación era válido, entonces aun aparte de la superintendencia de la obra del Espíritu Santo, es de esperarse que sus escritos manifiesten una exactitud histórica.

B. *El Método*

El método de Lucas para producir estos libros históricos involucraba la investigación de fuentes y la selección de las evidencias.

1. *Las Fuentes*

a. Una participación personal. En el libro de Hechos hay dos secciones donde sobresale el uso del pronombre personal "nosotros" (16:9-40; 20:5-28:31). Estas indican que Lucas estuvo personalmente involucrado en el viaje de Troas a Filipos (en el segundo viaje misionero de Pablo) y de Filipos (en el tercer viaje) a Roma, incluyendo dos años en Cesarea y dos en Roma. Para estos sucesos disponía de sus recolecciones personales y, posiblemente, su diario personal.

b. Pablo. Por cinco o seis años Lucas estuvo con Pablo antes de que escribiera Hechos. Esto, por supuesto, le proveyó de información tocante a los relatos de Hechos 7; 9; 11:25-30; 13:1-16:8; 17:1-20:4. En otras palabras, Lucas tenía a su alcance evidencia fidedigna de estas dos fuentes para la mayor parte del material de Hechos. Es también sobresaliente notar que esta asociación con Pablo no afectó su propósito histórico, dándole un molde doctrinal.

c. Otros testigos oculares. Silas, Timoteo, Tito, Aristarco, Santiago, Felipe y sus hijas están entre aquéllos a quienes Lucas tuvo acceso para recopilar material para Hechos (Hechos 19:29; 20:4; 21:8, 18; Col. 4:10; Filemón 24). Estos proveyeron fuentes auténticas para prácticamente todo el libro de Hechos.

2. Selección. Otra característica principal del método de Lucas es la selección cuidadosa de la evidencia recogida. El declaró que "había investigado con diligencia todas las cosas desde su origen" (Lucas 1:3), lo cual significa (1) que seleccionó los hechos antes de escribirlos (el verbo está en el tiempo perfecto) y (2) que hizo un uso exacto en su escrito de las evidencias seleccionadas. El cuadro que se presenta es el de un médico capacitado para diagnosticar, aplicando esa habilidad a la selección del material al prepararse cuidadosamente para la tarea de escribir.

III. LA FECHA

La controversia concerniente a la fecha de Hechos se centra en si fue escrito antes o después del 70 d.C. Todos están de acuerdo que Hechos fue escrito no mucho después del Evangelio según San Lucas, y aquellos que usan una fecha posterior al 70 frecuentemente lo hacen sobre la base de una negación de la profecía predictiva. De modo que, sobre esa base se concluye que Lucas 21 debe referirse a un hecho pasado y, por consiguiente, Lucas y Hechos son posterior al año 70. Además de esta negación de la profecía hay otras dificultades serias con una fecha posterior al 70. Por ejemplo ¿por qué hay tantos incidentes importantes omitidos en Hechos si fue escrito después de la destrucción de Jerusalén? Seguramente Lucas habría mencionado el incendio de Roma, el martirio de Pablo, y la destrucción de Jerusalén misma.[4] De la conclusión de Hechos se deduce que fue escrito cerca del año 63 en Roma durante el primer encarcelamiento de Pablo.

IV. PATERNIDAD LITERARIA

A través de esta breve discusión la paternidad literaria lucana ha sido asumida. En breve la prueba de esto se desarrolla usualmente sobre

---

[4]Cf. la discusión en H. Alford, *The Greek Testament* (London: Rivingtons: 1859). II, 17-19.

la base siguiente: (1) el autor de Hechos fue claramente un acompañante de Pablo (porque las secciones donde aparece el pronombre personal "nosotros" muestran esto); (2) por un proceso de eliminación, el acompañante fue Lucas; (3) el mismo hombre quien escribió las secciones "nosotros" escribió el resto del libro; y (4) esta conclusión es corroborada por la incidencia de términos médicos encontrados en la obra (cf. 1:3; 3:7ss; 9:18, 33; 13:11; 28:1-10).

Capítulo II

LA FILOSOFIA DEL PLAN DE HECHOS

Cualquier mente inquisitiva se preguntaría qué fue lo que motivó a Lucas en su investigación y selección del contenido del libro de los Hechos. ¿Por qué recibe Pablo tanta prominencia? ¿Por qué es que el progreso del Evangelio hacia el Oeste es ampliamente trazado en el registro histórico? ¿Por qué ciertos incidentes en los viajes misioneros son reportados con detalle mientras que otros lo son brevemente? Como en el Evangelio, Hechos también fue planeado en una forma ordenada; qué filosofía motivó el plan de Hechos es el asunto de esta sección.

I. EL PROPOSITO BASICO DEL PLAN

Es evidente que el propósito básico de Hechos no es muy diferente al del Evangelio según San Lucas porque ambos están dirigidos al mismo individuo con un propósito similar, a saber, para instruirle en el ministerio de Jesús de Nazaret. El Evangelio es la primera parte de la instrucción y, según Lucas, sólo constituye el principio de la historia (Hechos 1:1); por lo tanto, el libro de los Hechos es claramente una continuación del recuento del ministerio de Cristo. La palabra *comenzó,* en Hechos 1:1, no solamente describe el contenido del Evangelio, sino también el de Hechos, porque implica que Hechos tratará con aquello que Jesús continúa haciendo después de su resurrección.

Además de la palabra *comenzó,* hay otra característica digna de notarse en la introducción de Hechos, es decir, la inmediata y repetida mención del Espíritu Santo (1:2, 4-5, 8). Los hechos del Cristo resucitado son inmediatamente relacionados a la obra del Espíritu Santo. Así que este segundo tratado a Teófilo es una crónica de lo que el Cristo resucitado hizo a través del Espíritu Santo. El registro de esos hechos es el propósito básico del libro.

III. EL DESARROLLO ESPECIFICO DEL PLAN

Decir que el propósito básico de Lucas fue escribir los hechos del Cristo resucitado a través del Espíritu Santo no es responder a ninguna pregunta concerniente a la selección del material. No se incluyen todas las obras del Cristo resucitado ya que es necesario hacer una selectividad geográfica, cronológica, etnológica y de personalidad. No es difícil observar que el plan básico del libro se desarrolla a lo largo de cuatro temas claramente discernibles. Es prudente asumir, por lo tanto, que Lucas lo planeó así.

A. El tema de la Gran Comisión

El tema más obvio en el desarrollo del libro de Hechos es el que sigue la Gran Comisión. Esta es la base sobre la cual generalmente se construye el bosquejo analítico del libro.

1. *La presentación del tema de la Gran Comisión.* El tema es presentado al comienzo (1:6-8) con ocasión de la pregunta de los discípulos concerniente al reino mesiánico. En su respuesta, el Señor no sugiere ninguna abrogación de las promesas del reino o cualquier alteración de su carácter literal — El meramente dijo que el concepto de los discípulos del tiempo del cumplimiento de esas promesas estaba errado. Ellos sabían qué vendría, pero no les era dado saber cuándo; y mientras tanto Cristo da a conocer un nuevo programa y envía un nuevo Poder para llevarlo adelante.

2. *La evidencia del tema de la Gran Comisión.* La selectividad del material afín a este tema es claro, porque todo lector de Hechos ha notado que los primeros siete capítulos se refieren a la obra en Jerusalén; el capítulo 8 a la obra en Samaria, y el resto del libro, hasta lo último de la tierra.[1]

3. *El fin del tema de la Gran Comisión.* Roma es claramente la meta hacia donde se dirige la crónica, pues el clímax del libro es la llegada del Evangelio a Roma. Aunque este hecho podría relacionarse también con la aceptación del concepto de la selectividad, tiene otra relación adicional. Esto sería especialmente verdad si uno acepta la sugerencia de Bruce de que *ap' eschatou tēs gēs,* de lo último de la tierra, significa Roma.[2] Si la

---

[1]Por supuesto, el capítulo 12 se refiere nuevamente a la obra en Jerusalén, pero esto armoniza perfectamente con el *kai . . . kai* (tanto . . . como) de 1:8, lo cual muestra que el progreso del Evangelio debería ser fuera de Jerusalén, pero sin la exclusión de Jerusalén.

[2]F. F. Bruce, *Los Hechos de los Apóstoles* (Chicago: Inter-Varsity Christian Fellowship, 1952), p. 71.

filosofía básica del plan de Hechos está construida sobre la continuación de los hechos del Señor resucitado a través del Espíritu Santo, y si la comisión fue el último mandamiento dado personalmente por el Señor, entonces se explica por qué Lucas le dio tanta prominencia a esta clase de selección.

B. El Tema de la Aceptación

También es discernible la selección de sucesos que demuestran que los hechos del Cristo resucitado a través del Espíritu Santo son bien recibidos por las autoridades civiles. Verdaderamente, parece ser una intención deliberada de parte de Lucas el mencionar tan frecuentemente como le es posible las buenas relaciones que los mensajeros del Evangelio gozaron con las autoridades civiles. Algunas veces el monto de la oposición religiosa registrada en el libro tiende a obscurecer la aprobación civil, pero el estudiante debe de notar los siguientes pasajes: 13:7; 16:35; 17:9; 18:12; 19:31, 37; 26:30-32, 28:21.

Esta evidencia, sin embargo, no debe conducir a nadie a la conclusión de que Hechos fue escrito como un documento para ser usado en la defensa de Pablo durante su juicio en Roma. Solamente demuestra otra manera de desarrollar la filosofía básica del plan. Al concluir el relato en Roma se completa el propósito del autor, porque con ello queda demostrado la aceptación del cristianismo en la capital del imperio.

C. El Tema Paulino

Otro propósito manifiesto de Lucas fue escoger ciertos hechos que mostrarían la grandeza del carácter del apóstol Pablo y que a su vez vindicarían su apostolado.

1. *La razón de este tema.* Ciertamente hubo otros apóstoles cuyas vidas y obras Lucas habría reportado. Entonces, ¿por qué recibió Pablo la prominencia? Las razones son dos: (1) Era necesario establecer el carácter de Pablo por causa del descrédito de que había sido víctima en Galacia y Corinto. (2) Era necesario vindicar la autoridad de sus escritos, demostrando de ese modo su obra para el Señor. No habría sido suficiente decir simplemente que eran inspirados, pero el recuento histórico de cómo Dios usó a Pablo servía de base para su autoridad. Podemos ver el impacto de esto aun hoy día si nos pudieramos imaginar cómo serían recibidas las Epístolas Paulinas si el libro de Hechos no apareciera en el Nuevo Testamento.

2. *La evidencia de este tema.* Parece existir un propósito deliberado del por qué Pablo es elevado a la par de Pedro en el libro de Hechos. Por ejemplo, la narración incluye la sanidad de un hombre cojo por ambos (3:2; cf. 14:8), un acto de exorcismo por ambos (5:16; cf. 16:18), el encuentro con un hechicero (8:18; cf. 13:8-11), un poder personal espectacular (5:15: cf. 19:12). También, en el libro frecuentemente se enfatiza que Pablo poseía autoridad derivada directamente de Cristo como para refutar cualquier argumento de que no era un apóstol porque nunca estuvo en la compañía del Señor en los días de Su humillación (cf. 9:11ss; 22:17-21; 26). Así la promoción de Pablo es una de las líneas claras de selectividad en la planificación de la historia de Lucas.

D. *El Tema del Rechazo Judío*

El último tema claro es el que traza el rechazo del Mesías por la nación judía. Este debe de ser tratado como parte de una consideración mayor dada a todo el asunto de las relaciones judío-gentiles en la Iglesia. Sin embargo, esa área más amplia se relaciona mejor con la doctrina que con la planificación. Señalar el rechazo parece ser parte del plan del libro con el fin de servir como un trasfondo para el registro de los hechos del Cristo resucitado en relación con los gentiles. El rechazo del reino es el enfoque manifiesto del detallado relato en 3:12-26. El rechazo del Rey aparece claramente a través de los primeros capítulos (cf. 7:51; 9:1), pero el principal rechazo es el del cristianismo mismo, y Lucas menciona esto repetidamente (9:23; 13:46; 14:19; 15:1; 17:5, 13; 18:14; 21:27; 23:12).

Estos cuatro temas selectos del desarrollo parece ser el procedimiento escogido por Lucas para dar a conocer los hechos del Cristo resucitado a través del Espíritu Santo en su relato histórico. Aunque podamos discernir este desarrollo y suponer razones para el mismo, nunca debemos perder de vista el hecho de que la obra supervisora del Espíritu Santo en la inspiración estaba guiando y protegiendo en cada detalle. A través de estos temas, distinguibles aunque entrelazados, el libro se desarrolla mediante la mano diligente y precisa del historiador que fue su autor.

Capítulo III

LA TEOLOGIA DE HECHOS

I. LA DOCTRINA DE DIOS

A. *Dios*

1. *Su Existencia.* El libro de Hechos, en su totalidad, asume la existencia de Dios. Ésto se debe, principalmente, al trasfondo veterotestamentario de los predicadores apostólicos. Aun entre los gentiles en Listra fue así (cf. 14:15), aunque en Atenas Pablo no dio por sentado el conocimiento del Dios verdadero (17:22 ss). sin embargo, generalmente hablando, en el libro de los Hechos la existencia de Dios se asume al estilo del Antiguo Testamento.

2. *Sus características.* Un número de las características de Dios son mencionadas un tanto incidentalmente en el libro.

a. *El es Creador* (14:15; 17:24). Esta verdad acerca de Dios fue particularmente afirmada entre los oyentes gentiles aunque era bien conocida y reconocida por los judíos (cf. 4:24).

b. *El es soberano.* Los apóstoles reconocieron la relación soberana de Dios sobre ellos mismos cuando se dirigieron a Dios como el soberano Señor (*despota,* vocablo que se usa en 4:24) y percibieron que El estaba en control absoluto de los hechos y las circunstancias (4:28). También fue reconocido como el Dios de la elección soberana (13:48; cf. Dan. 6:12, donde se usa la misma palabra en la Septuaginta), y como el gobernador sobre todas las naciones (17:26).

c. *El es bondadoso.* Su bondad es vista particularmente en el campo de las bendiciones naturales (14:17) y en el estado temporal de juicio (17:30).

3. *Su revelación*

a. El está cercano a todo hombre (17:27; cf. Dt. 4:29; Salmo 145;18).

b. El apareció y habló en tiempos pasados (7:2, 6, 31).

93

c. El se reveló a sí mismo a través de obras providenciales, empleando ángeles frecuentemente (5:19; 7:53; 8:26; 10:3; 12:7).

d. El se revela a sí mismo directamente. Esta es probalemente una de las características sobresalientes de la era apostólica. La "naturalidad de lo sobrenatural" se deja ver por todos lados. Fue visto por Esteban (7:56, Pablo (9:5) y Ananías (9:10).

e. El se revela a sí mismo a través de la Palabra escrita (4:25).

4. *Sus obras.* En el último análisis todas las cosas son de Dios, pero en el relato de Lucas se le atribuyen ciertas obras particulares. Ellas son:

a. La resurrección de Jesús (4:10; 5:30; 13:37),

b. La salvación de los gentiles (2:21; 13:47; 26:18; 28:28),

c. La reconstrucción del tabernáculo de David (15:16),

d. El juicio futuro (17:31),

e. El envío del Espíritu (2:17),

f. La unción de Jesús (10:38), y

g. La exaltación de Cristo (2:33-35; 4:11).

B. *Jesucristo*

1. *Designaciones y descripciones relacionadas a su persona.*

a. El es humano. La humanidad de Cristo es ampliamente demostrada en el libro por referencias al histórico ser humano Jesús de Nazaret y mediante la identificación de Jesús como el Cristo. Que Jesús fue un verdadero ser humano se asume y acepta en el mensaje Pentecostal de Pedro; que Jesús es el Cristo es el punto de su mensaje (2:36). Son pocas las referencias a incidentes específicos en la vida terrenal de Cristo, pero las que son mencionadas constituyen pruebas de su humanidad (2:23; 8:32; 10:38).

b. Su deidad. La principal prueba teológica de la deidad de Cristo está en 13:33 donde se afirma la eterna relación de Hijo. "*Hoy* se refiere a la fecha del decreto mismo . . . pero este, como un acto divino, era eterno, y así debe ser la relación que éste afirma".[1] La deidad es también otro punto del mensaje de Pedro en Pentecostés, porque por la resurrección, exaltación y el envío subsecuente del Espíritu, él muestra que Jesús de Nazaret es Señor, demostrando así Su deidad.

c. El es el Salvador rechazado y sufriente. El rechazo es la razón por la cual Pedro cita el Salmo 118:22 en 4:11. Es dudoso que el énfasis

---

[1]J. A. Alexander, *The Acts of the Apostles* (New York: Charles Scribner, 1872), II, 29.

estuviera sobre Cristo como cabeza del ángulo, sino que más bien parece ser el hecho de que la piedra fue reprobada por los edificadores. Por lo tanto, esto no es tanto una revelación de Cristo como Cabeza de la Iglesia como es un énfasis del rechazo.[2] El Salvador sufriente es un tema que aparece repetidamente a través del libro (3:18; 8:32-35; 17:2-3; 26:22-23).

d. El es el resucitado. Este fue el tema clave de la predicación apostólica como se ejemplifica en los sermones de Pentecostés y Antioquía de Pisidia (2:25-28; 13:32-35). La resurrección está, por supuesto, íntimamente conectada con la ascensión (1:9-11) y la exaltación (2:33-35).

e. El es el que viene. En el momento de la ascensión la promesa del regreso del Mesías fue afirmada a los discípulos que miraban hacia el cielo (1:9-11). También fue reiterada en el segundo sermón de Pedro (3:21).

Todas estas referencias relativamente incidentales a la persona de Cristo, aunque no forman ninguna área teológica principal del libro, exponen el concepto alto y completamente ortodoxo que tanto los predicadores apostólicos como el cronista tenían de Jesús.

2. *Su ministerio*

a. En la salvación. Todas las citas del Antiguo Testamento que aparecen en Hechos referentes a la salvación hablan de la universalidad de la salvación que el Mesías proveería. Tal inclusividad está basada en la promesa universal del pacto abrahámico (Gn. 12:3), la cual asegura que en la Simiente serían benditas todas las familias de la tierra (cf. Hechos 2:21; 3:25-26; 10:43; 13:46-47; 26:23; 28:28). Sin embargo, hay un aspecto exclusivo de Su salvación. Su provisión es sólo a través del nombre de Jesús de Nazaret (2:36; 4:12; 13:39).

b. En la enseñanza. Si consideramos todo lo disponible tocante a lo que nuestro Señor enseñó a sus discípulos durante los cuarenta días entre la resurrección y la ascensión (1:3-9; 13:31), sólo tendríamos un ejemplo de las muchas cosas que debió de haber dicho.

(1) Respecto de sí mismo. En el camino a Emaús El trató de mostrar a los dos discípulos que su concepto del Mesías estaba bastante torcido, y ese concepto era generalmente compartido por todos hasta la venida del Espíritu (Lucas 24:26-27).

(2) Respecto al tiempo del reino. El les enseñó que no podían tener ningún conocimiento sobre el tiempo y las sazones del reino mesiánico prometido siglos atrás (1:6-7). No hubo censura de parte del Salvador

---

[2]*Contra* L. S. Chafer, *Systematic Theology* (Dallas: Dallas Seminary Press, 1947), IV, 62-63.

a la pregunta, ni ninguna insinuación de que el reino no iba a venir como cumplimiento literal de las promesas. Ellos no podían saber acerca del tiempo del cumplimiento. Sabían acerca del reino y no era necesario repetir el tema.[3]

(3) Respecto al Espíritu. Aunque el ministerio del Espíritu era bien conocido y tal vez ampliamente experimentado en el Antiguo Testamento, el Señor anunció que el bautismo del Espíritu todavía era futuro (Hechos 1:5). (Lo que hubiera sucedido como cumplimiento de Juan 20:22 no pudo haber sido el bautismo; de otro modo la forma futura en Hechos 1:5 pierde todo significado).

(4) Respecto al servicio. El servicio de los discípulos, según Jesús, iba a tener un nuevo poder en la persona del Espíritu Santo y un nuevo programa que se estendería hasta lo último de la tierra (1:8). La motivación de ese servicio era tener amor para el Señor (Juan 21).

c. En otras formas. El libro, en su totalidad, es el testimonio de la obra del Mesías; por lo tanto, cualquier lista sería incompleta. Sin embargo, entre las cosas más notables que El hizo está: el envío del Espíritu (2:33), el añadir al grupo cristiano (2:47; 4:12), la realizacioón de milagros (4:10; 9:34; 13:11; 16:18; 19:11), y la manifestación de su presencia personal (7:56; 9:5, 10-11; 18:9).

C. *El Espíritu Santo*

1. *Su deidad.* Una afirmación directa de la deidad se encuentra en el bien conocido pasaje en el capítulo 5, donde Pedro usa a Dios y al Espíritu Santo intercambiablemente (5:3-4). El Espíritu fue enviado por el Hijo resucitado (2:33).

2. *Su obra con relación a Cristo.* Se dice que El ungió al Señor durante su ministerio sobre la tierra (10:38). Esto probablemente es equivalente a la morada del Espíritu y ocurrió en el bautismo de Cristo. Eso no quiere decir que el bautismo significa unción, sino sólo que ambas cosas ocurrieron simultáneamente.

3. *Su obra en el futuro.* Si se interpreta la cita de Joel 2 en Hechos 2 como que tiene un cumplimiento futuro, entonces el Espíritu algún día será derramado sobre toda carne con ciertos acompañamientos no usuales.[4]

---

[3]*Contra*, G. B. Stevens, *The Theology of the New Testament* (Edinburgh: T. & T. Clark, 1899), pp. 261-62.

[4]Cf. el artículo del autor "El Significado de Pentecostés", *Bibliotheca Sacra*, Octubre, 1955, pp. 333-35.

4. *Su obra con relación a la Iglesia.* Esta es la área principal de la obra del Espíritu en lo que respecta al libro de los Hechos.
   a. El bautiza (1:5; 11:15-16). Este ministerio fue con el propósito de formar el Cuerpo de Cristo.
   b. El gobernaba la Iglesia primitiva (13:2-4).
   c. El llenó a los creyentes para que diesen testimonio (1:8; 2:4; 4:31; 5:32; 9:11-20). Evidentemente, la Iglesia esperaba que así fuese (6:3, 5; 11:24).
   d. El guió a los líderes de la Iglesia primitiva. Notables ilustraciones de esto son Felipe (8:26-30), Pedro (10:19; 11:19), Pablo (16:7; 20:23; 21:4, 11), y los profetas, de los cuales Agabo es un ejemplo (11:28; 21:4).

Aunque el lector de Hechos esté particularmente consciente de la obra del Espíritu, siempre es, como es de esperarse, la obra de procurar la gloria de Cristo y no la de Sí mismo. Estas son las obras del Cristo resucitado a través del Espíritu Santo actuando en los hombres.

Nota concerniente a las lenguas
   a. Casos donde se menciona las lenguas. Las lenguas fueron oídas en Pentecostés (2:6), en Cesarea (10:46), y en Efeso (19:6). No hay ninguna mención específica de lenguas en Samaria (8:17) aunque el verbo *vio* en el versículo 18 podría indicar lenguas.
   b. El significado de lenguas de acuerdo al Pentecostalismo.[5] De acuerdo a la posición pentecostal las lenguas no significan (1) habilidad lingüística, (2) elocuencia cristiana, (3) un don temporal vigente exclusivamente en la era apostólica, (4) el balbuceo de fanatismo, o (5) una exhibición del poder satánico. De acuerdo al pentecostalismo son: (1) la evidencia física inicial del bautismo con el Espíritu Santo, (2) un don devocional, y (3) una señal de confirmación y juicio.
   c. El significado de las lenguas en Hechos. (1) El uso de las lenguas (idiomas extranjeros, como se afirma claramente en 2:6) fue la forma de Dios de extender el Evangelio rápidamente a todas las naciones. (2) Las lenguas eran también una señal de confirmación al pueblo judío de la verdad del evangelio cristiano (cf. Isa. 28:11 donde se predica que otras lenguas serían una señal de confirmación a los judíos). Algunas veces la confirmación fue para los que se acercaban a observar (como en Hechos 10) y otras veces para quienes recibían el don (como en Hechos 19). (3) Debe admitirse que con la sola evidencia del libro de los Hechos sería difícil probar que las lenguas no fueron la evidencia inicial del

---

[5]Carl Brumback, "What Meaneth This?" (Springfield, Mo.: Gospel Publishing House, 1947).

bautismo del Espíritu Santo. Pero desde el punto de vista de la Teología Sistemática no es difícil, porque en I Corintios 12:13 y 30 dice que todos son bautizados por el Espíritu pero que no todos hablan en lenguas. Por lo tanto, las lenguas no son la evidencia requerida del bautismo. A fin de responder a este argumento, los pentecostales pretenden hacer una distinción entre el bautismo *por* el Espíritu (en Corintios) y el bautismo *con* el Espíritu (en Hechos), pero tal distinción es altamente artificial (porque la misma preposición griega, *en* es usada en Hechos 1:5 y I Corintios 12:13).

Las regulaciones concernientes al uso de las lenguas pertenencen al paulinismo y no a la teología bajo discusión.

III. La Doctrina de Das Escrituras

A. *El Uso del Antiguo Testamento*

En los discursos de Hechos hay cerca de 110 citas del Antiguo Testamento, tomadas de dieciocho a veinte libros. Las citas predominantes son pasajes mesiánicos de Deuteronomio, los Salmos, e Isaías. Como era de esperarse, hay más citas del Antiguo Testamento en los primeros discursos en Hechos porque iban dirigidos a audiencias judías, y los pasajes citados son mesiánicos a fin de identificar a Jesús de Nazaret con el Cristo. A. Rendel Harris y F. F. Bruce[6] creen que muchas de estas citas fueron tomadas directamente de los Libros de Testimonios, es decir, las colecciones de textos de pruebas del Antiguo Testamento sobre varios asuntos. Estos eruditos mencionan la exégesis recíproca de las citas (como en 2:25 ss y 13:33 ss) y el hecho de que falta la fórmula usual "para que se cumpliese". Es factible que esa hubiese sido la fuente directa aunque el origen último es el Antiguo Testamento.

B. *La inspiración del Antiguo Testamento*

Que el Antiguo Testamento era de Dios fue afirmado por la Iglesia primitiva (1:16; 4:25; 28:25). La autoridad de las Escrituras también fue reconocida (3:18, 21; 13:46-47; 15:15-18; 26:22-23).

C. *La forma de Citar el Antiguo Testamento*

Surgen dos problemas referente a la forma en la que se cita el Antiguo Testamento. Uno es el uso de la Septuaginta en vez del texto hebreo

---

[6]Cf. F. F. Bruce, *op. cit.,* p. 19.

(como en 15:13-18), y el otro es el problema de paráfrasis o cambios interpretatives (como en 26:18 donde "y de la potestad de Satanás a Dios" es añadido a la cita original de Is. 42:7, 16).

Cualquier discusión detallada de posibles soluciones al problema está más allá del alcance de la consideración de este libro, pero simple y brevemente hay tres sugerencias pertinentes a la solución. (1) En el Nuevo Testamento se usa frecuentemente la Septuaginta con el fin de aclarar el significado de algo que no está muy claro en el texto hebreo. En algunos casos la Septuaginta sería aun más exacta. (2) Verdaderamente, las paráfrasis no son problemas serios.[7] Las mentes de los escritores del Nuevo Testamento estaban saturadas de la Escritura, y frecuentemente citaban sólo el sentido de ellas aun cuando prefijaban la paráfrasis con la frase "dice la Escritura". Así que la palabra *dice* era usada en un sentido general y, ya que las comillas no estaban disponibles en el idioma griego, tal sentido general no sólo es posible sino muy probable en muchos casos. Sería como decir hoy, "La Escritura dice que los cristianos no deben mentirse unos a otros". En tal ejemplo el verbo *decir* es usado en un sentido general y en ninguna forma debe entenderse como una cita directa, aunque el sentido de la Escritura ha sido citado exactamente. (3) En último análisis cualquier solución debe de tomarse en cuenta la obra protectora del Espíritu Santo en ambos Testamentos. En realidad todas las citas del Antiguo Testamento que aparecen en el Nuevo equivalen a un autor que se cita a sí mismo. Este autor es el Espíritu Santo.

III. LA DOCTRINA DE LA SALVACION

A. *La Condición de la Salvación*

La Iglesia primitiva expresó por todas partes que hay una sóla condición para la salvación, es decir, la fe.

1. *Hay una fe que no es para salvación.* Hay dos ejemplos notables del ejercicio de tal fe en el libro de los Hechos — Simón (8:13) y Agripa (26:27). Para que sea una fe salvadora debe de tener el objeto correcto, y la fe de estos dos no estaba dirigida hacia Jesús de Nazaret.

2. *La fe salvadora debe ser en Jesucristo.* Esta idea es la afirmación más frecuentemente repetida en Hechos en lo que concierne a la salvación

---

[7]Roger Nicole, "Old Testament Quotations in the New Testament", *The Gordon Review,* 1:7-12, February, 1955.

(10:43; 11:17, 21; 14:23; 16:31; 18:8). En ocasiones el texto dice que la fe salvadora está dirigida hacia Dios, pero en tales circunstancias se presupone un conocimiento de Jesús, de forma que la fe es hacia Dios como se revela en Su Hijo (por ejemplo 16:34).

3. *El mensaje de la fe se proclama a través de los mensajeros de Dios.* Es a través de hombre que Dios entrega su mensaje tanto oralmente (15:7) como por hechos y vida (13:12).

4. *El acto de creer es por gracia y, por lo tanto, está basado en el consejo eterno de Dios.* Aunque creer es un acto humano, sin embargo se realiza a través de la gracia de Dios (18:27), y quienes creen ya han sido inscritos o colocados en el rango de los que tienen vida eterna (13:48; cf. II Tim. 3:11 para la misma palabra). Este énfasis sobre el aspecto soberano y divino de la salvación es algo que causa sorpresa encontrarlo en un libro histórico, pero muestra que la doctrina era una parte establecida en la subestructura teológica del pensamiento de Lucas.

5. *La fe como sinónimo del arrepentimiento.* Frecuentemente la idea de creer se expresa con la palabra arrepentimiento (2:38; 3:19; 5:31; 8:22; 11:18; 17:30; 20:21; 26:20). Al igual que la fe, el arrepentimiento es un requisito humano para la salvación y aún así es un don de Dios (5:31; 11:18). Tanto Pedro como Pablo predicaron el arrepentimiento, lo cual significa que no puede ser relegado a la teología petrina. La palabra significa cambiar la mente, y por su uso en el libro de Hechos significa cambiar la mente respecto de Jesús de Nazaret, reconociéndolo como el Mesías. Esto involucraba no pensar más en El como meramente el hijo del carpintero de Nazaret, un impostor, sino recibirlo ahora como Señor y Mesías. De modo que el arrepentimiento predicado por los apóstoles no fue ni un requisito previo ni una consecuencia de la salvación, sino que era el acto de fe en Jesucristo, quien traía salvación a aquel que se arrepentía.

6. *La fe sola es suficiente.* Una desviación de la suficiencia de la fe apareció temprano en la Iglesia. Algunos de los hermanos de la circuncisión trataron de hacer de esta una condición adicional para la salvación (15:5). La causa de ese fenómeno fue que algunos consideraron al cristianismo sólo como un grupo dentro del judaismo. Por lo tanto, cuando los gentiles se integraron a la Iglesia pensaron que debían entrar como prosélitos judíos y ser circuncidados. La cuestión se agudizó hasta que fue necesario convocar a un concilio de la Iglesia en Jerusalén para resolver el problema. Por causa de los otros decretos del concilio que sugerían la limitación de ciertas libertades, algunas veces pasamos por alto la decisión que se hizo concerniente a la pregunta para todos importante

de si la circuncisión era necesaria, además de la fe, para la salvación. La declaración está claramente establecida: "Por lo cual yo juzgo que no se inquiete a los gentiles que se convierten a Dios". (15:19).

B. *Las Consecuencias de la Salvación*

1. *Vida eterna* (13:48).
2. *Justificación* (13:39). La justificación, el acto divino de pronunciar justo al pecador, fue algo que la Ley Mosaica no podía hacer.
3. *Remisión de Pecados* (2:38; 10:43; 22:16).

C. *Las Obligaciones de la Salvación*

1. *La obligación de ser bautizado.* En cada ejemplo registrado, inmediatamente después de recibir a Jesús como Salvador los creyentes eran bautizados.
   a. La clase de bautismo. El bautismo en el libro de Hechos fue en el nombre de Jesús, y era diferente del de Juan el Bautista (cf. 13:24; 19:4).
   b. El significado del bautismo. El bautismo siempre significa identificación. El bautismo del prosélito judío (el cual era practicado en los días de Cristo)[8] significaba identificación del gentil con el judaísmo. El bautismo de las religiones misteriosas tenía el mismo significado. El bautismo de Juan identificaba a la gente con su mensaje. Igualmente, el bautismo cristiano era un hecho de identificación con el mensaje y con el grupo cristiano.
   c. El método del bautismo. Aun los no-inmersionistas admiten que la inmersión fue la práctica común de los tiempos apostólicos y que habían suficientes fuentes en Jerusalén para permitir la inmersión de 3,000 convertidos en el día de Pentecostés.[9] El modo bautismal del prosélito judío, rito similar y contemporáneo, era clara e invariablemente por inmersión,[10] y es difícil imaginar que un modo diferente fuera practicado por la Iglesia cristiana.

---

[8]A. Edersheim, *The Life and Times of Jesus de Messiah* (Grand Rapids: Eerdmans, 1943), II, 745-47.

[9]T. M. Lindsay, "Baptism", *The International Standard Bible Encyclopaedia* (Grand Rapids: Eerdmans, 1943), I, 390; J. Calvin, *The Institutes of the Christian Religion*: (Grand Rapids: Eerdmans, 1953), IV, iv, 19.

[10]Cf. Edersheim, loc. cit., and E. Schürer, *A History of the Jewish People in the Time of Jesus Christ* (Edinburgh: T. & T. Clark, 1890), II, ii, 319 ss.

d. Las bases del bautismo. En todos los casos la razón para ser bautizado era que la salvación ya había sido una realidad. El bautismo no era para salvación sino sobre la base de la salvación.[11] 2. *La obligación de testificar de Cristo.* Esta pareció ser una consecuencia natural y normal de la salvación, de modo que como resultado otros se salvaban diariamente (2:47; 8:4; 9:20; 18:5, 26; 26:19-20). 3. *La obligación de ayudarse mutuamente.* La nueva comunidad reunió a gente desconocida, pero esa nueva relación evidenciaba amor y ayuda mutua (2:44; 11:27-30; 15:36; 18:23; 21:20-26). 4. *La obligación de restringir su libertad.* Cuando los creyentes gentiles fueron advertidos de que algunas de sus prácticas ofendían a otros judíos creyentes, gustosamente restringieron su libertad en Cristo por el bien de sus hermanos (15:19-29). No era una cuestión de ser cohartados por causa de los caprichos de unos pocos, sino que había un gran número de judíos que necesitaban ser ganados a la nueva fe.

IV. LA DOCTRINA DE LA IGLESIA

Por muy limitada que sea la consideración que se de a la teología de Hechos en las Teologías Bíblicas que se publican, la eclesiología siempre recibe cierta atención, porque "el enfoque que Hechos proporciona de la vida de la comunidad cristiana primitiva es muy interesante y gráfica . . ."[12]

A. *El Principio de la Iglesia*

La Iglesia pertenece a Cristo (Mt. 16:18). El escogió y entrenó a los primeros líderes durante su vida terrenal. Algunas de sus enseñanzas eran una anticipación de la formación de la Iglesia. Su muerte, resurrección, ascensión, y exaltación eran la base necesaria sobre la cual la Iglesia

---

[11]Hechos 2:38 no es la excepción. A. T. Robertson explica el significado de la frase "para remisión de vuestros pecados". En sí, dicha frase puede expresar meta o propósito porque ese uso de *eis* aparece en I Co. 2:7 . . . Pero, además, existe otro uso que es tan correcto en griego como lo es el uso de *eis* para meta o propósito. Se ve en Mt. 10:41 . . . donde no puede ser propósito o meta, sino al contrario, la base o cimiento . . . Se ve nuevamente en Mt. 12:41 acerca de la predicación de Jonás. Entiendo que Pedro estaba urgiendo el bautismo a quienes ya se habían vuelto (arrepentíos) y por lo tanto debía ser hecho en el nombre de Jesucristo sobre la base del perdón de pecados el cual ya habían recibido" (*Word Pictures in the New Testament* (New York: Harper, 1930), II, 35-36).

[12]G. B. Stevens, *op. cit.,* p. 262; cf. R. F. Weidner, *Biblical Theology of the New Testament* (New York: Revell, 1891), I, 161-64.

iba a ser constituída. Pero, aunque el Señor es el fundador de la Iglesia y quien colocó el cimiento en su vida terrenal, la Iglesia no comenzó su existencia funcional sino hasta el Día de Pentecostés. Hay un número de consideraciones para probar esto.

(1) El argumento mayor se relaciona con el bautismo del Espíritu Santo. El Señor había hablado de esta obra del Espíritu tan sólo antes de su ascención (1:5) como aún futura y como algo que ellos jamás habían experimentado. Aunque no está expresamente registrado en Hechos 2 que el bautismo del Espíritu ocurrió el Día de Pentecostés, sí se dice en Hechos 11:15-16 que sucedió en ese día en cumplimiento de la promesa del Señor. Sin embargo es Pablo quien explica que es este bautismo el que coloca al creyente en el Cuerpo de Cristo (1 Co. 12:13). En otras palabras, en el Día de Pentecostés, los hombres fueron puestos en el Cuerpo de Cristo. En vista de que la Iglesia es el Cuerpo de Cristo (Col 1:18), la Iglesia no pudo haber comenzado sino hasta Pentecostés y tenía que empezar en ese día.

(2) Un segundo argumento concierne a la exaltación de Cristo y al envío del Espíritu Santo (2:33). Es obvio que el énfasis de Pedro sería tan incongruente con la idea de que la Iglesia comenzó algunos días después de Pentecostés como de que comenzó antes de Pentecostés, porque dicho comienzo depende del Señor resucitado y ascendido (cf. Ef. 4:8-11).

(3) Del Pentecostés en adelante hay un nuevo distintivo. El día mismo era ciertamente diferente a otros Pentecostés anteriores, y el grupo que fue formado era intuitivamente distintivo. La sumisión de los convertidos al bautismo de agua inmediatamente los diferenciaba de los otros judíos. Aun cuando la palabra *Iglesia* no aparece en Hechos sino hasta 5:11, y aunque había cierta mescolanza con el judaísmo, había un grupo manifiestamente nuevo después de Pentecostés (2:38).

(4) Pedro se refirió a Pentecostés como el comienzo (11:15). Este comienzo no pudo haber ocurrido después de Pentecostés, porque Pedro asocia el comienzo con la promesa del Señor concerniente al bautismo del Espíritu, el cual el Señor había dicho que sería cumplido "dentro de no muchos *días*" (1:5).

Nota sobre el ultradispensacionalismo: El ultradispensacionalismo de Bullinger y otros más extremados generalmente coloca la Iglesia completamente después del libro de Hechos, mientras el tipo más moderado representado por O'Hair la coloca dentro del libro de Hechos ya sea en 18:6 o 13:46 o algunas veces, muy raramente, con la conversión de Pablo en el capítulo 9. En ambos tipos dos cosas son claras: que la Iglesia no comenzó en Pentecostés, y que no se determina cuándo comenzó.[13] Los argumentos principales para la colocación del comienzo de la Iglesia después de Pentecostés son dos. (1) Ya que Pentecostés era una fiesta judía y que la Iglesia no está relacionada con el judaísmo ni con el Antiguo Testamento, la Iglesia no pudo haber comenzado en Pentecostés. (2) Ya que Pedro aplicó la profecía de Joel a Pentecostés, las implicaciones de Pentecostés deben ser judías y no cristianas. El primer argumento pasa por alto la validez de los tipos y confrontaría dificultades con las fiestas de la Pascua y las Primicias, las cuales son usadas como tipos de la obra de Cristo. La segunda muestra un mal entendimiento del uso que Pedro dió a la profecía de Joel en Pentecostés, porque Pedro no dijo que entonces se estaba cumpliendo dicha profecía.[14]

B. La Organización de la Iglesia

1. *Los apóstoles.* En los primeros días de la Iglesia, cuando todos los miembros estaban en Jerusalén, los apóstoles asumieron el liderazgo. Los apóstoles guiaron la doctrina del nuevo grupo, lo cual era un factor determinante para la unidad de la Iglesia (2:42).

2. *Los ancianos.* Cuando Lucas menciona por primera vez a los ancianos los introduce sin prólogo como si diese por sentado la existencia de estos (11:30). Debemos entender de esto que la organización de los ancianos fue adoptada por la Iglesia cristiana de la organización de la sinagoga judía (cf. 4:5; 6:12; 25:15). Evidentemente los ancianos como un grupo organizado antecedieron a los diáconos, y sostuvieron la misma relación con los grupos en cualquier lugar como la sostuvieron los apóstoles al principio con la Iglesia en Jerusalén. La designación de Pablo de los ancianos para que tomaran el liderazgo de las iglesias que él había fundado sostendría esto. También parece que había varios ancianos sobre cada congregación (14:23; 15:2, 4; 21:18) y que sus responsabilidades se extendían tanto a lo espiritual como a los asuntos temporales (11:30; 14:23).

3. *Los diáconos.* En lo que respecta al libro de Hechos la palabra *diácono* parece ser usada enteramente en un sentido no oficial. Eso no

[13]Cf. E. W. Bullinger, *The Mystery* (London: Eyre and Spottiswoode, n.d.), p. 40; J. C. O'Hair, *A Dispensational Study of the Bible*, p. 32.
[14]Cf. the author's article, "The Significance of Pentecost", *Bibliotheca Sacra*, October, 1955, pp. 333-35.

significa que el diaconado no era reconocido durante el período de Hechos (cf. Fil. 1:1), pero la palabra es usada en Hechos en un sentido general de aquellos que sirven (1:17, 25; 6:1, 2, 4; 11:29; 12:25; 19:22; 20:24; 21:19). Aquellos que fueron escogidos en Hechos 6 como resultado de una disputa entre las viudas probablemente debieron ser denominados ayudantes en lugar de diáconos, porque su función era específicamente subordinada y no un oficio en la Iglesia.[15] El desarrollo de la actividad probablemente tomó lugar en la forma siguiente:

> Habían tareas subordinadas por ser cumplidas hacia la sociedad cristiana como una sociedad, no fácilmente incluídas bajo episkopē — "superintendencia" — y quienes habitualmente las cumplían eran encargados de las mismas. En el transcurso de una generación el cumplimiento de esa tarea se convierte en un ministerio específico.[16]

C. La Vida de la Iglesia

La vida de la comunidad primitiva involucraba muchas cosas.

1. *Doctrina* (2:42). Los apóstoles tenían un enorme trabajo en sus manos al instruir a las multitudes que venían a Cristo. El contenido de sus enseñanzas era los hechos y el significado de la vida de Jesús de Nazaret. La enseñanza estaba combinada con la predicación (4:2; 5:21, 25, 28, 42; 28:31), pero la doctrina tenía un lugar promiente en la vida de los grupos primitivos (11:26; 15:35; 18:11, 25; 20:20).

2. *Comunión.* La presencia del artículo definido en 2:42 probablemente señalaba la comunión espiritual que mantenía unidos a los cristianos. El grupo también manifestaba comunión en las cosas materiales (4:32). Es ridículo llamar a esta acción comunismo cristiano, porque toda venta era voluntaria (4:34; 5:4), y el derecho de posesión privada nunca fue abolido. El grupo sólo controlaba aquello que se le daba, y la distribución no era por igual sino de acuerdo a las necesidades. Esto era comunión cristiana en acción, porque el significado principal de expresar la comunión es a través de la dádiva de cosas materiales.

3. *La Cena del Señor.* En Jerusalén la Cena del Señor era observada diariamente (2:42), aunque sin duda no debemos entender que fue diariamente en cada casa pero sí cada día ya que en algún lugar en Jerusalén se realizaba. La observancia semanal, evidentemente, llegó a ser el pro-

---

[15]Como fue señalado hace muchos años por Vitringa, *De Synagoga Vetere* (Franequerae: Johannis Gyzelaar, 1696), p. 914.
[16]Gregory Dix in *The Apostolic Ministry,* ed. Kenneth E. Kirk (London: Hodder & Stoughton, 1946), p. 244.

ceder general con el decursar del tiempo (20:7, 11). Cuando Pablo visitó Troas, participó con los creyentes locales en la cena memorial. 4. *Oraciones.* La oración impregnaba la vida de la Iglesia, y como es el aspecto más importante de cualquier obra para el Señor, ese era el secreto para el éxito de la Iglesia primitiva. Había oraciones en ocasiones regulares y oraciones para necesidades especiales (1:24; 3:1; 4:23-31; 6:4, 6; 9:40; 10:4, 31; 12:5, 12; 13:3; 14:23; 16:13, 16; 20:36; 28:8). 5. *La persecución.* La vida de la Iglesia primitiva está llena de persecución (4; 5; 7; 8; 12; 15; 21). La persecución la realizaron tanto los herejes (como los judíos legalistas) como los gobernantes políticos. (La persecución de Herodes en el capítulo 12 era esencialmente religiosa y no política, porque estaba actuando para complacer a los judíos y no a los romanos). 6. *La Disciplina.* El ejemplo notable de disciplina en la vida de la Iglesia es el caso de Ananías y Safira (5:1-11). En algunos casos la sustracción no es retrocesión.

En resúmen, estas son las características más sobresalientes de la eclesiología de Hechos. (1) La Iglesia cristiana fue un nuevo grupo con un comienzo distintivamente reconocible. (2) No era puramente un grupo democrático, sino que desde el principio tuvo un liderazgo regularmente constituído responsable de la dirección de sus negocios. (3) La base de la vida de la Iglesia fue el vínculo del amor el cual unía a los creyentes en una comunidad. En otras palabras, la comunión fue la base de la vida de la Iglesia. Eso explicaba el interés en la doctrina, el compartimiento de los bienes materiales, la celebración frecuente de la Cena del Señor, el énfasis en las oraciones, la persecución de parte de los líderes religiosos, y la necesidad de disciplina dentro de su propio círculo.

V. MISIONES

A. *Los principios Tocante a las Misiones en el Libro de Hechos*

En una historia de la obra misionera de la Iglesia es de esperarse que el Espíritu Santo revele ciertos principios concernientes a la obra misionera que servirán como guía para el día de hoy. 1. *El principio fundamental.* La base para toda misión es el discípulo individual. Nuestro Señor había establecido el patrón para el inicio de la obra con individuos en la Gran Comisión cuando mandó a sus seguidores a hacer discípulos. Esta obra, según Mateo 28:18-20, incluye el ir, bautizar, y enseñar (los tres participios en los versículos establecen un contraste con el único imperativo, "haced discípulos"). En otras palabras, colocar el fundamento significa más que evangelizar; también incluye la enseñanza a los nuevos convertidos. Esto fue lo que la Iglesia primitiva hizo, y el relato histórico lo verifica, porque la designación principal que usa Lucas es la palabra *discípulo* (6:1, 2, 7; 9:1, 19, 25-26, 38; 11:26; 13:52; 14:22, 28; 18:23, 27; 19:9; 20:1, 30; 21:4, 16).

2. *El principio geográfico.* En relación con la geografía, a los discípulos se les había mandado ir a todo el mundo, y esto hicieron, aunque no siempre voluntariamente. En el Día de Pentecostés providencialmente se habían reunido gentes de muchas naciones quienes llevaron el mensaje de regreso a casa. En otra ocasión Dios usó la persecución para regar la semilla (8:1, 4). Realizar la obra misionera en áreas no alcanzadas vino a ser un deseo y propósito normal de la Iglesia (13:1-3; 15:40). La meta era alcanzar a quienes aún no habían sido alcanzados (cf. Ro. 15:24).

Al aplicarse el principio geográfico hoy día debe tenerse en cuenta lo siguiente: (1) Esto no debe de hacerse con detrimento de la obra local (note el interés continuo de Pablo en la colecta para la Iglesia en Jerusalén); (2) no debe de hacerse intermitentemente (cf. 18:11; 19:10); y (3) no debe de resultar en una pérdida de interés por las obras con las que uno estuvo asociado en el pasado (cf. 2 Co. 11:28).

3. *El principio de grupo.* La meta final del ministerio del discipulado individual fue, en todo lugar, el de establecer iglesias locales. Esto surgió casi espontáneamente porque las personas que eran convertidas y enseñadas veían la necesidad de la actividad de grupo. Los discípulos no iban a una comunidad y anunciaban que iban a establecer una iglesia — eso se desarrollaba espontáneamente; tampoco iban a una ciudad y hacían convertidos sin establecer una iglesia (14:23). La meta principal de la obra misionera es el establecimiento de iglesias locales, organizadas. Las Epístolas del Nuevo Testamento están dirigidas a iglesias lo cual atestigua la validez y éxito de este principio.

B. *Los Procedimientos de las Misiones en el Libro de Hechos*

Básicamente el procedimiento era predicar y enseñar la Palabra continuamente. Sin embargo, había formas particulares en las cuales esto era hecho.

1. *Viaje.* Los misioneros siempre estaban en movimiento, no esporádica sino sistemáticamente (11:22-26; 15:36). Aun al pastor ya establecido se le dice que viaje (2 Ti. 4:5).[17]

---

[17]La palabra *evangelista* incluye la idea de un ministerio viajante.

2. *Penetrando centros estratégicos.* Comenzando en Jeruslén y extendiéndose hasta Antioquía, Efeso, Filipo, Atenas, Corinto y terminado en Roma, el mensaje fue llevado primero a los centros de población. De allí se irradió a las áreas de los alrededores (19:10; Cf. 1 Ts. 1:8).

3. *Predicación oral.* Este fue indudablemente el método principal de las misiones. Cualquiera que sean las ayudas adicionales para promover el testimonio, nada puede tomar el lugar de la predicación oral (2:40; 5:42; 8:4-5, 35, 40; 13:5; 28:31). La predicación fue hecha en las sinagogas (9:20; 13:14; 14:1; 17:1, 10; 18:4; 19:8); en las casas (10:34); en la iglesia (13:1); en las márgenes de un río (16:13); en las cárceles (16:25); en reuniones en la calle (17:22) y en el trabajo (18:2-3).

4. *La literatura.* La existencia de Hechos mismo, por no hablar de las Epístolas, es una evidencia de la importancia que tenía el ministerio escrito para instruir a los creyentes.

5. *Entrenando obreros nacionales.* Este es un resultado de hacer discípulos. Algunas veces tal entrenamiento estaba relacionado con grupos, como los ancianos (14:23; 19:30; cf. I Ts. 5:12), y en otros casos con individuos (16:1; 18:26). Este procedimiento se hizo para la multiplicación del esfuerzo misionero y no por mera adición.

VI. Escatologia

A. *El Reino de Dios Era el Tema de la Predicación Apostólica*

A través del libro de Hechos se reporta que los primeros predicadores anunciaron el reino (8:12; 14:22; 19:8; 20:25; 28:23). En estas citas el término *reino* tiene varias facetas. En dos ocasiones está ligado con la frase *nombre de Jesús* (8:12; 28:23). En otro lugar es usado como un sinónimo del Evangelio de la gracia de Dios (20:25). Es predicado tanto a audiencias judías como gentiles (cf. 19:8; 28:23), y el concepto arroja un elemento de realización futura (14:22). Sin embargo, la idea principal parece ser el concepto básico del reino; es decir, el soberano poder gobernante de Dios. Así que tal como se usa la frase en la predicación apostólica significa las cosas concernientes al poder y plan de Dios obrando para traer la salvación a través de Jesús el Mesías, cuya salvación se consumará en la gloria futura. Es casi semejante a la idea judía del reino universal.[18]

[18]Cf. S. Schechter, *Some Aspects of Rabbinic Theology* (New York: MacMillan, 1923).

B. *Reafirmación de La Promesa del Reino Mesiánico*

Ya se mencionó que Jesús confirmó las promesas del reino mesiánico (1:6-7), pero Pedro también confirmó estas promesas (3:12-26). La ocasión fue la sanidad de un hombre cojo, pero el tema del mensaje de Pedro a la multitud que se reunió era similar a aquel que había predicado en Pentecostés — Jesús a quien vosotros matasteis es el Mesías. Entonces después del llamado al arrepentimiento, prometió perdón de pacados y el tiempo de refrigerio asociado con la venida del Mesías (3:19). La frase "tiempos de refrigerio" se encuentra solamente aquí en el Nuevo Testament; evidentemente es un sinónimo con "la restitución de todas las cosas" en el versículo 21 y se refiere, por lo tanto, al reino milenial (cf. 1:6, Lucas 2:25). Así la esperanza de Israel en ninguna forma es abrogada, sino al contrario es reafirmada aún después del comienzo de la Iglesia. Tanto en los Sinópticos como en Hechos el significado de la palabra *reino* debe determinarse por su uso.

C. *Bosquejo del Programa de las Edades* **(15:13-18)**

Como un prefacio al resumen de la decisión del concilio de Jerusalén, Santiago, después de repasar el hecho de que a través del ministerio de Pedro Dios visitó por primera vez a los gentiles, cita una profecía de Amós 9:11-12. Si se admite que el "después de esto", lo cual no es parte del pasaje de Amós, es un cambio deliberado hecho por Santiago bajo la dirección del Espíritu Santo, entonces se establece un orden de eventos que claramente bosqueja el programa de Dios para las edades. El orden es: (1) Dios visita a los gentiles; (2) después de esto Cristo regresará; (3) el reino milenial será establecido y en él los gentiles se volverán al Señor.

Aquellos que objetan la existencia de un orden de eventos en este pasaje, generalmente sostienen que la Iglesia está cumpliendo enteramente la profecía de Amós[19] o que hay un cumplimiento parcial ahora en la Iglesia y otro cumplimiento durante el milenio.[20] El último, por supuesto, permite un esquema premilenial mientras que el primero es el credo del amilenarismo. Sin embargo, parece que el cambio en la cita de Amós es intencional y que deliberadamente se establece un orden. Esto

[19]O. T. Allis, *Prophecy and the Church* (Philadelphia: Presbyterian and Reformed Publishing Co., 1945), pp. 135-36.
[20]F. F. Bruce, *The Acts of the Apostles*, pp. 297-98.

es enteramente consonante con las confirmaciones de las promesas
mileniales que se encuentran en otras partes del libro, discutidas
anteriormente. Esto es, entonces, una visión panorámica de la teología de Hechos.
Este escrito inspirado es de suma importancia para el esquema y propósito de la Teología Bíblica, porque traza la historia y expansión de la
Iglesia primitiva contra el antecedente del judaísmo. Como dijo Stevens
tan apropiadamente: "Lo maravilloso no es que el progreso de la Iglesia
haya sido despacio y gradual, sino que fue tan seguro y continuo".[21]

En el registro de Lucas cuidadosamente planeado y desarrollado
surgen ciertas características en la revelación progresiva de la doctrina.
(1) Primeramente es la nueva entidad, la Iglesia, que es el aspecto sobresaliente del progreso de la revelación del Nuevo Testamento como se
revela en Hechos. Esto no solamente incluye el hecho de la existencia de
la Iglesia sino que el nuevo vínculo y la vida resultante es una parte vital
de ello. La empresa misionera, también, debe ser incluída en este nuevo
concepto. (2) También es principalísimo en la teología de Hechos la doctrina de la salvación a través de la fe en Jesús de Nazaret, el Mesías,
para todos los hombres sin tener en cuenta el trasfondo nacional. El
anulamiento de todos los requerimientos rituales, tales como la circuncisión, es un paso importante en la revelación progresiva. (3) Sin embargo, este nuevo programa no abroga o reemplaza el propósito de Dios
en el reino davídico mesiánico. El futuro establecimiento del reino mesiánico es confirmado en el testimonio escrito de Lucas.

---

[21]*Op. cit.*, p. 274.

Tercera Parte
LA TEOLOGIA DE SANTIAGO

Capítulo I

TRASFONDO HISTORICO

I. EL AUTOR

El autor de esta epístola se describe a sí mismo como siervo de Dios y del Señor Jesucristo. En el Nuevo Testamento se mencionan cuatro hombres llamados Santiago: Santiago el padre de Judas no el Iscariote (Lc. 6:16), Santiago el hijo de Zebedeo (Mt. 4:21, Santiago el hijo de Alfeo (Mt. 10:3), y Santiago el medio hermano de Señor (Mt. 13:55; Gá. 1:19). Los dos primeros mencionados no son posibles candidatos para autor de la epístola. Algunos identifican a los dos últimos como la misma persona, haciendo a Cleofas (Juan 19:25) el mismo que Alfeo, por lo tanto, identificando como la misma persona a María la esposa de Cleofas y María la madre de José y Santiago el menor (Mr. 15:47; 16:1; Lc. 24:10; Mr. 15:40). Esto significaría que quienes son llamados los hermanos del Señor eran verdaderamente sus primos (Mr. 6:3). La dificultad mayor con este punto de vista es simplemente que termina en una contradicción: Santiago el hijo de Alfeo era uno de los doce discípulos (Hch. 1:13) — un creyente; pero a los que se les llama hermanos del Señor (que según este punto de vista debería de incluir a Santiago) no eran creyentes.[1]

Eusebio y otros después de él identificaron al autor con el hermano del Señor. Se ha señalado que esto no significaría primos como si María no hubiera tenido más hijos después de Jesús. Puede significar medio hermano en el sentido de un hijo de José por un matrimonio anterior, lo cual también preservaría la posición de María como madre sólo de Jesús, o podría significar medio hermano en el sentido de un hijo natural de José y María después del nacimiento de Jesús. El primer punto de vista

---

[1]Cf. A Carr, St. James, *Cambridge Greek Testament* (Cambridge: Cambridge University Press, 1896), pp. xii-xiii.

fue sostenido entre los siglos segundo y cuarto mientras el último ganó prominencia después de ese tiempo y es apoyado por el "hasta" de Mateo 1:25.

Aceptando el punto de vista de que el autor era el medio hermano de Jesús, podemos conocer ciertos aspectos acerca de su vida. Pasó su niñez en el hogar de José y María en Nazaret con Jesús, e indudablemente muchas cosas a las que estuvo expuesto en esos tempranos días vinieron a su memoria con un nuevo significado después de su conversión. El piadoso hogar judío también contribuyó a su conocimiento y reverencia del Antiguo Testamento, el cual se manifiesta frecuentemente en la epístola. Durante el ministerio de Jesús, evidentemente, no hubo mucho contacto con el hogar o la familia, porque se separó a sí mismo de ellos desde un principio (Juan 2:12) y fue rechazado por la gente de su ciudad poco después (Lc. 4:31 ss). Todo este tiempo sus hermanos permanecieron incrédulos (note el tiempo imperfecto en Juan 7:5).

En el aposento alto después de la ascensión de repente aparece Santiago en la escena como un hombre convertido (Hechos 1:14). Pablo llena la laguna al decirnos que el Señor resucitado le apareció (I Co. 15:7). Rápidamente Santiago no sólo fue recibido por los hermanos cristianos, sino que fue reconocido como la cabeza de la Iglesia en Jerusalén (Hechos 12:17; 15:13-21; 21:18; Gá. 2:9), una posición que sostuvo hasta su muerte. Eusebio dice que él era un Nazareo y un ascético quien no usó vino, ni carne, ni se razuraba. Pero sí usó sus rodillas, porque de acuerdo a la tradición, era encontrado tan frecuentemente en el templo orando por los pecados de sus hermanos judíos que sus rodillas llegaron a ser tan duras como las de un camello. Se dice que su muerte tuvo lugar a manos de los escribas y fariseos quienes lo llevaron al pináculo del templo y lo dejaron caer. La caída no lo mató, y mientras lo apedreaban para matarlo, como su Señor, Santiago oró por el perdón de ellos.

¿Qué clase de teología puede esperarse de una vida como ésta? De cierto se esperaría que estuviera centrada en la Palabra, porque el devoto trasfondo judío lo afectaría seguramente en este sentido. Además, se esperaría una teología muy práctica — una que deje de manifiesto esa Palabra. También, se espera encontrar evidencias de que Santiago trató de recuperar el tiempo perdido, por así decir, saturándose a sí mismo con las palabras de Cristo. Estas, también, vendrían a ser parte de su concepto de la Palabra, siendo puestas en un plano igual con las palabras del Antiguo Testamento. Y esto es lo que encontramos, porque la teología de Santiago es preeminentemente una teología de la Palabra. Revela una reverencia al Antiguo Testamento, un conocimiento de las enseñanzas del Señor, y la importancia de ambos a los problemas de la vida diaria.

II. La Fecha y los Lectores

La Epístola está dirigida a las doce tribus en la dispersión (1:1), pero debe entenderse que esto está limitado a los judío creyentes (2:1, 7; 5:7). Ninguna otra limitación es necesaria aunque algunos la han limitado a las iglesias en Judea o a la dispersión occidental. El alcance puede tomarse tan ampliamente como Santiago lo hace. Es a todos sus hermanos en la carne quienes han llegado a ser cristianos. El trasfondo extraído de la Epístola misma muestra una clase de persecución muy temprana de los creyentes. Tal tipo se encontró en Palestina sólo antes del año 70.[2] El uso de la palabra *sinagoga* (2:2) también atestigua de una fecha muy temprana para la carta. No hay referencia alguna a la controversia que se tuvo en el concilio de Jerusalén en el 49, pero 2:15-16 debe ser una referencia al hambre mencionado en Hechos 11:27-30. Esto colocaría la escritura de la Epístola entre los años 44 y 50.

III. Las Circunstancias de las Iglesias

Al escribir a los grupos dispersos de los creyentes judíos, Santiago hace uso de escenas extraídas de su propia experiencia en Judea, empleándolas como avisos y ejemplos. De esto podemos pintar un cuadro completo de las condiciones y circunstancias de estos grupos de creyentes primitivos.

La mayoría de los lectores de Santiago pertenecían evidentemente a las clases sociales más bajas y pobres (2:5). Por ser los empleados de sus conciudadanos más ricos, estaban sujetos a toda suerte de opresión e injusticia (2:6; 5:4). En una situación tal no era sorprendente encontrar que los cristianos estuvieran buscando el favor de los ricos y los trataran con parcialidad especial cuando vinieran a la asamblea de los creyentes. Esto lo denuncia Santiago de manera muy clara.

Dentro de la Iglesia misma había abusos. Parece que había poca organización en las asambleas por ese tiempo, y algunos de los creyentes aprovechándose de la situación manifestaban un afán excesivo para llegar a ser maestro. Esto los dirigió a un énfasis desmedido en hablar y

[2]*Ibid.*, p. xxviii.

escuchar en lugar de practicar (1:22; 3:1). Algunas veces esto condujo al orgullo y a la contención (4:1). Evidentemente muchos de los cristianos nunca se habían dedicado completamente a sí mismos al Señor sino que aún estaban manejando sus negocios de acuerdo a sus propios planes (4:7-15). Es un cuadro de la condición de la Iglesia a través de toda su historia, incluyendo hoy día, pero es una situación que generalmente no asociamos con la primera mitad del primer siglo. Santiago discipa rápidamente en su carta la aureola de perfección espiritual que generalmente asociamos con la Iglesia del primer siglo.

Capítulo II

LA TEOLOGIA DE LA EPISTOLA

I. LA DOCTRINA DE DIOS

La teología de Santiago se asemeja mucho a la del Antiguo Testamento. Esto se ve claramente en la doctrina de Dios. Las designaciones de Santiago de Dios incluyen "el Señor" (4:15; 5:11-12), la cual definitivamente está en consonancia con la manera de expresión del Antiguo Testamento; "Padre" (1:17, 27; 3:9); y "Jehová de los ejércitos" (5:4). Sus caracterizaciones de Dios también reflejan las ideas veterotestamentarias de celo y juicio. Su Espíritu quien mora en nosotros es celoso deseando tener un control completo (4:5); por lo tanto, quienquiera que es amigo del mundo se constituye a sí mismo en enemigo de Dios (4:4). También se asegura un juicio severo para quienes oprimen injustamente (5:1-6). Al mismo tiempo, Dios también es presentado como quien da la sabiduría (1:5) y las buenas dádivas (1:17) y como misericordioso hacia el humilde (5:11). Esto refleja indudablemente las enseñanzas del Señor (cf. Mt. 5:43-48; Mr. 10:18), porque en la presentación total que hace Santiago de Dios "vemos al Dios del Antiguo Pacto revestido de las cualidades que distinguen la concepción de Jesús del Padre celestial".[1]

Las otras personas de la deidad reciben una mención limitada en la Epístola. Cristo se menciona por nombre en sólo dos lugares (1:1, 2:1; cf. 1:7; 5:8-9), y aún eso no mide la importancia que Santiago puso en la persona del Señor. El es indispensable para la fe (2:1) y por lo tanto es la subestructura de muchos pasajes importantes de la Epístola en lo que respecta a la salvación (1:18; 2:14-16). El Espíritu Santo se menciona sólo una vez (4:5) como quien mora en los creyentes y demanda fidelidad indivisible.

---

[1]G. B. Stevens, *The Theology of the New Testament* (Edinburgh: T. & T. Clark, 1899), p. 280.

II. La Doctrina de la Palabra

Aunque la Epístola de Santiago es profundamente práctica, la doctrina teológica central es indudablemente la de la Palabra. Si la teología Sinóptica es escatológica y la teología juanina teológica, entonces la de Santiago es bibliológica. Esta centralidad de la Palabra ciertamente se origina en el trasfondo judío de Santiago y la influencia del hogar hebreo piadoso. La piedad de su madre se demuestra completamente en un pasaje como Lucas 1:46-55, y la naturalidad con que usa las Escrituras del Antiguo Testamento muestra cuán profundamente estaba incrustada la Palabra en su corazón y mente.

Desde la niñez los judíos conocían mucho de los cantos del Antiguo Testamento de memoria, y así como los pobres de hoy día quienes no conocen otra literatura sino la Biblia, fácilmente se apoyan del lenguaje bíblico en tiempos de gozo o pesar especial, así María pudo descansar naturalmente sobre expresiones familiares de las Escrituras judías en ese momento de exaltación profunda.[2]

Hay quince citas discernibles del Antiguo Testamento en el Magnificat. Esta es la fuente de donde Santiago bebió profundamente en su niñez y juventud.

A. *El Empleo de la Palabra*

La Epístola de Santiago contiene 108 versículos en sus cinco capítulos. En ese breve espacio el autor se refiere o alude a Génesis, Exodo, Levítico, Números, Deuteronomio, Josué, I Reyes, Job, Salmos, Proverbios, Eclesiastés, Isaías, Jeremías, Ezequiel, Daniel, Oseas, Joel, Amós, Jonás, Miqueas, Zacarías y Malaquías.[3] Esto es algo sorprendente en grado superlativo. Al hacer esto Santiago deja de manifiesto que no es necesario hacer una declaración formal de la inspiración; él simplemente lo asume como lo hacen la mayoría de los escritores bíblicos. El habla específicamente de la autoridad de las Escrituras en 4:5-6 y no vacila en citar la Escritura para probar sus afirmaciones.

Además de este uso amplio del Antiguo Testamento, el libro de Santiago refleja las enseñanzas de Jesús más que ningún otro libro del Nuevo

---

[2]A. Plummer, *A Critical and Exegetical Commentary on the Gospel According to St. Luke. International Critical Commentary* (Edinburgh: T. & T. Clark, 1910), p. 30.
[3]Cf. J. B. Mayor, *The Epistle of St. James* (London: MacMillan, 1897), pp. cx-cxvi.

La Teología de la Epístola   119

Testamento aparte de los Evangelios.⁴ Si sólo se tomase el Sermón del
Monte como una presentación convenientemente resumida de las enseñanzas del Señor, puede encontrarse en Santiago por lo menos quince
alusiones a esas enseñanzas. Nuevamente este es un hecho notable. En
lo que concierne a Santiago, ello muestra cómo él debió haber buscado
y escudriñado las palabras de Cristo después de su propia conversión y
cuán cautivado estaba con ellas. Respecto de las palabras de Cristo,
Santiago las mezcla con las del Antiguo Testamento, colocándolas, por
lo tanto, en la categoría de la Palabra de Dios inspirada y autoritativa.
La Epístola está saturada con la Palabra y manifiesta que su autor tenía
un concepto elevadísimo de esa Palabra y que ésta constituía un fundamento firme en su propio pensamiento teológico.

B. *Los Epítetos de la Palabra*

Los puntos de vista de Santiago referentes a la Palabra están también
claramente manifiestos por los epítetos que emplea para describirla.
   1. *La Palabra de verdad* (1:18). La Palabra de verdad es la Palabra
de Dios usada en la creación espiritual de los hombres espiritualmente
muertos. Es la Palabra la que comunica la verdad — así que es una frase
prácticamente equivalente a "el evangelio".
   2. *La Escritura* (2:8, 23; 4:4-5). En los tiempos de Cristo "las Escrituras" era sinónimo con el Antiguo Testamento y no se usaba referente
a otra literatura judía.⁵ Por lo tanto, cuando Santiago usa este título lo
hace en ese sentido y asigna al Antiguo Testamento toda la inspiración
y autoridad prevalente en esos tiempos. Citar la Escritura era para poner
fin a cualquier argumento (4:5-6).
   3. *La perfecta ley de la libertad* (1:25; 2:8). Esta es una de las frases
más difíciles en el libro, y aún así parece ser la forma regular de Santiago
para designar a la Palabra de Dios. Obviamente no podemos decir que
la ley de la libertad es toda la Biblia, porque no estaba escrita cuando
Santiago usó la frase. Del mismo modo puede decirse que incluye el
Antiguo Testamento (2:8), pero no es equivalente al Antiguo Testamento
(1:25-27). De lo que ya se ha dicho del uso de Santiago del Antiguo
Testamento y de las enseñanzas de Cristo, sería mejor definir la ley de
la libertad como la Palabra de Dios revelada en el Antiguo Testamento
y llevada a su cumplimiento en las enseñanzas de Cristo.

⁴Cf. W. G. Scroggie, *Know Yor Bible* (London: Pickering & Inglis, 1940), II, 297-98.
⁵James Orr, "The Bible," *International Standard Bible Encyclopaedia* (Grand Rapids:
Eerdmans, 1943), I, 461.

C. *Los Efectos de la Palabra*

Como se esperaría en esta Epístola, Santiago asigna algunos beneficios prácticos a la Palabra.

1. *La Palabra es un medio de regeneración* (1:18) *y es implantada para salvar el alma* (1:21).

2. *Es un espejo reflejando los defectos de un hombre* (1:23-25). Consecuentemente, debe mirarse atentamente a ellos (1:25) y cumplirla con diligencia (1:22). Es significativo que Santiago hace esto particularmente aplicable a los hombres (cf. 1:23 donde se usa *aner*, masculino, no *anthropos*, persona) como para señalar el hecho de que los hombres, más que las mujeres, tienen que ser cuidadosos y sensibles para responder a lo que ven en la Palabra.

3. *Es una guía para la vida cristiana* (2:8).

4. *En el día del juicio servirá como una norma para juzgar* (2:12). Aquello en lo que la Palabra surte efecto se relaciona con la soteriología, la antropología, la hamartología, la vida cristiana, y la escatología. Esto muestra lo básica de esta doctrina en el pensamiento de Santiago.

III. LA DOCTRINA DE LA FE

A. *El Trasfondo de la Doctrina*

La enseñanza de Santiago acerca de la fe encuentra su trasfondo en el fariseísmo y no el paulinismo. Alford explica esto claramente:

> Las nociones judías farisaicas fueron introducidas en las creencias adoptadas en el cristianismo, y el peligro no era, como ocurrió después, del establecimiento de una justificación por la ley al estilo judío, sino de una confianza judía sobre una pureza de fe exclusiva que tendía a reemplazar la necesidad de una vida santa, que está inseparablemente unida a cualquier creencia digna de la fe cristiana.[6]

De la manera que los fariseos confiaban en las observancias externas así también los creyentes judíos peligraban de confiar en un credo externo sin una reacción interna del corazón que produciría buenas obras.

La enseñanza de Santiago no provoca un conflicto con el paulinismo. Tal idea es un anacronismo y teológicamente insostenible. Se sabe que Santiago escribió antes de Pablo y que habla de las obras de la fe, no de las obras de la ley en contra de las cuales Pablo escribió más tarde.

[6]H. Alford, *The Greek Testament* (London: Rivingtons, 1859), IV, Prolegomena, 102.

B. *El Uso de Santiago de Pistis o Fe*

Es contrario a la verdad decir que la Epístola de Santiago es deficiente en su concepto de la fe. En realidad, la fe es uno de sus temas prominentes (cf. 1:3ss). Santiago la concibe como un principio activo (1:6; 5:15), basado sobre la verdadera confianza en Cristo quien es su objeto (2:1). Ciertamente el propósito de Santiago no es eliminar la fe como un principio central de la vida cristiana, sino al contrario, guardarse contra el peligro de pensar en la fe como sólo un asentimiento intelectual o un credo que nunca es puesto en acción para producir buenas obras. La diferencia entre Santiago y Pablo no es la de colocar la fe frente a las obras, sino una diferencia de relación. Santiago hace énfasis en la obra del creyente en relación a la fe y Pablo en la obra de Cristo en relación a la fe.

C. *El Pasaje Central* **(2:14-26)**

Aun en el pasaje central el contraste no está entre la fe y las obras sino entre una fe muerta (vv 14-20) y una fe viva (vv 21-26). Santiago enfáticamente dice que la fe muerta no puede salvar (v 14). Es extremadamente importante para el argumento recordar que la cuestión de si la fe puede salvar está confinada por la hipótesis que debe ser entendida en relación a un hombre quien *dice* que tiene fe pero no produce obras. La cuestión no es si la fe puede salvar sino que si tal fe, que es fe muerta, puede salvar. Que la fe citada por Santiago es una fe muerta se muestra claramente por la ausencia de respuesta a las limosnas, un asunto de gran importancia para los judíos. Así que sólo puede concluirse que una fe que no obra, aun cuando esté relacionada con un credo ortodoxo (v. 19) es muerta (v. 17) y desprovista de calidad (v. 20).

La fe viva, por otro lado, es ilustrada por Abraham y Rahab, quienes a través de sus obras mostraron su fe. Pablo usó más tarde a Abraham como una ilustración de la eficacia salvadora de la fe aparte de la circuncisión mientras Santiago lo usa para un propósito completamente diferente — probar por sus obras el carácter dinámico de su fe. Una fe que obra es una fe viva como es ilustrada de modo convincente en la descripción final de la relación del cuerpo y el espíritu (v. 26), porque así como estos son inseparables así lo son también la fe y las obras.

IV. LAS DOCTRINAS DEL HOMBRE, EL PECADO, Y SATANAS

Para ser una Epístola tan corta el autor tiene bastante que decir acerca de estos temas. El creía en la creación del hombre por Dios (3:9) como un ser compuesto de parte material e inmaterial (2:26; 3:9). Algo de la semejanza de la creación original es retenida a pesar de los estragos del pecado (3:9), y ésta es la base para guardarse de lo que se dice acerca de un amigo. El autor no establece una teoría específica del origen del pecado pero establece detalles que muestran su creencia en la universalidad del pecado entre todos los hombres (3:2) y la herencia de la naturaleza pecaminosa en el hombre (1:14-15; 2:1 ss; 3:1 ss; 4:1 ss).

Aunque el pecado está descrito específicamente como una infracción (2:9, 11), ofensa (2:10), un principio activo (2:9; 5:15), y falta de lo bueno (4:17), el énfasis principal de Santiago es relacionar el pecado con la naturaleza de Dios. Así el pecado es definido como aquello que está en contra de un Dios justo (5; 9; 4:5) y como aquello que está en contra de la revelación de Dios en la ley (2:9-11). De modo que las ramificaciones del elevado concepto que Santiago tiene de Dios y su Palabra son claramente vistos en su definición del pecado.

Algunas de las áreas en las que el hombre puede pecar son el pensamiento (4:8), la palabra (3:1 ss), las obras de omisión (4:17), las obras de comisión (5:1-6) y la actitud (4:12-17). Algunos de los resultados del pecado mencionados son la enfermedad (5:15), la oración sin respuesta (4:2), la falta de bendición (1:25), el juicio mayor (2:13), y la muerte espiritual (2:14-26; 5:20). Los pecados específicos más comunes entre los grupos a los cuales fue escrita la Epístola eran la parcialidad (2:1-3), los pecados de la lengua (3:1-12; 5:12), la contención (4:1-3, 11-12), y la mundanalidad (4:4-5).

La Epístola asume sin ambages la existencia de la persona de Satanás. Su relación con el pecado del hombre es mostrado con absoluta claridad en 4:1-7, donde se exhorta al cristiano a resistir al diablo para obtener la victoria sobre la mundanalidad. El mismo pasaje relaciona al diablo con el sistema mundial.

V. La Vida Espiritual

Referente a la cantidad de material las doctrinas relacionadas a la vida espiritual reciben la mayor atención en la Epístola. Hablar de la teología de Santiago como bibliológica no es una contradicción porque la Palabra es fundamental en la subestructura teológica del escritor. Sin embargo, hay una conexión entre las dos ideas, porque el trato del autor con los aspectos específicos de la vida espiritual están relacionados y basados sobre la Palabra, culminando en la ley de la libertad.

A. *La Doctrina de la Dedicación*

La dedicación es un asunto urgente. Esto se deduce de las condiciones de las iglesias a las cuales Santiago escribía y también se percibe mediante el uso de los aoristos en 4:7-10. El tiempo verbal significa, además, que la dedicación debe ser un asunto firmemente establecido en la vida del creyente.[7] La idea es tener hechas esas cosas que están involucradas en la dedicación. La dedicación, como la concibe Santiago en este pasaje, no es una cosa hecha por partes sino una acción completa y establecida la cual incluye varios factores.

1. *Sumisión* (v. 7). A esos orgullosos lectores Santiago les dice que primero es necessario ponerse a sí mismo bajo Dios.

2. *Selección* (v. 7). La dedicación involucra decidir si uno está del lado de Dios o del Diablo. Santiago no dice que el creyente debe de continuar acercándose a Dios, sino que tiene que decidir de qué lado está y así tomar una postura firme.

3. *Separación* (v. 8). La mano y el corazón (lo externo e interno) debe ser limpiado para vivir una vida dedicada.

4. *Seriedad* (v. 9). Aquel que se vuelve a Dios también se volverá del pecado del pasado. Un lenguaje muy fuerte es usado aquí para describir la reacción que un creyente debe tener hacia la clase de vida que vivía cuando era un cristiano indiferente y mundano. Un sentido adecuado de vergüenza tocante al pasado se reflejará en una mirada sobria y seria hacia el futuro. La dedicación es un asunto serio.

5. *Sujeción* (v. 10). Si se acepta la voluntad de Dios entonces el yo se niega. Pero la paradoja es que el que se humilla a sí mismo es quien al final es exaltado por Dios. Esta clase de dedicación es la base de la vida espiritual y era la necesidad urgente de los grupos a quienes se les dirigía la Epístola.

B. *La Doctrina de la Dependencia*

Los efectos constantes de una dedicación total dependen en el mantenimiento de una actitud propia de dependencia de Dios en todos los asuntos de la vida diaria. Las dos ideas de dedicación y dependencia están estrechamente asociadas en la mente de Santiago (4:7-10, 13-17). Evidentemente en su pensamiento el hermano que hace sus propios planes

---

[7]A. T. Robertson, *A Grammar of the Greek New Testament in the Light of Historical Research* (New York: Hodder & Stoughton, 1919), pp. 855-56.

para el mañana (v. 13) es un ejemplo de un cristiano no dedicado. Dos ideas corren a través de este pasaje (4:13-17). (1) Nunca debe haber presunción de parte del creyente aunque debe de haber planes. (2) Siempre debe haber una conciencia de la naturaleza transitoria de la vida y una completa resignación a la voluntad perfecta de Dios.

C. La Doctrina de la Oración

Es de esperarse que el hombre conocido como "rodillas de camello" escribiera mucho acerca de la oración. Hay tres secciones mayores que tratan con la oración en la Epístola, así como referencias dispersas por otros lados (1:5-8; 4:2-3; 5:13-20).

1. *Los requisitos de la oración.* La oración involucra (1) el darse cuenta de que uno está pidiendo a un Superior (4:3 donde se usa *aitēo,* el cual tiene ese significado); (2) Reconocer una necesidad personal (4:2; 5:16 donde se usa *deēsis*); (3) la presencia de una fe obrando en la vida de quien ora (5:16); (4) Completa falta de egoísmo de parte del que pide (4:3); (5) Pedir sobre la base de las promesas con fe y sin dudar o disputar con uno mismo (1:6). La ausencia de cualquiera de estos requisitos puede constituirse en un estorbo para la oración.

2. *Los temas de oración.* Aunque la Epístola menciona muchas cosas como asuntos específicos y propios para la oración, todos pueden ser catalogados en tres grupos — oración por las necesidades físicas, las necesidades mentales y las necesidades espirituales.

Las regulaciones para la oración por aflicciones físicas se encuentran en 5:13-20. Aunque este es un pasaje difícil de interpretar es claro que la oración es una parte necesaria para el procedimiento en el caso de sanidad de la enfermedad de uno que está involucrado en el pecado. La confesión, la unción sacramental, la presencia de los ancianos, y la oración deben estar involucradas en un caso tal si la aflicción ha de ser reconocida.

Los problemas mentales también pueden ser solucionados por la oración (1:5-8). Dios también responderá la petición por sabiduría con liberalidad (o mejor, sencillez) y sin reproche. De modo que Dios nunca se ocupa de responder a nuestras oraciones por motivos secundarios o como queja debido a favores no recompensados. De nuestra parte, sin embargo, la oración debe ser con fe sin dudar.

Las necesidades personales y corporativas también encuentran provisión en respuesta a la oración (4:1-3). El trasfondo de este pasaje ya ha sido discutido; el punto principal a notar en conexión con la oración es la necesidad de una oración completamente desinteresada si los problemas espirituales han de ser solventados.

D. *La Doctrina del uso de la lengua*

1. *El mal uso de la lengua significa una vida anormal* (3:1-5). Santiago otorga la mayor importancia a la manera correcta de hablar con relación a una verdadera vida espiritual, porque según él, aunque ofendemos muchas veces, la ofensa más frecuente viene de la lengua. Por lo tanto, el que es victorioso sobre estos pecados debe considerarse como un hombre maduro, y por el contrario, el que peca al hablar es anormal en su desarrollo espiritual (cf. Mt. 5:34-37, 48). El control del hablar incluirá control de todo el cuerpo de la misma forma en que el freno controla a los caballos, el timón a los barcos, o como una pequeña chispa enciende un bosque.

2. *El mal uso de la lengua significa una vida sucia* (3:6-8). El mal uso de la lengua revelará suciedad interna o insensatez.

3. *El mal uso de la lengua significa una vida falsa* (3:9-12). Cuando la lengua, que debe ser usada para bendecir a Dios, maldice al hombre las palabras *engaño* e *hipocresía* ciertamente no son demasiado fuertes para describir el pensamiento de Santiago acerca de este asunto.

E. *La Doctrina de la Sabiduría*

En 3:15-18 Santiago da el antídoto para todos los pecados de la vida cristiana. Sencillamente es él uso de la correcta sabiduría. La sabiduría del mundo no es de arriba sino que es terrenalmente orientada, sensual, mala, y sólo puede producir celos, discordia, confusión, y obras viles. La sabiduría celestial viene de Dios (1:5; 3:17); se manifiesta en buenas obras, mansedumbre y paz; y es ensalzada como pura, pacífica, amable, misericordiosa y llena de buenos frutos, sin incertidumbre ni hipocresía. De ser usada daría victoria sobre los diversos pecados que plagaban a quienes Santiago escribió.

VI. Eclesiologia

Como se dijo en la introducción, la condición de la Iglesia en los días de Santiago no estaba desarrollada. La religión era más personal que corporativa, porque los grupos específicos de cristianos aún no eran reconocidos entre aquellos a quienes esta Epístola fue dirigida. Así que él describe la verdadera religión como aquella que se interesa en las viudas y los huérfanos y una vida separada. Ambas tareas son individuales y más privadas que públicas. Al ministrar a las viudas y a los huérfanos uno no espera reconocimiento de la multitud o recompensa de aquellos a quienes se les ministra. Esta clase de amor más desinteresado, acompañado de una vida sin mancha y de separación del mundo constituye la verdadera religión.

La organización de la Iglesia evidentemente no se había desarrollado lo suficiente para incluir a cualquier otro ministerio más allá del de los ancianos (5:14) quienes indudablemente fueron adoptados de la organización de la sinagoga (2:1) al contrario de ser una innovación distintivamente cristiana. Algunos grupos de cristianos todavía se estaban reuniendo en las sinagogas y aún no se habían visto forzados a separarse a sí mismos.

El principal problema eclesiástico (aparte de la mundanalidad individual la cual, por supuesto, tenía ramificaciones corporativas) era la manifiesta parcialidad en las asambleas (2:1-11). La gente muy adinerada que estaba oprimiendo a los creyentes (5:1-6) estaban siendo cortejados y favorecidos dándoseles los primeros lugares en las reuniones de la Iglesia mientras que los pobres eran despreciados por los creyentes. Es el problema perpetuo de considerar la apariencia externa del hombre y honrar a quienes pensamos que pueden ayudarnos en recompensa. La condena de Santiago de este pecado manifiesto es severa. El dice (1) que toca el corazón de la fe cristiana, porque si Dios hubiera tratado con nosotros con acepción de personas ¿dónde estaríamos? (2:1, 4a); (2) Hace que uno se coloque como un juez (v 4b); (3) Degrada a quienes Cristo honra; es decir, a los pobres de este mundo (v 5); (4) Honra a aquéllos que se han mostrado indignos de honor por sus acciones (v 6); (5) Absolutamente es pecado aun cuando parece ser un asunto trivial y practicado en todos lados (v 9); (6) quebranta la Ley (v 10; cf. Lv. 19:15; Dt. 1:17; 16:19); y (7) Juzgará severamente a quienes lo han practicado (v 13).

Al tratar de resumir la teología de Santiago uno es tentado a decir que es intensamente práctica, pero esto podría dejar una mala impresión. Su sistema es intensamente teológico, estando enraizado en las enseñanzas del Antiguo Testamento y moldeado por las enseñanzas de Jesús. El punto principal del libro es que "el cristianismo es principalmente una vida dinámicamente moral, la cual tiene su principio en la Palabra de verdad, por la cual el cristiano es nuevamente engendrado por Dios".[8] La subestructura principal es bibliológica, porque es la Palabra de verdad la que nos hace renacer a una nueva vida, y por la perfecta ley la de la libertad es que esta vida va a ser gobernada. El énfasis principal de la Epístola está dedicado a la exposición del aspecto de la salvación como una vida cristiana práctica y enérgica. Este es el corazón de la teología de Santiago.

[8]C. F. Schmid, *Biblical Theology of the New Testament* (Edinburgh: T. & T. Clark, 1877), p. 360.

Cuarta Parte
LA TEOLOGIA DE PABLO

Capítulo I

PREGUNTAS PREPARATORIAS

I. ¿CUAL ES LA IMPORTANCIA PARTICULAR DEL APOSTOL PABLO?

La vida de Pablo es bien conocida. Nació en Tarso de ciudadanía romana, fue educado en los caminos del judaismo primero en el círculo familiar y luego en la escuela de Gamaliel en Jerusalén (Hechos 22:3). Si asistió o no a la escuela retórica de Tarso es algo aún desconocido.[1] Después de su conversión el Apóstol pasó tres años en Arabia (Gál. 1:17) donde consolidó su sistema teológico. Regresó a Damasco, pero inmediatamente tuvo que escapar de la ciudad por encima del muro en una canasta (Hch. 9:23-25). Después de visitar Jerusalén regresó a su ciudad natal de Tarso donde, hasta donde se sabe, no estuvo ocupado con ningún ministerio público por cinco o seis años. Respondió al llamado de Bernabé para ayudarlo con la obra en Antioquía de cuya ciudad partió en su primer viaje misionero. Los sucesos importantes de su ministerio están enumerados abajo en una cronología breve de la vida de Pablo.[2]

La vida de este hombre es de importancia particular, por lo menos, por tres razones. (1) Su conversión personal es una de las apologéticas más fuertes para la verdad del mensaje cristiano. El poder de un Salvador resucitado para transformar una vida humana imperfecta y rebelde es visto probablemente con más claridad en la vida de Pablo que en la de ninguna otra persona. (2) Su actividad académica es de óptima importancia para los fundamentos doctrinales del cristianismo. Los años que

---

[1]Cf. W. M. Ramsay, *The Teaching of Paul in Terms of the Present Day* (London: Hodder & Stoughton, n.d.), pp. 40-43.

[2]Una comparación beneficiosa con la cronología de F. F. Bruce debe ser hecha por el estudiante (*The Acts of the Apostles*, Chicago: InterVarsity Christian Fellowship, 1952, pp. 55-56).

Fecha	Hecho Histórico	Capítulo de Referencia En Hechos
30	Muerte y Resurrección de Cristo	1
30	Pentecostés	2
35	Conversión de Pablo	9
35-37	Pablo en Damasco, Arabia, Damasco	9
37-43	Pablo en Tarso	9
46-48	Primer Viaje Misionero	13-14
49	El Concilio de la Iglesia en Jerusalén	15
50-54	Segundo Viaje Misionero	16-18
52-53	Escritura de I y II a los Tesalonicenses desde Corinto	
54-58	Tercer Viaje Misionero	18-21
56	Escritura de Gálatas desde Efeso	
56	Escritura de I a los Corintios desde Efeso	
57	Escritura de II a los Corintios desde Efeso	
58	Escritura de Romanos desde Corinto	
58	Viaje y arresto en Jerusalén	21-23
58-60	Pablo en la prisión en Cesarea	24-26
60-63	Pablo enviado a Roma y puesto en la prisión por dos años	27-28
62	Escritura de Efesios, Colosenses, Filemón y Filipenses	
64-65	Escritura de I Timoteo y Tito desde Macedonia	
66	Segundo encarcelamiento de Pablo en Roma	
66	Escritura de II Timoteo	
66	Muerte de Pablo	

pasó en el entrenamiento rabínico, los años de soledad en Arabia, las revelaciones que recibió, y las cartas que escribió, todo fue usado por el Señor en la formación de la doctrina de la Iglesia cristiana de todos los tiempos. (3) Su actividad misionera se extendió prácticamente a través de todo el mundo civilizado. Pablo siempre procuraba alcanzar los lugares no alcanzados (Ro. 15:24), y, siendo particularmente el misionero a los gentiles, tocó a los intocables para el Salvador (Ef. 2:14). El definió bien sus convicciones, las atesoró intensamente, y las puso en acción de manera congruente.

El secreto de las cosas que distinguieron a Pablo están directamente relacionadas con lo ocurrido en el camino a Damasco, donde dijo, "¿Qué haré Señor?" (Hch. 22:10). La obediencia de la fe efectuó su conversión, y la obediencia de la entrega afectó el resto de su vida. El "qué" sin reservas de Pablo (nótese que su pregunta al Señor no fue "cuál") lo hizo desear pasar tiempo en el estudio solitario así como ocuparse de escribir en medio de un horario ya lleno de la actividad misionera. La constante dedicación de Pablo explica su incesante actividad misionera. Esta actividad incluía el tiempo de prueba cuando Pablo tuvo que regresar al hogar y vivir como un cristiano entre sus familiares y amigos quienes lo habían visto salir de Tarso para llegar a ser un rabino. Significaba la penalidad y privaciones descritas por el apóstol en 2 Corintios 11:23-28. Posteriormente en su vida hubo sin duda la tentación de establecerse en una de las muchas iglesias que había fundado en lugar de alcanzar los lugares no alcanzados (cf. Hch. 16:6-13). Su vida física terminó en el martirio. Aún así, el ministerio singularmente importante de Pablo no terminó con su muerte, porque desde entonces todo creyente se ha beneficiado de la vida y ministerio de este hombre que dijo, "¿Qué haré Señor?" y quien vivió hasta lo sumo esa dedicación completa.[3]

II. ¿CUAL ERA LA INFLUENCIA DEL JUDAISMO EN PABLO?

Si Pablo era un judío educado, ¿qué efecto tuvo esto en su vida? Pensar en una pregunta como ésta no es tratar de minimizar los cambios sobrenaturales que el Señor obró en su vida. Sin embargo, Pablo era un judío entrenado por raza y crianza aun después de su conversión, y ciertas cosas en su trasfondo fueron transferidas a su vida y actividad cristianas, aunque otras cosas fueron cambiadas o rechazadas.

[3]Una nota concerniente al significado del nombre Saulus Paulus está en orden. Deissmann (*Bible Studies* (Edinburg: T. & T. CLARK, 1901), pp. 313 ff.) ha mostrado que la frase en Hechos 13:9 *Saulos ho kai Paulos,* sólo puede ser tomada en el significado "Saulo quien también se llamaba Pablo". "El *ho kai* no admite ninguna otra suposición que la de que él fue llamado *Saulos Paulos* antes que él viniera a Chipre; él tenía, como muchos nativos de Asia Menor, muchos judíos y egipcios de su tiempo, un doble nombre". La selección de un segundo nombre greco-romano, dice Deissmann, era hecho sin propósito particular aunque algunas veces un nombre era escogido si sonaba similar al primer nombre. Esto debió haber sido el caso con Saulo quien también era llamado Pablo. El registro de Lucas de esto en Hechos 13 simple y claramente muestra que cuando Pablo empezó a volverse a los gentiles era presentado a ellos bajo su nombre griego, el cual él había tenido como un segundo nombre desde siempre. Ciertamente los dos nombres en ninguna manera representan la vieja y la nueva naturaleza en el apóstol.

A. *Pablo era un Patriota Hebreo*

Destellos del patriotismo de Pablo hacia su gente aparecen frecuentemente en sus ascritos (Hch. 22:3; 26:4; Ro. 3:1; 9:1-3; 2 Co. 11:22; Gá, 1:14; Fil. 3:4-6). Pablo debía su habilidad de hacer tiendas al patriotismo de su padre quien llevó a cabo el mandato del Talmud de enseñar a su hijo un oficio. También, la temprana instrucción de Pablo en la Ley puede atribuirse a su padre. Por lo menos estas dos cosas, su oficio y su entrenamiento en la Ley fueron trasladadas a la vida cristiana de Pablo.

B. *Pablo Era un Fariseo*

Como un fariseo de fariseos (Fil. 3:5), Pablo indudablemente mostró las características de los fariseos descritas en el Nuevo Testamento. Debió haberse considerado a sí mismo justo (Mt. 5:20); conocía las Escrituras (Mt. 23:2); obedecía la interpretación farisaica de la Ley (Mr. 2:24; Hch. 26:5); diezmaba (Lc. 18:12); ayunaba (Mt. 9:14); y era diligente en las oraciones (Mr. 12:40; Lc. 18:11). En sus días de inconverso era, como lo indica la palabra *fariseo,* un separatista. Algunas de estas costumbres, tales como la oración, sin duda continuaron formando parte de la vida cristiana de Pablo; pero la actitud básica de Pablo hacia el fariseísmo fue radicalmente cambiada cuando llegó a ser un creyente. Uno sólo necesita ver a Pablo en el concilio de Jerusalén o leer su carta a los Gálatas para ver cuán marcadamente sus actitudes farisaicas habían cambiado. El fariseísmo le dió a Pablo hábitos de disciplina para su vida como un cristiano, y el cristianismo le dió libertad del legalismo de su vida como un fariseo.

C. *Pablo Fue un Estudiante del Antiguo Testamento*

Pablo debía mucho de su conocimiento del Antiguo Testamento a su entrenamiento bajo Gamaliel. Esto, por supuesto, se muestra en todos sus escritos en el uso copioso de citas del Antiguo Testamento. Pablo también estudió las interpretaciones judías del Antiguo Testamento, pero éstas, sin duda, eran insuficientes hasta que vino al reconocimiento de Jesús de Nazaret como el Mesías prometido. Como un fariseo, la esperanza de Pablo por el Mesías ardía con gran fuerza; como estudiante, lo investigó; como cristiano, la comprendió.

D. *Pablo Fue un Misionero*

La escuela de Hillel a la cual Pablo pertenecía como un alumno de Gamaliel recibía con gozo a los prosélitos (Mt. 23:15). Su meta era que por lo menos cada judío lograse un prosélito por año, y Pablo seguramente estaba activo en este aspecto en la práctica de su religión judía. Su mente estaba enseñada a pensar en las misiones, y su actividad estaba dirigida a ese fin aun antes de conocer al Salvador.

La fe ancestral de Pablo era indudablemente parte de la preparación de Dios para el hombre quien llegó a ser el gran líder del cristianismo, pero era sólo una preparación. Sin embargo, de ninguna forma debemos entender que Pablo el cristiano era meramente un judío renovado. Aunque hubo cosas que conservó, también hubo cambios radicales. Verdaderamente se puede decir que todo lo que Pablo era como hebreo fue transformado por Cristo. Su intenso patriotismo hebreo le dió lugar a un interés por todos los hombres; de veras, este patriota fue el apóstol a los gentiles. Su separatismo farisaico fue reemplazado por una separación hacia Cristo. Todos los estudios de Pablo en el Antiguo Testamento fueron repentinamente iluminados por la revelación que descubrió en Cristo. Significados inesperados surgieron de las páginas del Antiguo Testamento (cf. 2 Co. 3:1-14). El misionero de la escuela de Hillel vino a ser el propagador celoso del Evangelio de la gracia de Dios en Cristo. Indudablemente, hubo una preparación natural en el trasfondo hebreo de Pablo, la cual puede ser vista en su vida posterior, pero esta en ninguna manera implica que su teología era un retoño natural del judaísmo. El hombre total — su vida, su pensamiento, su teología — fue sobrenaturalmente transformada ese día cuando reconoció a Jesús el Salvador en el camino a Damasco.

III. ¿Cual Fue la Influencia del Helenismo en Pablo?

A. *La Ciudad de Tarso*

La geografía afecta a todos los hombres. Como un campesino es diferente a un muchacho de la ciudad, así, por ejemplo, Juan el Bautista fue diferente de Pablo. Tarso, la capital de Cilicia, era una ciudad clave respecto a las vías comerciales del medio oriente de ese tiempo. Estaba situada en los márgenes del río Cydnus, el cual desemboca en un lago al sur de Tarso. Este puerto protegido hacía de Tarso un punto conveniente de trasbordo para el comercio terrestre en el Asia Menor. Las montañas al norte de la ciudad, quebradas sólo por las puertas de Cilicia, daban a Tarso la protección de una fortaleza natural. La ciudad, de una ponderante población de cerca de medio millón, era un centro de aprendizaje. Aunque es debatible si Pablo asistió alguna vez a la universidad de Tarso es claro que la Tarso cosmopolita dejó sus huellas en el muchacho. El hecho de que él aprendió un oficio se debió al judaísmo, pero el oficio particular que aprendió debía su origen a la ciudad en la cual fue criado, porque Tarso era un centro de hacer tiendas, ya que la materia prima crecía en los alrededores. La ciudadanía romana de Pablo fue un resultado del entorno en el cual nació, y como un ciudadano romano Pablo era un ciudadano del mundo. También, era en todo un caballero, como lo demuestra su porte delante de los gobernadores y reyes. Indudablemente los intereses cosmopolitas de Pablo fueron tempranamente cultivados en Tarso. Su conocimiento de la lengua griega vino de la misma fuente. En el sentido correcto era un hombre del mundo, y mucho de esto lo debió a la influencia de la ciudad de Tarso.

B. *Las Religiones Misteriosas*

En un sentido muy real las religiones misteriosas eran rivales al cristianismo, porque, apelando a las masas, ofrecían al hombre común la salvación del destino fatalista. Es inconcebible que Pablo no hubiera estado compenetrado de estos movimientos que iban y venían a su alrededor. Es un hecho fácilmente comprobado que "en todos los centros principales de sus operaciones misioneras el Apóstol Pablo debió de haber tenido contacto constante con las influencias de las Religiones Misteriosas".[4]

Es evidente que algunos de los mismo términos usados en las religiones misteriosas se encuentran en las doctrinas básicas de la teología Paulina. La misma palabra *misterio,* una palabra casi exclusivamente paulina en el Nuevo Testamento, es un buen ejemplo. *Gnosis,* conocimiento, *sophia,* sabiduría, *teleios,* maduro, y *pneuma,* espíritu son otros ejemplos; pero, como señala Kennedy, estas concepciones *para Pablo* tenían sus raíces no en las religiones misteriosas sino en el Antiguo Testamento. Los lectores de Pablo, sin embargo, estaban capacitados

para captar el significado de una terminología más o menos técnica, debido no solamente a un curso de instrucción en el Antiguo Testamento, sino a

[4]H. A. Kennedy, *St. Paul and the Mystery-Religions* (New York: Hodder & Stoughton, n.d.), p. 115.

su conocimiento de un vocabulario religioso ya corriente entre las asociaciones misteriosas.[5]

Aunque Pablo podía mostrar familiaridad con la terminología misteriosa y aunque hubiera usado algunos de esos términos en un intento deliberado de interesar a los lectores griegos en el Evangelio de la salvación de Dios, esto de ninguna manera prueba que la teología de Pablo se derivaba en forma alguna o dependía de la teología de esos cultos.

Esta diferencia esencial entre las enseñanzas de las religiones misteriosas y aquéllas de Pablo es muy evidente en algunas de las concepciones centrales de las religiones misteriosas. Por ejemplo, la salvación que estos grupos ofrecían era una salvación de la tiranía de un fatalismo omnipotente, y aunque se diga que el concepto paulino de la salvación es polifacético, es primordialmente una salvación del pecado. Además, aunque algunos han intentado mostrar que las ordenanzas del cristianismo tenían cierta dependencia de las de estos cultos, Kennedy ha demostrado que es "vano esforzarse en encontrar puntos de contacto entre Pablo y los cultos misteriosos por el lado del ritual".[6] La conclusión es evidente — la compenetración de Pablo con las religiones misteriosas no da lugar a pensar que hubiese dependencia de ellas.

C. *Estoicismo*

No hay duda que puede encontrarse cierta semejanza entre algunas de las enseñanzas del estoicismo y el paulinismo. Se puede hacer comparaciones con las doctrinas estoicas de (1) el alma cósmica, (2) la ley natural, (3) la conciencia, y (4) la ciudadanía del mundo. Indicios de similaridades en los escritos de Pablo podrían ser vistos en pasajes tales como (2) Hechos 17:28; Romanos 11:36; I Corintios 8:6; Colosenses 1:16; (2) Romanos 2:14; (3) Romanos 2:15; I Corintios 10:25; 2 Corintios 1:12; 4:2; 5:11; (4) Hechos 17:26. Sin embargo, por muy reales que parezcan estas similaridades, el estudio y comparación del estoicismo y el paulinismo deja de manifiesto que hubo una vasta diferencia entre éstas y todas las doctrinas de los dos sistemas. (1) El concepto estoico de una fuerza gobernante no tiene relación a la doctrina cristiana de un Dios quien puede ser conocido y con quien se puede tener comunión a través de Jesucristo. (2) El concepto estoico de la ley natural es el de una cosa interna semejante a una luz interior. Pablo sí habla de

[5]*Ibid.*, p. 198.
[6]*Ibid.*, p. 282.

la ley natural, pero una ley natural que viene de Dios y no del hombre. Ningún hombre, según el paulinismo, puede actuar aceptablemente delante de Dios, por causa de su naturaleza caída. (3) Si hay alguna relación entre el estoicismo y el paulinismo sólo podría ser posible en las enseñanzas sobre la conciencia. Aún así existe una vasta diferencia entre ambos conceptos, porque, para el estoico, la conciencia meramente dirige a una persona a una creencia en el fatalismo, mientras que Pablo claramente enseña que la obediencia a la conciencia dirigirá al arrepentimiento. El estoico no cree que necesita ayuda externa, ya que la virtud humana es toda suficiente. El concepto cristiano de la doctrina de la conciencia lo llevará a uno a darse cuenta de su necesidad delante de un Dios personal. (4) La hermandad del cristianismo está basada no en la ciudadanía del mundo, sino en la muerte de Cristo.

En lo que concierne al estoicismo, la teología de Pablo en ninguna manera muestra dependencia de sus enseñanzas. Teológica y filosóficamente los dos sistemas están diametralmente opuestos. Pablo no edificó sobre el sistema estoico, al contrario trató de rescatar a los hombres de dicho sistema (Hch. 17:18).

Decenas de millares de almas estaban buscando liberación, auto-conquista y victoria sobre el mundo, pero Pablo pudo ver con aguda claridad que los caminos seguidos por los estoicos en la búsqueda de esas cosas en manera alguna podrían conducir a la paz y a la libertad que él mismo había encontrado verdaderamente en Cristo. Todo el sistema estaba en un camino errado: ¿y estaría Pablo, dándose cuenta de esto, deseoso de tomar prestado mucho? ¿Qué podría dar la religión de la frustración a la religión del cumplimiento? A través de las páginas de Séneca, Epictetus, y Marco Aurelio se tiende la sombra. Debajo de sus bravas palabras se esconde el sentimiento de futilidad. ¿Qué es Dios, después de todo, sino sólo Suerte — *hermarmene?* ¿Y qué puede hacer el hombre, apresado en los afanes de un determinismo cruel, sino inclinar su cabeza y someterse? No puede ni ver hacia adelante con alguna vida en su corazón a lo que pueda venir en el futuro, porque la inmortalidad también se ha escabullido; y Epictetus sólo podía decir a un padre que besaba a su hijo que recordara que era una cosa mortal a quien amaba, y susurrarle mientras lo besaba "Mañana morirás". Esta era la dirección hacia la que el estoicismo dirigía su mirada; y el camino dirigía — como Pablo lo vió — directamente hacia una desesperación inexorable.[7]

[7]James S. Stewart, *A Man in Christ* (London: Hodder and Stoughton, 1935), pp. 63-64.

IV. ¿Que Estuvo Involucrado en la Conversion de Pablo?

La conversión del apóstol Pablo ha sido el tema de una discusión casi sin fin. En sus propios escritos Pablo se refiere a ella sólo unas pocas veces. La epitomiza como viendo al Señor (I Co. 9:1); la relaciona con los propósitos electivos sobrenaturales de Dios (Gá. 1:15); habla de lo repentino de ella (I Co. 15:8; Fil. 3:12); testifica del hecho de que fue un acto de nueva creación por Dios y no meramente un cambio de hábitos de vida (2 Co. 4:6); y reconoce el carácter misericordioso de ella (I Tim. 1:13). Además, Lucas registra la conversión de Pablo y el testimonio de ella en tres lugares en el libro de Hechos. El relato de Lucas proporciona los principales datos que apoyan las conclusiones concernientes a la naturaleza de la conversión de Pablo.

A. Convicción

En el caso de Pablo, la convicción precedió a la conversión. El Señor mismo le recordó a Pablo que había sido difícil para él el dar coces contra el aguijón. Se han ofrecido muchas sugerencias en cuanto a qué cosas específicas habían estado aguijoneando a Pablo que trajeron convicción a su corazón. (1) Probablemente el principal aguijón fue el martirio de Esteban. Vez tras vez la mente de Pablo le recordaría las últimas palabras de Esteban, testificando del hecho de que Cristo había resucitado. Esteban vió al Hijo del Hombre y le habló antes de expirar. También demostró el mismo espíritu de Jesús cuando dijo: "No les tomes en cuenta este pecado" (2) Las vidas y testimonios de los cristianos era otra cosa que Pablo tenía que confrontar.

> Pablo ciertamente no tenía la intención de ser infectado con la nueva herejía; pero que, en las palabras de Tertuliano, él estaba "herido con una inquietud interna" no confesada, probablemente, ni a sí mismo, al observar las vidas que vivían sus protagonistas, parece fuera de duda.[8]

El no los perseguía porque estaba impresionado; pero no podía evitar el ser impresionado cuando los perseguía. (3) Un tercer aguijón era el conocimiento de Pablo del Jesús de Nazaret histórico. No es de gran importancia en esta coyuntura demostrar si Pablo vio o no alguna vez a Jesús en persona durante su ministerio terrenal. Sin embargo, conocía las de-

[8]*Ibid.*, p. 121.

mandas de Jesús, porque había hablado con quienes lo habían visto y oído (cf. Hch. 20:35; Gá. 1:18). Informado por sus colegas en el fariseísmo, la aguda mente de Pablo había analizado esta nueva fe, la cual colocaba en una seria amenaza al judaísmo. Pero toda esta convicción intelecutal de lo errado de las demandas de Jesús acompañado con persecución intensa de quienes las creían no podían remover el aguijón que en la vida de Pablo llegó a ser el conocimiento del Jesús histórico.

B. Conversión

La conversión de Pablo ha tenido muchas explicaciones. Los enemigos del paulinismo en la Iglesia primitiva propagaron la idea de que Pablo a propósito efectuó un fraude al pretender ser un cristiano a fin de vengarse de los judíos porque había sido defraudado en el amor.[9] La contraparte moderna de este punto de vista antiguo propone que Pablo inventó las revelaciones a fin de dar paso a irregularidades y a actos anárquicos. Es difícil imaginar cómo Pablo pudo haber convencido a sus acompañantes misioneros de que siguieran el mismo juego, y esta explicación no puede ser reconciliada con el mensaje positivo del Evangelio predicado por Pablo.

También se han hecho intentos racionalistas para explicar la conversión de Pablo atribuyéndola a una combinación de debilidad física, a una tormenta violenta, y delirio causado por el calor ardiente de Siria.[10] Una explicación fantástica en el mejor de los casos que en ninguna manera coincide con el registro histórico de Hechos y de las Epístolas paulinas.

Tal vez el punto de vista más popular no conservador de la conversión de Pablo es aquel que podría llamarse la hipótesis de la visión subjetiva. Según esta hipótesis, la conversión de Pablo fue un proceso sicológico natural que empezó con el desarrollo de una convicción intelectual gradual de que el camino cristiano podría ser el camino correcto y el cual tuvo su clímax en el camino a Damasco en una experiencia subjetiva visionaria en el alma y mente de Pablo. De una forma u otra este punto de vista ha tenido muchos hábiles exponentes. Strauss, Baur,[11]

[9]Philip Schaff, "The Conversion of Paul, False Explanations," *History of the Christian Church* (Grand Rapids: Eerdmans, 1950), I, 307.
[10]Ernest Renan, *The Apostles* (New York: Carleton, 1869), pp. 171-74.
[11]F. C. Baur, *Paul, His Life and Works* (London: Williams & Norgate, 1876), I, 61-89.

la escuela de Tubinga, Schmiedel,[12] B. W. Bacon, y McGiffert la han defendido. La explicación es contraria a los hechos según la Escritura y asume que los libros de la Biblia no son confiables. Este, como el punto de vista de Renán, quien describe a Pablo como una persona físicamente débil, una cuestión que será discutida detalladamente más adelante, también, ignora el hecho de que todos los esfuerzos de Pablo en el judaísmo estaban dirigiéndolo a un mayor fervor en su propia religión y no desarrollando dentro de él una apreciación más madura del cristianismo. Aunque es verdad que hubo cosas que aguijoneaban a Pablo antes de su conversión, él debió de haber estado desapercibido de ellas hasta que el Señor resucitado se las reveló en el camino a Damasco. Esta teoría de la visión subjetiva supone que Pablo estaba completamente enterado de estas y otras cosas y conscientemente luchaba con ellas antes de su conversión. La madurez gradual, y no la conversión repentina, es la explicación ofrecida.

Ambas explicaciones, la racionalista y la subjetiva, asumen en algún grado el hecho de que Pablo era una persona débil físicamente. La enfermedad frecuentemente sugerida es la demencia epiléptica. Si tal fuere la explicación para las revelaciones de Pablo, incluyendo esa que acompañó su conversión, entonces, como correctamente observó Ramsay, "Afecta los propios fundamentos sobre los cuales descansa nuestro derecho aceptar en cualquier grado de valor la creencia de Pablo en la verdad y el poder de sus experiencias personales".[13] Ramsay hábilmente ha mostrado que la epilépsia no podría haber sido el aguijón en la carne de Pablo; y concluye que tal teoría sólo pudo haber sido defendida "por personas ignorantes acerca de la neurología".[14] En los días de Pablo cuando no había forma conocida de controlar una crisis epiléptica, debería asumirse que la enfermedad habría tomado su curso normal, el cual inevitablemente resulta en el deterioro y daño al cerebro y al cuerpo. Pero no hay evidencia de tal cosa en sus Epístolas.[15]

[12]P. W. Schmiedel, "Resurrection and Ascension Narratives," *Encyclopaedia Biblica* (New York: Macmillan, 1914), pp. 4081-86.
[13]*The Teaching of Paul in Terms of the Present Day* (London: Hodder & Stoughton, 1894), p. 306.
[14]*Ibid.*, p. 319.
[15]No es fácil determinar cuál era la aflicción física de Pablo. Se han sugerido migraña, oftalmia, y malaria. Gálatas 4:15 y 6:11 parecería indicar oftalmia; sin embargo, la mención de los ojos en 4:15 meramente sería simbólico de un órgano precioso, y las letras grandes de 6:11 parecería más indicar la importancia del escrito más bien que la enfermedad del autor. La malaria aparentemente cuenta por los síntomas que son descritos en las Epístolas. Aunque no haya daño deteriorante como en la epilepsia, esta causa ciertos ataques periódicos y también es una afección crónica.

No importa qué explicaciones deseara uno aceptar, el teólogo bíblico debe dejar a Pablo hablar por sí mismo. Para él la experiencia fue la de haber visto verdaderamente al Señor, quien se identificó a sí mismo como Jesús de Nazaret y quien habló en palabras claras revelando su plan al apóstol. No fue una experiencia de auto engaño, porque a través de toda su vida Pablo basó su ministerio sobre ello y persuadió a otros de la realidad de ello. La conversión de Pablo no fue el resultado de una evolución sino de una revolución. Ni fue en la manera en la cual la gente se convierte comunmente, es decir, por la predicación del Evangelio a través de un hombre. No fue meramente una interposición sobrenatural de Dios con el fin de producir fe en el hecho de la resurrección.[16] Fue un encuentro personal con el Cristo resucitado; y sólo esto puede explicar suficientemente la transformación de Saulo de Tarso.

V. ¿Cuales Son las Fuentes de la Teologia Paulina?

Las fuentes de la teología paulina son Hechos, las epístolas misioneras (1 y 2 Ts.), las epístolas doctrinales (Ro., 1 y 2 Co., Gá.), las epístolas de la prisión, y las epístolas pastorales. Es sólo concerniente a la inclusión de las epístolas pastorales que hay debate hoy día. Aunque las epístolas sean clasificadas de la forma mencionada, esto no implica que hubo desarrollo en el sentido de cambio en la teología de Pablo. Las primeras epístolas pueden ser simples pero no son elementales. Podemos notar cambio de énfasis en las epístolas, pero no cambio de doctrina. Antes de que Pablo escribiera I Tesalonisenses había conocido al Señor por cerca de quince años. Tres de esos quince fueron años de revelación y meditación en Arabia; por lo tanto, su teología estaba completamente desarrollada cuando escribió su primer libro.

Uno de los temas de debate en años recientes concierne a la inclusión de las epístolas pastorales entre las fuentes de la teología paulina. Quienes niegan la completa paternidad literaria paulina de estos libros también sostienen que las cartas son seudónimas y deben de ser fechadas hacia la primera mitad del segundo siglo o que son amplificaciones por un paulista de un fragmento genuinamente paulino de la misma era. Los argumentos de P. N. Harrison contra la paternidad paulina han tenido

---

[16]Cf. J. G. Machen, *The Origin of Paul's Religion* (New York: Macmillan, 1921), pp. 67-68.

la mayor aceptación en años recientes.[17] Sus principales argumentos son lingüísticos e históricos.[18]

El argumento ligüístico es deslumbrante. Las estadísticas y gráficas son casi abrumadoras, pero aun Harrison se ve forzado a admitir que sólo eso es insatisfactorio, porque Pablo, reconoce él, debió haber escrito en estilo diferente y con vocabulario no usual al tratar los temas de las pastorales.[19] Es inexplicable el porqué un impostor o un devoto paulinista no haría los mayores esfuerzos para imitar a Pablo en lugar de ser tan diferente. Ya que las pastorales abarcan sólo 17 de las 128 páginas de los escritos de Pablo (en el Testamento Griego de Wescott y Hart), es de sospecharse que el argumento lingüístico de Harrison se asemeja a la comparación de la mercancía de una tienda especial con la de un supermercado moderno, asegurando al público sobre la base de la comparación, lo cual muestra que la mercancía es diferente, que las dos tiendas no podrían en modo alguno pertenecer al mismo dueño o corporación.

El argumento histórico descansa sobre la premisa de que las pastorales no pueden ser acomodadas dentro de la vida de Pablo tal como se relata en Hechos y, por lo tanto, no pudieron haber sido escritas por Pablo. Este argumento asume que Hechos concluye con el final de la vida de Pablo y que éste no pudo haber experimentado dos encarcelamientos en Roma. Como prueba de su hipótesis, Harrison hace gala de una serie de evidencias debatibles tomadas de los padres apostólicos. Que Pablo murió en Roma es un hecho (2 Ti. 4:6); la pregunta es ¿se refiere Hechos 28 a ese tiempo? Si es así, entonces habría dificultad en acomodar las pastorales dentro de la cronología de Hechos. Si no, entonces, fácilmente pudieron haber sido escritas por Pablo. Las referencias de los padres apostólicos a lo máximo sólo dan un apoyo incierto y debatible a la teoría de un período de prisión, pero otra luz que Ramsay

---

[17]*The Problem of the Pastoral Epistles* (London: Oxford, 1921), pp. 1-184.

[18]También es reconocido que Harrison presenta otros argumentos, pero no está dentro del enfoque de esta obra tratar con cada uno en detalle. Su "argumento de la atmósfera eclesiástica" es que la organización de la Iglesia de las pastorales es extraño a y posterior que aquel que aparece en las Epístolas "genuinas". Pero pasajes tales como Hechos 14:23; Fil. 1:1; y I Ts. 5:12 muestran un desarrollo organizacional como lo vemos en las pastorales entre ancianos y diáconos. El orden de las viudas de I Timoteo 5 pudo fácilmente haber sido desarrollado al grado descrito por el tiempo del fin de la vida de Pablo. Después de todo, la ministración a las viudas está bien organizada poco después de Pentecostés (Hch. 6:1).

[19]Cf. pp. 46-47

ha arrojado sobre el asunto, en la opinión de este autor, completamente
refuta el argumento de Harrison.[20]
Ramsay describe la situación al final de Hechos como sigue; Pablo,
por supuesto, tuvo que ser detenido en Roma hasta que sus acusadores
aparecieran, porque el juicio no podía iniciarse hasta que éstos aparecieran ante el estado para quejarse contra Pablo. Evidentemente los acusadores judíos no aparecieron, porque probablemente se dieron cuenta
de que sus evidencias eran muy débiles para obtener una condena. ¿No
había dicho tal cosa Agripa (Hch. 26:31-32)? Reconociendo esto, parece
que emplearon tácticas de retraso. Si no podían lograr la condenación
de Pablo, lo mantendrían fuera de circulación (pero no callado) hasta
donde la ley lo permitiera. La ley consideraba inocente a cualquier hombre
si no se presentaban cargos contra él después de dieciocho meses de
haber sido acusado. Este plazo legal transcurrió, Pablo fue juzgado y
puesto en libertad, y los dos años de Hechos 28:30 fueron cumplidos.
Fue absuelto por falta de pruebas. Tal descripción, sostenida por Ramsay
en forma concluyente, contesta completamente el argumento histórico de
Harrison y sostiene la paternidad paulina de las pastorales. Así que
dichas epístolas deben ser consideradas como una fuente válida para la
teología paulina.

---

[20]*The Teaching of Paul in Terms of the Present Day,* pp. 346-71. Philip Carrington,
The Early Christian Church (Cambridge: University Press, 1957), I, 170, hace observaciones similares.

Capítulo II

LA DOCTRINA DE DIOS

El concepto de Dios es básico para la teología paulina. Aunque en algunos aspectos esta doctrina es incidentalmente desarrollada, no obstante, el pensamiento de Pablo llega a estar saturado de ella. Que Dios existe, que se ha revelado a sí mismo, y que es el gobernante soberano del universo es el fundamento sobre el cual Pablo edifica. La existencia de Dios es asumida en todos sus escritos — un concepto transportado del judaísmo — y Pablo siempre parte desde este principio.

I. La Naturaleza de Dios

Pablo menciona un número considerable de los atributos de Dios. El es el único Dios sabio (I Ti. 1:17), cuya omnisciencia será demostrada en el día del juicio (Ro. 2:16; I Co. 4:5). La calidad de su amor fue probada de una forma única en el envío de Cristo (Ro. 5:8; Ef. 2:4). El es el único capaz de hacer más allá y por encima de todas las cosas que pedimos o pensamos (Ef. 3:20), y este poder soberano de Dios estuvo primordialmente en el pensamiento de Pablo (Ro. 9). Además, Dios es omnipresente (Ro. 10:6-7; I Co. 3:16; 6:19), (verdad Ro 3:4), Justo (Ro. 3:26), y misericordioso (Ef. 2:4).

Es la naturaleza viviente de Dios, sin embargo, la que asume una importanancia particular en el pensamiento paulino. Esa idea está fundada en su predicación a los gentiles, porque es el Dios viviente quien salva a los hombres (Hch. 14:15; 17:24-29; I Ti. 4:10). Sus convertidos se distinguieron como quienes se habían vuelto al Dios viviente (I Ts. 1:9). El Dios viviente es la causa de santificación (2 Co. 3:3), el consuelo de los creyentes en tiempo de aflicción (I Ti.4:10), y el objeto del servicio cristiano (I Ts. 1:9).

II. LA REVELACION DE DIOS

A. Los Medios de Revelación

Pablo enumera varias formas en las cuales el Dios viviente se ha revelado a sí mismo.

1. *Dios se ha revelado a sí mismo a través de Jesucristo* (I Tim. 3:16; cf. Ro. 5:8; II Co. 4:4; Ef. 1:19-20; 2 Ti. 1:10).

2. *Dios se revela a sí mismo a todos los hombres a través de la naturaleza* (Ro. 1:20).

3. *Las Escrituras revelan la salvación de Dios* (Ro. 3:21; 16:26; I Co. 15:3-4; 2 Ti. 3:15-16).

4. *La dirección providencial de la historia debe dirigir al hombre a buscar a Dios* (Hch. 17:26-27).

5. *La naturaleza constitucional del hombre revela el carácter viviente de su Creador* (Hch. 17:28-29).

6. *Los hijos de Dios revelan a su Padre mediante su comportamiento entre los hombres* (Ro. 10:14; 2 Co. 3:2).

7. *La Ley Mosaica era un medio de revelación al pueblo judía* (Ro. 2:12; 9:4).

B. El Contenido de la Revelación

En Cristo el hombre puede ver todos los atributos de Dios. Mediante la naturaleza el hombre puede aprender del poder eterno de Dios y de la Deidad. Todos pueden razonar de las cosas invisibles partiendo de las cosas visibles, y aunque la revelación de Dios en la naturaleza no es suficiente para la salvación, es una base suficiente y justa para la condenación, si se rechaza. Dios muestra su bondad y paciencia a través de su trato con el hombre a lo largo de la historia (Ro. 2:4). La ley de Moisés trajo revelación específica y detallada de la mente de Dios para la gente judía, y con ese privilegio iba una responsabilidad especial (Ro. 2:17-29).

C. El Propósito de la Revelación

No sólo para los judíos sino para todos los hombres, la revelación trae responsabilidad. La reacción del hombre a lo que Dios ha revelado, cualquiera que sea su significado o contenido, determinará su aceptación o rechazo por Dios (Ro. 1:21-32; 2:7-8). Para el cristiano la oportunidad del conocimiento de la verdad de Dios tal como ha sido revelada por el Espíritu Santo trae la responsabilidad para madurar y no vivir carnalmente (I Co. 2:10-3:2). El ser confrontado con Dios trae automáticamente una responsabilidad, y todos los hombres han sido confrontados en algún grado.

III. La Soberania de Dios[1]

El Antiguo Testamento, donde hay mucho acerca de esta doctrina, era la herencia que Pablo recibió como un judío. Además, al adquirir un conocimiento de las enseñanzas de Cristo, Pablo también habría entrado en contacto con esta enseñanza (cf. Jn. 6:37, 44; 10:27-29; 17:11). Sin embargo, le costó desarrollarla completa y sistemáticamente.

A. La Terminología

En sus Epístolas Pablo usa por lo menos ocho palabras diferentes para referirse al concepto de la soberanía de Dios. (1) *Proorizō*, vocablo que nunca aparece en la Septuaginta o en el griego clásico y está sólo en Hechos 4:28 fuera de los escritos de Pablo, significa un señalamiento de antemano (Ro. 8:29-30; I Co. 2:7; Ef. 1:5, 11). Pablo siempre habla de lo que esto significa en relación al destino final de los que han sido señalados. (2) *Proginōskō*, conocer de antemano (Hch. 2:23; 26:5; Ro. 8:29; 11:2; 1 P. 1:2, 20; 2 P. 3:17), no enfatiza un simple prever sino una relación activa entre aquel que conoce de antemano y aquellos que son conocidos con anterioridad. (3) *Eklegō*, escoger, Pablo lo usa para enfatizar la idea de selección libre. Debe notarse que cuando Pablo usa dicho verbo para describir la acción de Dios emplea la voz media, indicando que la elección de Dios fue hecha libremente y para sí mismo. (I Co. 1:27-28; Ef. 1:4). Otras palabras en el vocabulario paulino son (4) *klētos*, llamado (Ro. 1:1, 7; 8:28; I Co. 1:1, 2, 24); (5) *protithēmi*, proponerse (Ro. 1:13; 3:25; Ef. 1:9); (6) *boulē*, voluntad (Hch. 13:26; 20:27; Ef. 1:11); (7) *thēlema*, voluntad (Ef. 1:11); y (8) *eudokia*, efecto (1:5, 9; Fil. 2:13; 2 Ts. 1:11). Así que los conceptos involucrados en esta doctrina obviamente no están fundados sobre una simple palabra, o en unos cuantos pasajes dispersos.

---

[1]Cf. Francis Davidson, *Pauline Predestination* (London: Tyndale Press, 1945), pp. 1-36.

B. *Los Pasajes Principales*

Hay tres pasajes principales donde Pablo expone su enseñanza fundamental concerniente a la predestinación. (1) Romanos 8:28-30 es un pasaje de estímulo. Todas las cosas obran en concierto para el bien, porque Dios se ha propuesto que los suyos deben ser conformados a la imagen de su Hijo. Este resultado asegurado se origina en la entrada de Dios a una relación de preconocimiento con el elegido, efectuando su obra externa a través del llamamiento y la justificación, y garantizando su consumación predestinada cuando el creyente sea conformado a la imagen de Cristo. Esta glorificación final descansa en el preconocimento de Dios, el cual debe ser entendido en el sentido positivo y activo de entrar en una relación con el elegido. Limitar el sentido del pasaje a la mera previsión contemplativa de Dios (que es connotación generalmente dada a la presciencia) sería, en las palabras de Warfield "un poco absurdo".[2]

(2) El pasaje de Romanos más famoso sobre la predestinación es el que abarca los capítulos 9 al 11. Esta no es una sección parentética, porque surge directamente de la doctrina fundamental de Pablo de la justificación por fe. Si todos son pecadores, y si no hay diferencia entre judío y gentil, entonces ¿qué será de los privilegios especiales de Israel? La respuesta de Pablo comienza demostrando que la fuente de toda la bendición de Israel es la soberanía de Dios. Estas bendiciones, en primer lugar, son inmerecidas, y posteriormente fueron perdidas debido a la incredulidad. En su misericordiosa soberanía, sin embargo, Dios cumplirá todo lo que ha prometido (11:26-36). Pablo declara que las elecciones de Dios no están necesariamente basadas en la generación natural (9:6-9) o en méritos humanos (9:10-13), sino sobre el ejercicio de su soberana misericordia (9:14-24). Si Dios no se hubiera refugiado dentro de su propia soberanía y escogido a cierta gente, se habría visto obligado a condenar a todos los miembros de la raza humana por causa del pecado. Es su gracia soberana la que bendice a cualquiera.

(3) Si fuese posible una nota aún más alta aparece en Efesios 1:1-11. El tiempo de la elección es declarado explícitamente como efectuada antes de la fundación del mundo (1:4). La base de la selección es el propio beneplácito de Dios (1:5, 11). Pablo usa los tres términos *propósito (boulē), beneplácito (eudokia) y voluntad (thēlema)* al establecer el origen

---

[2]B. B. Warfield, "Predestination," *A Dictionary of the Bible,* James Hastings, editor (Edinburgh: T. & T. Clark, 1902), IV, 58.

de la predestinación. El propósito de la predestinación es la glorificación de Dios (1:12), y en esto descansa la única posible respuesta a las interrogantes que surgen acerca de esta doctrina. Si Dios, al decretar, actuó en perfecta armonía con todos sus atributos, entonces no hay nada que temer en la ejecución de ese decreto, y hay absoluta seguridad de que al final lo glorificará más de lo que podría hacerlo cualquier otro plan.

C. *La Doctrina*

Las raíces de la doctrina de Pablo acerca de la soberanía se encuentran en su teísmo. Debido a que Pablo era un firme creyente en un Dios viviente quien es el autor de todo, era que sostenía la doctrina de la predestinación. Los efectos de su doctrina son mejor vistos en su propia vida, porque fue su profunda consciencia de que Dios lo había seleccionado y guiado lo que motivó su actividad misionera (Gá. 1:15-16). El punto de vista de Pablo respecto a la doctrina siempre refleja el asombro de que Dios trata con cualquier hombre mediante su gracia. Su doctrina no está fundada sobre la interrogante de ¿Por qué algunos se pierden? Aunque no todas las preguntas que surgen tocante a este tema son contestadas, los bosquejos principales del concepto de Pablo son evidentes.

1. *La fuente suprema de la predestinación es la soberanía absoluta de Dios.* Es Dios quien es soberano en todos los asuntos de los hombres, y la predestinación encuentra su fuente en esa característica inmutable de Dios. Sin embargo, la soberanía no debe entenderse como una voluntad desnuda, desenfrenada, sino la acción del más auto-obligado Ser en el universo, quien cuando actúa tiene que hacerlo recta, amorosa, justamente y en completo acuerdo con la totalidad de su Ser.

Ningún hombre tuvo un sentido de Dios más intenso o más vital, — el eterno (Ro. 16:26) e incorruptible (1:23), el Unico sabio (16:27), Quien hace todas las cosas según su voluntad (I Co. 15:38; 12:18; Col. 1:19, 15), y cuyos caminos son inescrutables (Ro. 11:33); delante de quien los hombres deben, por lo tanto, inclinarse en humildad y absoluta dependencia, reconociendo en El al único poder moldeador tanto en la historia como en la vida del individuo (Ro. 9). De El y a través de El y para El, exclama fervientemente, son todas las cosas (Ro. 11:36; cf. I Co. 8:6); El está sobre todo y a través de todo y en todo (Ef. 4:6; cf. Col. 1:16). El hizo todas las cosas según el designio de su voluntad (Ef. 1:11); todo lo que es, en una palabra, debe su existencia y persistencia y su acción y origen a El.[3]

[3] *Ibid.*

El punto de partida de la doctrina es entonces, el Dios soberano, y no había duda en la mente de Pablo de que la elección descansa exclusivamente sobre El.

2. *El propósito de la predestinación es la salvación, y el resultado de ella es servicio.* Es de esperarse que las ramificaciones soteriológicas de esta doctrina cautivasen la atención del gran misionero. Toda la historia de la salvación está registrada en el gran pasaje sobre la elección en Efesios 1:1-12. Romanos 8:28-30 ha sido llamado el pasaje ms atrevido de la Biblia, porque los que fueron previamente conocidos ya han sido glorificados, tan cierto es el resultado del programa electivo de Dios. Pero Pablo, el siervo del Señor, también enfatiza que esta salvación produce servicio (Ef. 2:10). El usó su propia vida para ilustrar ese punto (Gá. 1:15-16), y sus convertidos lo imitaron (I Ts. 1:4, 8-10). La doctrina es así completamente quitada del campo de la especulación y contemplación y colocada en el corazón de la empresa misionera de la Iglesia.

3. *La predestinación no anula la responsabilidad humana.* Las epístolas de Pablo están repletas con largas secciones dedicadas a la exhortación moral. El uso de una sola preposición en II Tesalonicenses 2:13, "mediante la santificación por el Espíritu y la fe en la verdad". muestra cuán cercanamente asociados estaban en su mente la parte de Dios y la parte del hombre en la salvación. La gracia recibida siempre va acompañada de la responsabilidad. Aunque es cierto que Pablo nunca permitió que los llamados derechos del hombre desafiasen los soberanos, si bien misteriosos, propósitos de Dios; firmemente sostuvo la responsabilidad del hombre (cf. 1 Co. 9:27; 2 Co. 5:10; 6:1).

4. *Con relación al destino del impío, la doctrina de la predestinación incluye la idea de reprobación.* La idea misma de elección lleva consigo la de un número mayor del cual algunos han sido escogidos para vida eterna. Aunque Pablo enfatiza que la elección es pretemporal y predeterminada antes del nacimiento, nunca sugiere, que haya un decreto similar de elección para condenación. Pablo parece satisfecho con dejar que esto permanezca en un misterio. Cuando Pablo usa términos que indican reprobación, se apresura en señalar que la reprobación radica en el hecho de que el hombre es abandonado por Dios a sus malas acciones y justo desamparo. Las afirmaciones más directas acerca de la reprobación se encuentran en Romanos 9:18, 21. Podría decirse que en los escritos paulinos hay una doctrina de reprobación pero no un decreto de condenación. Hay preterición o no-elección, Dios pasa por alto a algunos, pero nunca hay la mas leve sugerencia de que Dios se deleita en el destino de los impíos, que estos son arrastrados en contra de su voluntad, que

la elección anula un evangelio "a toda criatura", o que cualquier individuo puede considerarse a sí mismo no elegido y, por lo tanto, excusarse a sí mismo de su rechazo de Cristo. Sin embargo, la doctrina de la reprobación es definitivamente una parte de la teología Paulina.
5. *La predestinación glorifica a Dios.* "Para la alabanza de su gloria" es la nota sobresaliente a través del pasaje de Efesios 1:1-12. El propósito supremo de todas las acciones de Dios es la glorificación de Sí mismo. Sólo en una creencia tal está la única posible resolución de los problemas de esta doctrina, y con tal creencia uno sólo puede inclinarse en adoración y temor delante de Aquel quien ha ideado ese plan tan infinitamente sabio. Oigase a Pablo mientras concluye su discusión de esta doctrina en Romanos 11:33-36:

¡Oh profundidad de las riquezas de la sabiduría y del concocimieto de Dios! ¡Cuán inescrutables son sus juicios, e insondables sus caminos! Porque ¿Quién entendió la mente del Señor? ¿O quién fue su consejero? ¿O quién le dio a él primero, para que le fuese recompensado? Porque de él, y por él, y para él, son todas las cosas. A él sea la gloria por los siglos. Amén.

IV. EL HIJO

La Cristología de Pablo se originó en el camino a Damasco. Su exposición de esta doctrina generalmente no es sistemática y se encuentra "entremezclada" con otros argumentos y enseñanzas. Sin embargo, el tratamiento es tan completo que no hay duda tocante al pensamiento de Pablo sobre estos asuntos.

A. *La Humanidad de Cristo*

1. *El nacimieto de Cristo.* Pablo menciona tanto el trasfondo como el nacimiento mismo del Señor. Era descendiente de Abraham y David (Ro. 9:3-5; Gá. 3:16; 2 Ti. 2:8). Aunque existe una duda razonable de si Gálatas 4:4 se refiere específicamente al nacimiento virginal, no contiene nada incongruente con esa doctrina. Que El era de la simiente de David (Ro. 1:3) establece su derecho al trono davídico.
2. *La vida de Cristo.* Aún cuando Pablo nunca hubiera visto a Jesús en los días de su humillación, habla de un número de sucesos de Su vida. Pablo apela a la generosidad, mansedumbre, y generalmente al carácter humilde de la vida de Jesús (2 Co. 10:1; Fil. 2:1-8). La impecabilidad del Señor es afirmada (2 Co. 5:21). Pero es el relato de los sucesos relacionados con la muerte de Cristo lo que aparece más fre-

cuentemente en los escritos de Pablo (Ro. 6:1-10; I Co. 2:8; 5:7; 11:23-25; 15:1-3; Gá. 2:20; 3:13). El uso que Pablo hace de estos hechos no es al estilo de una simple enumeración de ellos, sino que generalmente lo hace en conexión con una enseñanza doctrinal.

3. *La naturaleza humana de Cristo*. Las afirmaciones de Pablo en esta conexión son muy cautelosas a fin de mantener la impecabilidad de Cristo en la mente de sus lectores. Así que Pablo habla del Cristo que fue hecho a la semejanza de los hombres pecaminosos (Ro. 8:3; Fil. 2:7). La humanidad era real (I Ti. 3:16) pero sin pecado. A diferencia de Juan, Pablo no usa la humanidad del Señor como un patrón de conducta cristiana. En la enseñanza juanina es la vida terrenal de Cristo lo que motiva la vida santa (I Jn. 2:6). El énfasis de Pablo está en el Señor resucitado a quien los creyentes están unidos (Ro. 6:1-10).

4. *El segundo o último Adán*. Esta concepción paulina de Cristo como el segundo o último Adán (Ro. 5:15, 19; 1 Co. 15:21, 45, 47, 49) se refiere a la vida terrenal de Cristo. Sin embargo, como el último Adán, Cristo no sólo deshace lo que Adán hizo (Ro. 5), sino que funda una humanidad enteramente nueva basada en la resurrección (I Co. 15).

B. *La Deidad de Cristo*

1. *La preexistencia de Cristo*. Pablo menciona frecuentemente la existencia preencarnada del Señor (Fil. 2:5-8; cf. Ro. 8:3; 1 Co. 15:47; 2 Co. 8:9; Gá. 4:4). También se le atribuye actividad anterior a Su encarnación (Co. 1:16).

2. *La deidad de Cristo*. Pablo va un paso más allá de la preexistencia al asegurar la completa e inmutable deidad de Cristo. El no solamente fue hecho el Hijo de Dios sino declarado como tal por la resurrección (*nekrōn*) de entre los muertos (Ro. 1:3-4). El siempre ha sido Dios porque la naturaleza divina reside inherentemente en Cristo (Col. 2:9). El pasaje más enfático y singular, sin embargo, para apoyar la deidad de Cristo es Filipenses 2:6: "el cual, siendo en forma de Dios, no estimó el ser igual a Dios como cosa a que aferrarse". Aunque algunas veces se afirma que este pasaje no se refiere a la naturaleza divina, el paralelismo, la exégesis y la lógica vencen tal objeción. El paralelismo sugeriría que si la forma del siervo fuera real, entonces la forma de Dios debe ser igualmente genuina. La exégesis muestra que *morphē*, forma, "implica no accidentes externos sino los atributos esenciales".[4] La razón enseña que el versículo

----

[4]J. B. Lightfoot, *Saint Paul's Epistle to the Philippians* (London: Macmillan, 1885), p. 110.

está afirmando la deidad de Cristo, porque "sin duda es lógicamente correcto decir que Cristo no se aferró, ni deseó retener, un estado que era el suyo propio".[5] El versículo es una declaración sin ambages de la deidad de Cristo.[6]

C. El Señorío de Cristo

Pablo raras veces usa el sustantivo *Jesús* por sí solo (cf. Ro. 8:11; 10:9; 1 Co. 12:3; 2 Co. 4:5, 11, 14; 11:4; Gá. 6:17). En total dicho vocablo solamente aparece en ocho referencias indiscutibles. El título *Señor* ocurre por lo menos 144 veces además de otras 95 veces en conexión con el nombre propio *Jesucristo*. El señorío de Cristo, manifiestamente, se destacaba sobre manera en el pensamiento de Pablo.

1. *La base del Señorío.* Cristo es Señor no por adquisición, sino por derecho inherente (Col. 2:9). Aun en los días de Su carne El era el Señor (I Co. 2:8). Sin embargo, el Señorío será ejercido primordialmente después de la resurrección (Fil. 2:9; Ro. 14:9), pero fue una cualidad eternamente inherente en Su naturaleza.

2. *El significado del Señorío.* Algunas veces Pablo usa dicho término como un equivalente de Maestro (Ef. 6:9; Col. 4:1). En otras ocasiones la palabra Señor la relaciona especialmente con la obra de Cristo como mediador entre Dios y el hombre (1 Co. 11:3; 15:27-28; cf. I Ti. 2:5). En este uso hay una idea de subordinación al Padre. Pero "Señor" es también una designación trinitaria (1 Co. 8:6; cf. I Co. 12:4-6; 2 Co. 13:14). En estos versículos se ve claramente tanto una igualdad como distinción de las personas de la Deidad.

En resumen, puede decirse que la Cristología paulina, recibida en el camino a Damasco, (1) no desdeña la humanidad de Jesús, (2) incluye un fuerte énfasis en la completa deidad, y (3) subraya la majestad inherente de nuestro Señor Jesucristo.

V. EL ESPIRITU

La doctrina del Espíritu Santo, a semejanza de la enseñanza tocante a Cristo no está presentada sistemáticamente por Pablo. Sin embargo,

---

[5]C. J. Ellicott, *A Critical and Gramatical Commentary on St. Paul's Epistles to the Philippians, Colossians, and to Philemon* (London: Longmans, Green, and Co., 1888), pp. 44-45.
[6]Cf. S. N. Rostron, *The Christology of St. Paul* (London: Robert Scott, 1912), pp. 176-86.

él dice mucho acerca del Espíritu lo cual demuestra que Su persona y obra ocupaban un lugar amplio en el pensamiento de Pablo. La revelación de casi todos los ministerios específicos del Espíritu en el Nuevo Testamento es paulina.

En lo que concierne a la persona del Espíritu, Pablo afirma en referencias incidentales Su personalidad y deidad. El Espíritu muestra atributos personales, tales como intelecto (1 Co. 2:10-11), sensibilidad (Ef. 4:30), y voluntad (1 Co. 12:11; I Ti. 4:1). Sus muchos y variados ministerios, aún por discutir, también muestran personalidad. La deidad es probada al asignársele al Espíritu atributos y actividades que sólo podrían ser verdad de Dios (1 Co. 2:10-11; Ro. 8:2; 2 Ts. 2:13; Ro. 8:26-27, cf. v. 34). Además, el Espíritu se distingue del Padre y de Cristo (1 Co. 12:4-6; II Co. 13:14; Ef. 4; 4-6). Es el Espíritu quien específicamente obra en los creyentes como El quiere (1 Co. 12:11). Sus ministerios distintivos para el cristiano sólo pueden ser propiamente explicados sobre la base de que el Espíritu es una persona distinta de la del Padre y de la de Cristo.

La contribución principal de Pablo a la pneumatología está en el área de la obra del Espíritu. Aunque menciona la obra del Espíritu en relación a la salvación (Gá. 3:2; 2 Ts. 2:13), es Su ministerio al cristiano la contribución especial de Pablo. El bautiza en el Cuerpo de Cristo (1 Co. 12:13) y da dones a los miembros de ese Cuerpo (1 Co. 12:4 ss). El propósito de estos dones es ministrar a favor de la unidad del Cuerpo, porque la unidad es labrada a través de la diversidad. Su enseñanza acerca de estos dones espirituales es intensamente práctica, porque cada uno ha de usar su don para el beneficio de todos. Cada persona tiene su propio lugar en la obra. Cada uno tiene un don especial para ser usado para el bien general. Esa es la razón de porqué el don de lenguas tiene que ser tan cuidadosamente regulado y el don de profecía ha de preferirse. La utilidad es la prueba.

Otro énfasis paulino en la pneumatología concierne a la ética. El Espíritu es en sí mismo Santo, y Su obra es santidad o santificación (1 Co. 6:11; Gá. 5:25). El cuerpo mismo es el templo del Espíritu (I Co. 6:19). El conflicto interno de la vida es entre la carne y el Espíritu (Gál. 5:16-26), y sólo mediante la confianza en el poder de ese Espíritu que mora en el creyente se puede obtener la victoria (Ro. 8:13). En el ejercicio diario de la vida espiritual al Espíritu Santo debe dársele prominencia, porque El es quien enseña al cristiano la verdad de Dios (1 Co. 2:13), intercede en oración (Ro. 8:16), y dirige y guía (Ro. 8:14; Gá. 5:18). No hay duda alguna de que el mandamiento apostólico es "Sed llenos del

Espíritu" (Ef. 5:18), porque toda fase de la vida cristiana está relacionada con Su ministerio. Aun las capacidades que los hombres necesitan para la vida diaria son el producto de Su obra, porque el fruto del Espíritu es "amor, gozo, paz, paciencia, benignidad, bondad, fe, mansedumbre, templanza" (Gá. 5:22-23).

> No sólo fervores devotos, ni sueños de ideas lejanas, sino las cualidades cotidianas que más se necesitan en la vida diaria son la obra del Espíritu . . . Cuando las ideas religiosas de la era apostólica son consideradas, esta correlación del Espíritu con la ética del hombre y la vida práctica parece ser la mayor contribución de Pablo a la doctrina bajo consideración.[7]

Las referencias al Espíritu pueden estar dispersas pero son abundantes en todas las Epístolas Paulinas y claramente demuestran la importancia fundamental de la doctrina en el pensamiento del apóstol.

---

[7]G. B. Stevens, *New Testament Theology* (Edinburgh: T. & T. Clark), p. 439.

Capítulo III

EL PECADO Y LA SALVACION

I. La Doctrina del Pecado

A. El Significado del Pecado

El concepto de Pablo respecto al pecado es hebraico, no helenístico. La idea griega era que el pecado consistía en un bien no desarrollado y una etapa necesaria en el progreso ascendente del hombre hacia Dios. Un error era, en el análisis final, algo intelectual, no moral. Para el griego, entonces, el pecado era un episodio infortunado pero temporal en el avance del hombre hacia la verdadera sabiduría y concocimiento. Para Pablo, el pecado era otra cosa totalmente distinta. Era un asunto de la voluntad, una caída deliberada de parte del hombre, alienándolo de Dios. Era, además, un asunto de depravación moral, porque Pablo consideraba al pecado tanto un estado como un acto.

Los significados de las muchas palabras griegas que Pablo usa para definir el pecado elaboran su concepto. El pecado es fallar el blanco (Ro. 5:12-6:1, 15), el cual es un acto positivo que involucra no sólo fallar lo correcto, sino pegar en lo incorrecto. Fallar el blanco no es un concepto negativo de omisión, sino un acto positivo de comisión. El pecado es transgresión, lo cual es desobediencia voluntaria (Ro. 2:23; Gá. 3:19; I Ti. 2:14). El pecado es una caída o una desviación de la verdad (Ro. 5:15, 17-18). El pecado es un descuido de la verdad, una renuencia a escuchar (Ro. 5:19; 2 Co. 10:6). Es injusticia (Ro. 1:18, Col. 3:25), impiedad (Ro. 1:18, Tit. 2:12), iniquidad (2 Ts. 2:3; Tit. 2:14), ignorancia (Ef. 4:18), derrota o pérdida (Ro. 11:12; I Co. 6:7), y grave impiedad (Ro. 1:29-31; I Co. 5:8). De la forma en que Pablo usa los distintos vocablos que expresan el concepto del pecado, es evidente que (1) dicho concepto estaba tan bien definido que en todos los casos es claro a qué clase de pecado se refiere; (2) el concepto del pecado es polifacético; y (3) la mayoría de las palabras aparecen en la epístola a los Romanos.

B. La Universalidad del Pecado

La presentación sistemática de Pablo acerca de la universalidad del pecado se encuentra en la primera parte de la Epístola a los Romanos. Los paganos son condenados primero por su pecado, el cual es primordialmente contra la revelación de Dios en la naturaleza (1:18-32). La causa de su condenación es su propia ignorancia voluntaria de la luz dada a través de la naturaleza (1:18-23). Como una consecuencia Dios completamente los abandonó (1:24-32). El moralista ocupa la atención de Pablo en 2:1-16 (aunque la sección tiene una referencia primaria al judío, su aplicación alcanza a cualquiera que se excluye a si mismo de la condenación del capítulo 1). El es condenado por la verdad (2:1-5), por sus acciones (2:6-11), y por el Evangelio (2:12-16). Entonces Pablo se vuelve directamente al judío y muestra que es justamente condenado porque no guardó la Ley de Dios (2:17-29) y porque no creyó en las promesas de Dios (3:1-8). Como un clímax de toda esta sección, Pablo escribe en términos descriptivos de la condenación de todos los hombres (3:9-20). En este párrafo final el método de Pablo es establecer la proposición y luego substanciarla, uniendo varios pasajes de la Escritura a fin de probar que todos los hombres son pecadores y que el pecado afecta a la totalidad de la humanidad. El carácter (3:9-12) y la conducta del hombre (3:12-18) manifiestan la pecaminosidad tanto de su naturaleza como de sus actos.

C. El Origen del Pecado

Con respecto al origen del pecado en la raza humana, Pablo enseña que empezó con la transgresión de Adán (Ro. 5:12-21). Eva fue engañada por Satanás (2 Co. 11:3; I Ti. 2:14), Adán fue el puente a través del cual el pecado entró en la raza (Ro. 5:12a), y "todos pecaron" (Ro. 5:12b). Es el significado de la frase *todos pecaron* lo que es de importancia primordial para un entendimiento del origen del pecado. Nadie cuestiona que fue a través de Adán que el pecado entró en la experiencia de la raza, pero lo que sí es cuestionado es si este suceso tuvo lugar por estar la raza en Adán. Por ejemplo, Finney dice que Adán como la cabeza de la raza meramente influyó a su posteridad al exponerlos a una tentación peligrosa. El niega enfáticamente una pecaminosidad constitucional.[1] Algunas veces se ha argumentado que estar "en Adán" significa afectación por el pecado de Adán, pero no participación en él. "Si ellos pecaron, su pecado se debió en parte a las tendencias heredadas de Adán . . . La Caída les dió predisposición al pecado . . ."[2] El bartianismo, aunque destaca la solidaridad del pecado en la raza humana, niega que este se originó en Adán, porque el relato de Génesis 3 pertenece a un campo de la historia carente de evidencias adicionales. Brunner declara que la cuestión del pecado original es añadido al relato.[3]

La única explicación propia del pensamiento de Pablo sobre el asunto es que cuando Adán pecó toda la raza pecó en él "porque todos los hombres estaban seminalmente en Adán, y verdaderamente participaron en su pecado".[4] No es que la teología paulina asigne esta idea del pecado imputado como la única base para la condenación, porque en otros lugares Pablo reconoce que el pecado heredado y la transgresión personal también traen condenación. Pero esta idea de la imputación, basada en la participación verdadera en el pecado de Adán, es parte clara de la enseñaza paulina.

D. Los Efectos del Pecado

1. *El pecado trae la muerte.* Pablo sitúa el origen de la muerte tanto espiritual como física en el pecado. En Romanos 5:14, el reino de la muerte física durante el tiempo desde Adán hasta Moisés, aun sobre los que no habían pecado en la misma manera en que Adán lo hizo, prueba que todos pecaron en Adán (cf. I Co. 15:21). En el mismo pasaje, Pablo escribió acerca de la sentencia de muerte espiritual pronunciada sobre todos los hombres a través de Adán (Ro. 5:12). La prueba del hecho de que todos están separados de Dios por la muerte espiritual se manifiesta en la esclavitud universal del hombre al pecado (Ro. 6:16, 23).

2. *El pecado causa la corrupción de carácter.* El hombre peca porque es un pecador. El carácter básico está afectado al extremo de que no hay quien realmente busque a Dios o haga aquello que pueda hacerlo acepta-

[1]C. G. Finney, *Lectures on Systematic Theology* (South Gate, Calif.: Colporter Kemp, 1944), p. 255.

[2]W. Sanday and A. C. Headlam. *A Critical and Exegetical Commentary on the Epistle to the Romans, International Critical Commentary* (New York: Scribner's, 1895), p. 134.

[3]E. Brunner, *Man in Revolt* (Philadelphia: Westminster, 1947), p. 142.

[4]G. B. Stevens, *The Pauline Theology* (London: Richard B. Dickinson, 1892), p. 134.

ble delante de Dios (Ro. 3:9-12). Tal carácter produce una conducta corrupta, la cual se manifiesta en obras corruptas, engañosas, inmisericordes y blasfemas, y en acciones homicidas, opresivas, contensiosas y actos impíos (Ro. 3:15-18).

3. El pecado afectó a la creación (Ro. 8:18-25). Al hablar de lo que se espera del cristiano, Pablo incidentalmente subraya que la creación también espera redención de la esclavitud a la cual fue sujetada involuntariamente. Dios se vio obligado a sujetar al mundo a la inefectividad por causa del pecado de Adán. Desde que el hombre perdió en la caída el dominio que originalmente se le había dado sobre la tierra, la tierra tuvo que ser maldita, de modo que al hombre caído no se le permitió vivir en un mundo no caído. Así que, involuntariamente, a causa del pecado del hombre, la tierra fue puesta en sujeción.

4. El pecado es la razón de porqué Cristo tuvo que morir. En todas las epístolas de Pablo hay un énfasis repetido sobre la verdad de que Cristo murió por causa del pecado (Ro. 8:2-3; I Co. 15:3; 2 Co. 5:21; Gá. 1:4; Ef. 1:7; Fil. 3:9; Col. 1:14; 1 Ts. 5:9-10; 2 Ts. 2:13-14; I Ti. 2:5-6; 2 Ti. 1:10; Tit. 1:14).

E. Las Relaciones del Pecado

Pablo trata con el pecado con relación a otros dos conceptos importantes: la carne y la ley. Aunque Pablo usa la palabra *carne* para designar la materia que compone al cuerpo (I Co. 15:50; Ef. 5:30; 6:12) y como un sinónimo para la totalidad del hombre (Ro. 3:20; I Co. 1:29), su uso principal es ético. La carne simboliza aquello que es pecaminoso (Ro. 7:18, 25; 8:1-9, 12-16). Es la naturaleza humana del hombre la que está gobernada por el pecado. La carne, en ese sentido, afecta toda la vida del hombre no redimido, y sólo puede dirigirle a la muerte espiritual, porque está en enemistad contra Dios (Ro. 8:5-8). La base para la victoria del cristiano depende de una crucifixión hecha una vez por todas de la carne (Gá. 5:24) y de un control constante de ella por el Espíritu (Gá. 5:17-23).

La relación entre el pecado y la Ley es completamente desarrollada por Pablo en Romanos 7:7-25. Pablo deja en claro que la Ley no debe ser igualada con el pecado, sino que la Ley revela ciertas cosas acerca del pecado. Revela el hecho de pecado (y es la Ley Mosaica la que está a la vista aquí, porque Pablo menciona específicamente los diez mandamientos, v. 7); proporciona una base de operaciones para el pecado (v. 8); revela el poder del pecado (v. 9); revela lo engañoso del pecado (vv. 10-11), porque en lugar de dirigir la vida de Pablo, la Ley le mostró el camino de la muerte al revelarle lo engañoso del pecado; y revela la pecaminosidad del pecado (vv. 12-13). La Ley, santa en sí misma, justa y buena, viene a ser el instrumento para revelar el pecado, el agente del mal. Cuán malo debe ser, entonces, el pecado en comparación, porque obra el mayor mal a través de la Ley, la cual fue en realidad una preparación para justicia.

Aunque la Ley manifiesta estas cosas acerca del pecado, no puede proveer al creyente con poder para darle la victoria sobre el pecado (Ro. 7:14-25). La Ley no provee de la motivación propia porque dice "tengo que" mientras que la gracia dice "quiero". La Ley nunca puede dar poder para la santificación. El legalismo es el peor enemigo de la santificación. Conectar la Ley con la santificación del cristiano es derrotarlo de antemano.

II. LA DOCTRINA DE LA REDENCION

No fue del judaísmo que Pablo recibió su enseñanza sobre la redención, porque la idea de un Mesías sufriente era repugnante para el judío. Fue en el camino a Damasco que él llegó a estar convencido que Jesús era el Mesías y que el concepto mesiánico involucraba la muerte del Mesías. Que la muerte estaba incluída como la culminación de la obra del Mesías fue una conclusión exigida tanto en el comienzo de la predicación de los apóstoles como en la de Pablo.

A. *La Naturaleza de la Redención*

Pablo concibió la redención en sus términos más amplios. Era una adquisición (I Co. 6:20; 7:23). Incluía una liberación irrevocable (Gá. 3:13; 4:4-5), y garantizaba la liberación mediante el pago del rescate (Tit. 2:14; Ro. 3:24; 8:23; I Co. 1:30; Ef. 1:7, 14; 4:30; Col. 1:14). La idea de un rescate no hace del concepto de la redención algo enteramente comercial, porque la redención también es vicaria. La substitución se ve en Romanos 3:24, y el uso por Pablo de *huper*, en lugar de, también requiere la idea de una obra vicaria (2 Co. 5:21; Gá. 3:13; cf. Flm. 13).

B. *Los significados de la Redención*

La redención tiene su fuente más profunda en Dios (Ro. 3:24; I Co. 1:30). Involucra el pago del precio de un rescate (I Co. 6:20; 7:23), y esto fue hecho por el Dios-Hombre (Gá. 4:4-5). Sin embargo, no es la vida de Cristo lo que redime, sino su muerte (Ef. 1:7; Col. 1:14—sangre simboliza muerte, cf. Ro. 5:9-10). Así la redención fue cumplida por el acto justo del Hijo de Dios, dando su vida como un rescate (Ro. 3:24; 5:18).

C. El Alcance de la Redención

La redención es para todos (Ro. 3:23-25). Libera de la iniquidad (Tit 2:14) y de la Ley (Gá. 3:13) con el resultado de que los redimidos son adoptados como hijos adultos (Gá. 4:5). Eventualmente incluirá la resurrección del cuerpo (Ro. 8:23).

D. Los Resultados de la Redención

En relación con los pecados, la redención incluye perdón (Ef. 1:7) y así viene a ser la base de la justificación (Ro. 3:24). En relación con la Ley, la redención provee de libertad y alivio. Porque el Redentor nació bajo la Ley, los que creen pueden ser redimidos de su maldición y ser recibidos como hijos. En relación con la ética, la redención por su propia naturaleza significa que el redimido debe algo a quien lo redimió (I Co. 6:20; Tit. 2:14). Aunque el énfasis de Dios para el creyente siempre es uno de apelación a ser Su esclavo, es, sin embargo, un requisito razonable por la propia naturaleza de la redención.

III. La Doctrina de la Justificacion

A. El Significado de la Justificación

La justificación es un término legal que significa anunciar un veredicto favorable, para absolver, vindicar, declarar justo (cf. Dt. 25:1). Pablo mismo la distingue del perdón, aunque el perdón está necesariamente incluído en ella (Hch. 13:39). También hace la falta de justificación sinónimo con condenación, y ya que este último es una sentencia de desaprobación, la primera debe ser una de aprobación (Ro. 5:16; 8:33-34). De modo que es el acto forense del pronunciamiento de un juicio en vez de un proceso moral de hacer a alguien justo a través de la infusión de justicia.

B. *Los Medios de la Justificación*

La fe, la justicia, la gracia, la redención en Cristo, todos estos están relacionados con la justificación (Ro. 3:21-26). Es un acto de gracia de parte de Dios; se hace posible sobre la base del sacrificio de Cristo; el requisito humano es la fe, que trae justicia imputada al creyente; y el hecho de que el creyente es justo en Cristo es la base del anuncio de la justificación o la declaración de justicia. Esta Justicia se obtiene al estar colocado en Cristo.

Dios no solamente absuelve, o imputa justicia, a un hombre que es culpable; esa no es justicia humana, mucho menos divina. El cristiano, como hemos visto, es "trasladado" de su antigua condición en la cual la justicia era imposible a la nueva condición de unidad con Cristo. Cristo es perfectamente justo, y *en El* el cristiano es . . . justo.[5]

El hombre, sin embargo, no es trasladado al reino de Cristo ni en contra de su propia voluntad ni indiscriminada o automáticamente. La fe es la condición necesaria (Ef. 2:8-9), y una fe tal que signifique un abandono a Dios para que El pueda hacer eso que nosotros no podemos hacer por nosotros mismos. En Romanos 4, Pablo toma la vida de Abraham para ilustrar que todo lo que el hombre tiene que hacer es creer a fin de ganar la justicia de Dios. El señala tres cosas acerca de la eficacia de la fe: Abraham no fue justificado por la fe más la circuncisión (4:9-12); Abraham no fue justificado por la fe más la Ley (4:13-17); y la justificación de cualquier persona es únicamente por la fe (4:18-25).

C. *Los Resultados de la Justificación*

La justificación trae paz (Ro. 5:1) y santidad práctica (Ro. 6-8). La lógica paulina es simple: porque somos justos en Cristo (lo cual es la base de la justificación) debemos vivir justamente en este mundo (cf. Col. 3:1). La soteriología de Pablo es ética en todas sus ramificaciones e implicaciones.

---

[5]A. H. McNeile, *St. Paul, His Life, Letters, and Christian Doctrine* (Cambridge: University Press, 1920), p. 293.

Capítulo IV

LA DOCTRINA DE LA IGLESIA

El concepto de la Iglesia se destaca grandemente en el pensamiento de Pablo. Esto puede atribuirse por lo menos a dos razones: su relación a la revelación del misterio del Cuerpo explica su concepto de la Iglesia universal, y su deseo de organizar a sus convertidos en grupos autogobernantes y autopropagantes, explica el énfasis en la iglesia local. Pablo usa la palabra *Iglesia* más de sesenta veces en sus Epístolas tanto para indicar a una organización local (I Co. 1:2) como para referirse al conjunto total de los creyentes (I Co. 12:28; Col. 1:18), pero su pensamiento como un todo contiene ciertas afirmaciones básicas que, tomadas en conjunto, establecen su doctrina de la Iglesia.

I. La Iglesia Es un Misterio

La primera de estas afirmaciones concierne al carácter misterioso de la Iglesia, el Cuerpo de Cristo. La palabra *misterio,* por supuesto, no significa algo difícil de entender, sino algo impartido sólo a los iniciados.[1] En la Septuaginta aparece sólo en Daniel 2 en referencia a los secretos del sueño de Nabucodonosor. En el Nuevo Testamento la palabra aparece 27 veces, 21 de ellas en ocurren los escritos de Pablo.

Pablo usa la palabra en referencia a las características básicas de la Iglesia. El hecho de que la usa en otras conexiones (Ef. 6:19) no significa que la Iglesia no es un misterio; simplemente significa que estos otros hechos también fueron desconocidos en los tiempos del Antiguo Testamento. Que habría tanto gentiles como judíos en un cuerpo en la Iglesia era desconocido y es un misterio (Ef. 3:1-12). Este cuerpo es llamado por Pablo un nuevo hombre, no un Israel renovado (Ef. 2:15). La naturaleza

---

[1]Cf. D. M. Edwards, "Mystery," *The International Standard Bible Encyclopedia* *(Grand Rapids: Eerdmans 1943), III, 2104.*

viviente y orgánica del pueblo de Dios, la Iglesia, es también llamado misterio (Col. 1:24-27; 2:10-19; 3:4, 11). La relación de la Iglesia como la Esposa de Cristo está caracterizada por la misma palabra (Ef. 5:22-32), y el hecho de que algunos de los que pertenecen a este cuerpo no tendrán que morir, sino que serán transformados también es un misterio (I Co. 15:51-57). Así, esta verdad concerniente al Cuerpo de Cristo, la Iglesia, el nuevo pueblo de Dios, Pablo la considera un misterio desconocido antes del tiempo del Nuevo Testamento. Su propia definición en Romanos 16:25 es producto de este uso.

¿Significa esto que Pablo en realidad creía que la Iglesia estaba completamente oculta en el Antiguo Testamento? Lo que escribió en Colosenses 1:25-26 podría indicarlo así, y no está calificado por el *como* de Efesios 3:5. Todo lo que Pablo está diciendo en este último pasaje es que aunque era conocido en el Antiguo Testamento que tanto los judíos como los gentiles participarían de las bendiciones, no era conocido cómo eso se cumpliría dentro del Cuerpo de Cristo.[2] Su uso específico de la palabra misterio mas las afirmaciones directas tales como Colosenses 1:25-26 indican que en su mente el misterio de la Iglesia era completamente desconcido en los tiempos del Antiguo Testamento.

¿Afirmó Pablo ser el único recipiente de la revelación del misterio? Sobre bases teológicas no podría ser así, porque la Iglesia era conocida y reconocida antes del tiempo de Pablo (Hechos 8:1-3; Fil. 3:6; Gá. 1:13 I Co. 15:9). El discurso de Santiago ante el concilio de Jerusalén (Hch. 15) también muestra un entendimiento anterior al hecho de que en esta era los judíos y los gentiles estarían sobre las mismas bases. Además, sobre la base de su propio testimonio en el pasaje principal sobre el asunto, Pablo niega cualquier demanda de ser el único recipiente o agente de la revelación del misterio (Ef. 3:1-12). Todo lo que él dice en este pasaje es que, hablando generalmente, el misterio era desconocido antes de que él lo revelara, pero es muy claro que reconoce que Dios lo había revelado tanto a los otros apóstoles y profetas como a sí mismo (v. 5). Esto fue hecho por el Espíritu Santo, no por Pablo, haciendo claro que Pablo no fue el primero ni el único agente de esta revelación. Aun cuando él habla de sí mismo como el agente, no es del todo enfático acerca de su posición (nótese el *emoi*, a mí, no enfático el cual no se presenta al comienzo de

[2]El uso de *hos*, como, en Efesios 3:5 puede ser declarativo, en cuyo caso tiene la fuerza de un participio (Cf. A. T. Robertson, *A Grammar of the Greek New Testament in the Light of Historical Research* (New York: Hodder & Stoughton, 1919, pp. 953-69). Así el versículo puede ser parafraseado, "El misterio que no se dió a conocer en otras generaciones, habiendo ahora sido revelado a sus santos apóstoles y profetas"

la oración en el versículo 3). De modo que Pablo no sugiere en forma alguna que la revelación del misterio fue sólo a él. En contraste, cuando habla de la proclamación del misterio (v. 8) sí afirma que esa era su principal responsabilidad. Decir, como dice Pablo en este pasaje, que él recibió algo de Dios no es afirmar que Dios no lo había dado también a otros, como está claro que lo hizo a los apóstoles y profetas. Sin embargo, es verdad que aunque no puede decirse que Pablo fue el único recipiente de la revelación del misterio, fue el principal agente de la revelación de dicho misterio a otros, porque es, en gran manera, a su teología que debemos nuestro conocimiento de la Iglesia como un misterio.

Un corolario al carácter misterioso de la Iglesia se relaciona con los aspectos sobresalientes de la Iglesia en esta era. Esta otra manera de afirmar la misma verdad se ve en lo que Pablo tiene que decir acerca del principio y el fin de la Iglesia. Concerniente a lo primero, el pensamiento de Pablo es enfático en poner fuerza en la relación necesaria de la Iglesia a la resurrección y ascensión de Cristo. Está fundada sobre su resurrección (Ef. 1:19-20; Col. 3:1), y su funcionamiento depende de la dádiva de dones a los miembros individuales, algo que a su vez depende de la ascensión de Cristo (Ef. 4:7-12). Si por algún esfuerzo de la imaginación se pudiera decir que el Cuerpo de Cristo ha existido desde antes de la ascensión de Cristo, entonces tendría que concluirse que era un cuerpo inoperante. En la mente de Pablo la Iglesia se funda sobre la resurrección y ascensión y esto la hace pertenecer a esta era y no a otra.

Al escribir de la consumación de la Iglesia, cuando los santos serán arrebatados y resucitados, Pablo usa la frase *muertos en Cristo* (1 Ts. 4:16). Esto parece distinguir a los que han muerto en esta era de los creyentes quienes murieron antes del primer advenimiento de Cristo, haciendo así a la Iglesia como un distintivo de esta era y un misterio oculto en los tiempos del Antiguo Testamento pero ahora revelado.

II La Iglesia Es un Organismo

La Iglesia, como organismo, es la estructura compleja del Cuerpo de Cristo, que realiza las actividades vivientes por medio de los creyentes individuales, quienes son distintos en funciones pero mutuamente dependientes de y gobernados por su relación con Cristo, la Cabeza. Así es natural encontrar la revelación paulina de la Iglesia como un cuerpo. Hay dos figuras más que se relacionan de manera secundaria: la Iglesia como un edificio (I Co. 3:11; Ef. 2:20), y la Iglesia como una novia

(Ef. 5:22-32), pero la revelación principal se encuentra bajo la figura del cuerpo.

A. La Entrada al Organismo

El hecho de que hay un acto y un tiempo definitivo para entrar en el Cuerpo se afirma a través de los escritos paulinos (I Co. 6:15; Ef. 5:30; Col. 2:19). El medio para la entrada está estipulado claramente como la obra del Espíritu Santo quien bautiza a los creyentes en el Cuerpo (I Co. 12:13). El bautiza o introduce a todo aquel que cree dentro de una nueva realidad, es decir, la esfera de la resurrección de vida en el Cuerpo. El contexto hace claro que la obra del Espíritu no está restringida a cierto grupo de creyentes, porque había toda clase de personas en la Iglesia de Corinto y Pablo declara que todos han sido bautizados dentro del Cuerpo. La fe es, por supuesto, el requisito humano, pero es la fe en Cristo como Salvador. El bautismo del Espíritu sigue automática y simultáneamente, colocando a todos los creyentes dentro de ese cuerpo.

La ramificación principal de esa entrada en el organismo se resume en la doctrina paulina de la unión. Ese acto involucra unión con Cristo como la Cabeza del Cuerpo y con todos los otros creyentes como co-miembros del Cuerpo (I Co. 12:12-31; Ro. 12:4-5).

B. La Dirección del Organismo

Así como en otros organismo, también en el Cuerpo de Cristo la dirección viene de la Cabeza. Pablo enseña el señorío de Cristo sobre los poderes y principados (Col. 2:10), sobre todos los hombres (I Co.11:3), y en particular sobre la Iglesia (Ef. 1:22; 4:15; Col. 1:18; 2:19). La base del señorío de Cristo sobre la Iglesia, aunque tiene relación y a la vez presupone su señorío universal sobre todos los hombres, es particularmente su obra de redención (Ef. 5:22-32). En otras palabras, los derechos de la redención trae la prerrogativa del señorío.

En el pensamiento de Pablo se disciernen ideas específicas que están involucradas en la dirección del Cuerpo de la Cabeza. Primero, el señorío involucra subordinación (I Co. 11:2-16). En este pasaje Pablo enseña claramente un orden de relaciones. La cabeza de Cristo es Dios; la cabeza del hombre es Cristo; y la cabeza de la mujer es el hombre. El orden es: Dios, Cristo, el varón, la mujer. Esto no implica inferioridad, porque eso sería incompatible con la doctrina de Pablo de la completa deidad de Cristo, enseñada en otra parte (Col. 2:9), pero sí enseña subordinación.

Así el señorío de Cristo sobre la Iglesia se propone comunicar la idea de la subordinación de la Iglesia a las directrices de Cristo (Ef. 5:24). Segundo, el señorío involucra interdependencia (Col. 2:19; Ef. 5:30; 4:15). La cabeza depende de los miembros para que lleven a cabo sus direcciones, y por el otro lado los miembros dependen de la Cabeza para el liderazgo y mutuamente entre sí para la cooperación en llevar adelante las funciones del Cuerpo. El cuerpo es un organismo viviente. Tercero, el señorío incluye unión inseparable. Si esto no fuera así entonces podríamos estar listos para pensar en un Cuerpo de Cristo mutilado, idea que no se sugiere en ningún lugar en las Escrituras. Realmente, en la ilustración que Pablo usa del matrimonio como una descripción de la relación entre Cristo y la Iglesia no hay lugar para la posibilidad del divorcio en esta relación (Ef. 5:22-32). Esto, por supuesto, no fue verdad en la relación entre Dios e Israel. Cuarto, el señorío significa dirección amorosa. Como Cabeza, Cristo no es un gobernante autocrático o ciego. Su dirección está saturada de amor por su Esposa, por quien El dio su vida.

C. La Alimentación del Organismo

No es necesario decir que el Cuerpo se nutre de la Cabeza (Col. 2:19; Fil. 4:13). Cristo hace esto sustentando y cuidando al Cuerpo (Ef. 5:29; cf. Ef.6:4 para "criadlos" y I Ts. 2:7 para "cuida"). La eficacia del Cuerpo procede de la Cabeza.

D. Los Dones del Organismo

1. *La definición de dones.* A excepción de una referencia en I Pedro 4:10, Pablo es el único escritor del Nuevo Testamento que usa la palabra para dones de gracia, *charisma.* Su uso es amplio, abarcando las referencias al don de la salvación (Ro. 6:23) y el cuidado providencial de Dios (I Co. 1:11). Sin embargo, las referencias más frecuentes se refieren a dones especiales o habilidades dadas a los hombres por Dios. Así, un *charisma* en este sentido es una habilidad dada por Dios para el servicio.

2. *La descripción de los dones.* Esta revelación peculiarmente paulina se encuentra en Romanos 13, I Corintios 12, y Efesios 4.

a. Apostolado (Ef. 4:11; I Co. 12:28). El apostolado tiene tanto un significado general como específico. En el sentido general significa un mensajero y es usado, por ejemplo, de Epafrodito (Fil. 2:25). En el sentido especial, se refiere a los Doce y a otros pocos (por ejemplo, Bernabé,

Hch. 14:14) a quienes el don fue dado y quien fue acreditado por señales especiales.

b. Profecía (Ro. 12:6; I Co. 12:10; 14:1-40; Ef. 4:11). El ejercicio del don de profecía incluye el recibir un mensaje de Dios por revelación especial, ser guiado en su declaración, ser autenticado por Dios mismo. Este don debió de haber sido ampliamente practicado en los tiempos del Nuevo Testamento, aunque el registro sólo menciona a unos cuantos profetas específicamente (Hch. 11:27; 13:1, 21:9). La Iglesia de Corinto evidentemente tenía profetas (I Co. 14).

c. Milagros (I Co. 12:28). Cuando Pablo menciona los dones en el orden de su importancia relativa éste aparece como uno de los de menor importancia.

d. Sanidades (I Co. 12:9, 28, 30). Evidentemente ésta era una forma específica del don de milagros.

e. Lenguas (I Co. 12:10). Esta fue una habilidad dada por Dios de hablar en otras lenguas, tanto en una lengua extranjera, como en una expresión extática desconocida. El abuso de este don hizo que Pablo estipulase ciertas regulaciones específicas para gobernar su ejercicio en la Iglesia. Debía ser usado sólo para la edificación, sólo por dos o tres en una reunión sencilla y luego sólo si estaba presente un intérprete, y nunca en preferencia a la profecía (I Co. 14). El don de la interpretación es un corolario del don de lenguas.

f. Evangelismo (Ef. 4:11). Este don involucra dos ideas: la clase de mensaje predicado y los lugares donde se predicaba. El mensaje es las buenas nuevas de salvación, el ministerio del evangelista era itinerante. Pablo permaneció en un sólo lugar algunas veces hasta dos años (Hch. 19:10). Pablo, evidentemente, pensaba que uno puede hacer la obra de un evangelista a pesar de no tener el don (2 Ti. 4:5).

g. Pastor (Ef. 4:11). El pastor es quien dirige, provee, cuida, y protege al rebaño de Dios. El completo ejercicio de este don también incluye gobierno y enseñanza.

h. Servicio o ayuda (Ro. 12:7; I Co. 12:28). Este es el don de ayudar en el sentido más amplio de la palabra. Específicamente incluye la ministración a las necesidades físicas y corporales de otros.

i. Enseñanza (Ro. 12:7; I Co. 12:28; Ef. 4:11). Este es un don que puede ser dado solo o en conexión con el de pastor. Concierne a la impartición de la verdad a otros.

j. Fe (I Co. 12:8-10). Esta es una habilidad dada divinamente para creer que Dios suple y guía.

k. Exhortación (Ro. 12:8). Este es el talento de estimular, aliviar, amonestar, y exhortar a la gente.

l. Discernimiento de espíritus (I Co. 12:10). Esta es la habilidad de distinguir entre las fuentes verdaderas y falsas de la revelación sobrenatural dada en forma oral.

m. Hacer misericordia (Ro. 12:8). Este es semejante al don de servicio porque involucra socorrer a quienes están enfermos y afligidos.

n. Repartir (Ro. 12:8). El don de dar concierne a la distribución del dinero propio a otros. Eso debe ser hecho con sencillez, es decir, sin pensar en recompensa o ganancia personal en ninguna forma.

o. Administración (Ro. 12:8; I Co. 12:28). Esta es la habilidad de gobernar en la Iglesia.

3. *El diseño de los dones.* La distribución de los dones es con miras a cumplir varios propósitos.

a. Promover la unidad del Cuerpo (I Co. 12:12-26). La unidad del organismo (no la organización) se cumple cuando cada una de las partes está funcionando adecuadamente.

b. Promover el crecimiento del Cuerpo (Ef. 4:12-16). Los dones, de acuerdo a este pasaje, son dados para equipar (cf. Lc. 6:40) a los santos de forma que ellos a su vez se den a sí mismos a la obra del ministerio para que como resultado, el Cuerpo sea edificado. Esto involucra tanto la cantidad como la calidad.

4. *El desarrollo de los dones.* Aunque los dones son dados sobrenaturalmente, Pablo indica que deben ser desarrollados por la persona a quien son dados. Después de dar una lista de los dones en su orden de importancia dice que los creyentes deben desear los mejores dones (I Co. 12:31). Esto significa que un individuo debe estar deseoso de ejercitar ciertos dones, ambición que sólo puede ser alcanzada mediante el estudio y el trabajo. Pablo mismo, aún cuando había sido educado en el Antiguo Testamento, necesitó tres años en Arabia para desarrollar su don de enseñanza.

En Romanos 1:11, Pablo indica que esperaba tener una parte en el desarrollo de los dones en la Iglesia en Roma (cf. I Ti. 4:14; 2 Ti. 1:6). Es completamente claro que otros pueden tener una parte en la maduración y en el uso eficaz de los dones dados a los creyentes (cf. Ef. 4:7-12). De modo que los dones pueden desarrollarse, siendo diligentes para con uno mismo y atento hacia los demás.

Pablo no sugiere en ninguna parte que los dones estarían circunscritos a un lugar en particular. Por ejemplo, Pablo no iguala el don de pastor con el pastorado (como se hace comunmente hoy). El pastor es aquel que pastorea — un don que puede o no ser practicado en conexión con el oficio de pastor. El don se diferencia de la actividad. Tampoco Pablo sugiere que hay dones especiales para ciertas edades. No hay don para la obra de los jóvenes, porque todas las edades necesitan de maestros, pastores, ayudantes, etc. (cf. Tit 2:1-8). El don es la habilidad, de acuerdo al pensamiento de Pablo, y no el lugar, grupo, o edad en el cual se usa la habilidad. La doctrina de Pablo acerca de la Iglesia como un organismo contiene la verdadera idea de ecumenidad. Su perspectiva de la solidaridad de todos los creyentes estaba profundamente enraizada, y eso trajo consigo un firme sentido de la necesidad de la interdependencia de los cristianos. Mucho del funcionamiento del organismo es hecho a través de la organización visible, porque son ideas interrelacionadas. Por ejemplo, los dones son ejercidos en la asamblea local. Al establecer la doctrina, sin embargo, Pablo mantiene la supremacía del organismo, porque los dones son dados al Cuerpo para su edificación. La Iglesia como un organismo, entonces, es básico para todo lo que Pablo dice acerca de la Iglesia como una organización.

III. La Iglesia es una Organizacion

Las cartas de Pablo fueron escritas en el calor de la batalla. Por lo tanto, no es sorpresa descubrir que por cada vez que usa la palabra *Iglesia* en relación con el organismo la usa seis veces con relación a la organización. Esto no quiere decir que consideraba a la organización como seis veces más importante que el organisimo, sino que la organización de la Iglesia ocupaba un lugar prominente en sus escritos. En la subestructura teológica de su pensamiento, el elevado lugar que le da al organismo recién discutido y la importancia que pone sobre la revelación del misterio del Cuerpo sólo puede guiar a la conclusión de que el organismo ocupaba el lugar básico en su pensamiento. La organización ocupaba un gran lugar en sus escritos simplemente porque la mayoría de éstos eran dirigidos a congregaciones locales, pero los dos conceptos no se oponen el uno al otro, porque el organismo funcionando adecuadamente se expresará a sí mismo en las organizaciones locales.

A. Los Líderes en la Iglesia

1. *Ancianos.* Los ancianos fueron incorporados en la Iglesia, tomando como modelo la organización de la sinagoga (cf. Hch. 11:30).

Eran considerados esenciales para el funcionamiento adecuado de un testimonio local tanto que Pablo vio que fueran establecidos en las iglesias que había organizado antes de su regreso a Antioquía (Hch. 14:23.[3] El recomendó a Tito que estableciese ancianos en las iglesias de Creta (Tit. 1:5). Sus tareas principales involucraban gobernar (I Ti. 5:17), guardar la verdad (Tit. 1:9), y supervisar generalmente la iglesia (I Ti. 3:1). Algunos ancianos también tenían el don de la enseñanza (I Ti. 5:17), pero esta no era una *función* necesaria de un anciano (aunque la *habilidad* de enseñar era una cualidad). En sus epístolas, Pablo generalmente menciona a los ancianos en el plural (Fil. 1:1; Tit. 1:5), pero en I Timoteo 3:1-7 se habla del anciano en singular (nótese que en el mismo pasaje se habla de los diáconos en plural, vv. 8-13). Esto podría indicar que con el decursar del tiempo un solo anciano dirigía la congregación en calidad de pastor. Las cualidades de los ancianos son claramente especificadas por Pablo en dos pasajes (I Ti. 3:1-7; Tit. 1:6-9). No se dice nada acerca de remover a un anciano de su ministerio una vez que ha sido escogido, aunque podría deducirse que si dejaba de calificar como tal, debía de cesar en su función.

2. *Diáconos.* El origen de los diáconos no es tan claro como el de los ancianos. Es probable que constituyesen una innovación de la Iglesia cristiana, siendo al principio ayudantes de los ancianos. Los diáconos realizaban funciones que no necesitaban supervisión. Eran siervos sin carácter oficial, algunos de los cuales en el proceso del tiempo llegaron a formar un diaconado oficialmente reconocido. El sentido general del diácono como siervo se encuentra en las últimas epístolas de Pablo (Col. 4:17; I Ti. 4:6), mientras que el ministerio como tal se menciona en el mismo grupo de Epístolas (Fil. 1:1; I Ti. 3:8-10). El criterio para los requisitos de los diáconos (I Ti. 3:8-10) indica que realizaban un ministerio espiritual. Así que la diferencia entre los ancianos y los diáconos no era que los ancianos tenían que tratar con las cosas espirituales mientras los diáconos se interesaban en los asuntos materiales (cf. Hch. 11:30). La diferencia consistía en que los diáconos estaban subordinados a los ancianos, funcionando bajo la supervisión general de éstos. Pablo no dice nada acerca de establecer diáconos, aunque la evidencia general de la historia es que eran escogidos por los ancianos.

¿Reconoce Pablo la función de las diaconisas? El nombre de Febe es

[3]Una nota prolongada mostrando que Hechos 14:23 no indica que los ancianos eran escogidos por los votos de la gente, sino que eran designados puede estudiarse con bastante provecho en W. Kelly, *Lectures on the Church of God* (London: Morrish, 1918), pp. 217-23.

usado en conexión con la palabra *diácono* (Ro. 16:1). Ciertas mujeres son mencionadas juntamente con los diáconos en el pasaje concerniente a sus cualidades (I Ti. 3:11). Si éstas eran diaconisas en el sentido técnico o simplemente mujeres que servían (usando la palabra *diácono* en un sentido no oficial) es una cuestión que tal vez nunca pueda ser absolutamente establecida. A este escritor le parece dudoso que Pablo estuviera usando la palabra oficialmente. Febe era una ayudante de la iglesia pero no era miembro de una orden de diaconisas. Las mujeres mencionadas en I Timoteo 3:11 eran probablemente las esposas de los diáconos quienes les ayudaban en sus tareas. Pablo reconoció la necesidad de mujeres ayudantes en la Iglesia, pero eso no significa que hubiera una orden de diaconisas.[4]

B. *Las Ordenanzas de la Iglesia*

1. *Bautismo*. Las referencias al bautismo son escasas en los escritos paulinos. Sabemos que Pablo mismo fue bautizado (Hch. 9:18) y que él bautizó a otros (I Co. 1:15ss). Evidentemente consideraba que el bautismo era una ordenanza importante que debía ser experimentada por todo creyente (Hch. 16:31 ss; Ef. 5:26), y aún así la distinguió claramente del Evangelio mismo (I Co. 1:17, el *alla,* sino, en el versículo muestra un contraste fuerte). En una oportunidad bautizó de nuevo a aquellos que no habían recibido el bautismo cristiano (Hch. 19:1-7). Indudablemente había una cercana conexión en su mente entre el bautismo del Espíritu y el bautismo con agua. Esto se ve más claramente en Romanos 6:1-10 donde las obras descritas sólo pueden atribuírsele al Espíritu pero donde el trasfondo del pasaje es claramente la ordenanza y lo que representa. Denegar la ordenanza a este pasaje es ser irrazonable en el discernimiento tanto del pensamiento de Pablo como de aquello que sería comunicado a sus lectores. Para Pablo, evidentemente, la ordenanza describe la asociación del creyente con Cristo en su muerte, sepultura y resurrección.

2. *La Cena del Señor.* La cena era para Pablo primeramente un memorial de la muerte expiatoria del Señor (I Co. 11:23-24). La observación de la ordenanza involucraba una conmemoración de amor

---

[4]Para mayor estudio sobre esta cuestión el lector debe consultar la obra del autor "*The Place of Women in the Church*" (New York: Macmillan, 1958), pp. 85-91. Cf. también J. A. Robinson "Deacon and Deaconess," *Encyclopaedia Biblica*, p. 1039, and H. P. Liddon, *Explanatory Analysis of St. Paul's First Epistle to Timothy* (London: Oxford, 1897), p. 34.

(vv. 24-25), una reiteración del Evangelio (v. 26a),[5] y una renovación de la esperanza (v. 26b). La observancia debía ser precedida de un autoexamen. El dejar de hacerlo habría resultado en la enfermedad y muerte de algunos de los creyentes en Corinto. Para Pablo la Cena del Señor también tenía otros significados. La llama una *koinonía* o comunión (I Co. 10:16). Así que la comunión espiritual con Cristo es también parte de la Cena. También, la ordenanza recuerda a todos los creyentes de su unidad en Cristo (I Co. 10:17). Estamos ligados en unidad porque estamos ligados a Cristo.

C. *La Disciplina en la Iglesia*

Las instrucciones detalladas tocante al orden y conducta de las reuniones de la Iglesia son sorprendentemente pocas. Ya se ha hecho mención a las regulaciones específicas concernientes al uso del don de lenguas. En general, Pablo insiste en la importancia de la reverencia y el decoro en las reuniones de la congregación especialmente en la observancia de la Cena del Señor (I Co. 11). También esperaba que las iglesias ejercieran la obra de disciplina sobre los miembros descarriados (I Co. 5).

El liderazgo de la Iglesia fue definitivamente puesto en manos de los hombres. El punto de vista de Pablo acerca de las mujeres en la Iglesia era que ellas debían estar subordinadas y en silencio. Su subordinación, basada en los hechos naturales de la creación, debería mostrarse en la Iglesia llevando un velo. Era una cuestión relacionada con la enseñanza de algo que Dios había establecido desde la creación y no un asunto de costumbre o una peculiaridad de los corintios. Tanto en I Corintios 11 como en I Timoteo 2 Pablo relaciona la subordinación de las mujeres a los hechos de la creación. Esto lo hace un asunto de doctrina y no de costumbre.

También Pablo ordena el silencio para las mujeres (I Co. 11:5, 13: 14:34; I Ti. 2:12). La mujer no debe enseñar o hablar en la asamblea pública de la Iglesia ni aun hacer preguntas. Algunos han sostenido que I Corintios 11:5, 13 meramente prohíbe que una mujer ore o profetice sin velo. Esto no podría ser el significado dado por Pablo porque en la siguiente sección de la misma Epístola donde trata más específicamente con la conducta en la adoración pública, expresamente prohíbe total-

---

[5] Es difícil decir si esto significa que los elementos de la Cena anuncian silenciosamente los hechos del Evangelio o si se refiere a una explicación oral que acompañaba a la observancia de ésta.

mente que la mujer hable en la Iglesia (I Co. 14:34). Difícilmente quiso Pablo cometer tan deliberada contradicción, lo cual sería la única conclusión si I Corintios 11:5, 13 significa que si la mujer lleva velo puede orar y profetizar (porque lo uno no puede ser aprobado sin lo otro). Stevens ha expresado correctamente lo siguiente con relación a I Corintios 11:5, 13 y 14:34,

> Observamos que en los pasajes anteriores Pablo no dice nada de cómo deben las mujeres hablar en público, *apropiadamente,* sino que meramente denuncia lo impropio de hablar sin el velo. Es muy cierto, como aparece más tarde cuando Pablo se refiere al asunto del hablar de las mujeres en general que, en lo que a él concierne, el requisito de aparecer en la asamblea sólo con la cabeza cubierta impediría, por la importancia que en sí tiene, la cuestión de hablar en público.[6]

Nuevamente nótese que los puntos de vista de Pablo están relacionados con la interpretación literal de los relatos de la creación en Génesis. No estaban circunscritos a una situación particular en una iglesia local del primer siglo. Esto era parte de su teología.

En toda su enseñanza acerca de la Iglesia, el énfasis mayor de Pablo era la unidad del Espíritu, la cual une a todo creyente a Cristo y a los otros creyentes. La Iglesia primitiva experimentó sus problemas y divisiones, pero a pesar de toda su enseñanza sobre la organización de la Iglesia, Pablo nunca hizo campaña a favor de la unidad organizacional. El firmemente creía que la verdadera unidad de la Iglesia no era externa sino interna, y éste es el espíritu que impera en su eclesiología.

[6]G. B. Stevens, *The Theology of the New Testament,* p. 461; cf. A. Plummer, *A Critical and Exegetical Commentary on the First Epistle of St. Paul to the Corinthians, International Critical Commentary* (Edinburg: T. & T. Clark, 1914), pp. 324-25, quien se inclina hacia la misma conclusión sobre la base de la posibilidad de que I Corintios 11:5 es un ejemplo hipotético; es decir, que una mujer podría orar o profetizar de todos modos, especialmente con su cabeza descubierta, era una cosa tan inaceptable que nunca ocurriría en la Iglesia.

Capítulo V

LA VIDA CRISTIANA

Aun el lector más casual de las Epístolas paulinas puede observar que la verdad concerniente a la vida cristiana ocupa un amplio espacio en esos escritos. Esto ha hecho que escritores sobre la teología Paulina afirmen que para Pablo la doctrina de estar "en Cristo" es la central.[1] Tal conclusión goza de pruebas abundantes porque muchas otras doctrinas están relacionadas al estar "en Cristo", por ejemplo, la justificación (Ro. 8:1), la santificación (Ro. 6:1-10), la ética (Col. 3:1), y la escatología (I Ts. 4:14-15). Tal vez sería más exacto decir que la doctrina de estar "en Cristo" es el corazón de todas las enseñanzas concernientes a la vida cristiana.

EL FUNDAMENTO DE LA VIDA CRISTIANA

Pablo fue el mayor exponente del concepto de estar "en Cristo" en lo que respecta a hacer dicho concepto normativo en el pensamiento y la experiencia cristianas. La idea se encuentra en la enseñanza del Señor (Juan 14:20; 15:4), pero generalmente hablando los Sinópticos ponen énfasis sobre el estar "con (*meta*) Cristo" mientras Pablo habla de estar "en (*en*) Cristo".

Esa frase es de mucha trascendencia. El llamamiento celestial de los cristianos es "en Cristo Jesús" (Fil. 3:14; cf. 2 Ti. 1:9). Su elección es en El (Ef. 1:4). El perdón (Ef. 1:7, 4:32; Col. 1:14), la redención (Ro. 3:24; Ef. 1:7; Col. 1:14), la libertad de la condenación (Ro. 8:1), la libertad de la Ley (Gá. 2:4), la justificación (Gá. 2:17), y la vida (Ro. 6:11, 23; 8:2). Todas esas bendiciones están en Cristo. La santificación y la vida cris-

[1]H. A. A. Kennedy, *The Theology of the Epistles* (London: Duckworth, 1919), p. 124; J. S. Stewart, *A Man in Christ* (London: Hodder and Stoughton, 1935), pp. 147-53.

tiana también están relacionadas con el estar en Cristo. En El los cristianos son santificados (I Co. 1:2), fundamentados y edificados (Col. 2:7), enseñados (Ef. 4:21), guardados (Fil. 4:7), y llevados en triunfo (2 Co. 2:14). En Cristo los creyentes, tanto judíos como gentiles son un cuerpo (Ro. 12:5, Ef. 2:13-22), y en El tienen libertad y acceso a Dios (Ef. 3:12). La resurrección del cuerpo también está relacionada con el estar en Cristo (I Co. 15:22).

Aunque Pablo usa la expresión "en Cristo" en muchos otros pasajes con menos precisión doctrinal, considerando todos los usos, dicha frase debe ser definida así: es el nuevo ambiente del hombre redimido en la esfera de la vida resucitada. "El creyente ha sido transplantado dentro de un nuevo terreno y un nuevo clima, y tanto el terreno como el clima son Cristo".[2]

Ciertas distinciones importantes son evidentes en este concepto. (1) La unión con Cristo es un don de Dios e involucra la obra del bautismo del Espíritu Santo. (2) La doctrina invalida la idea de que Jesús es sólo un ejemplo. (3) La idea es mística, pero es un misticismo de unión íntima con Cristo abierta para todos los creyentes. (4) Es la base de la ética cristiana y la respuesta a la acusación antinomiana. Si un cristiano está realmente unido a Cristo, está identificado con la actitud de Cristo hacia el pecado, y ésta es la razón más poderosa para vivir la vida cristiana. Esta unión también provee el poder para vivir. Cada indicativo equivale a un imperativo: eres un nuevo hombre en Cristo, *vive como tal.* Este es el corazón de toda la enseñanza de Pablo acerca de la vida cristiana.

II. El Principio de la Vida Cristiana: La Santificacion

Aunque Pablo reconoce el aspecto posicional de la santificación (I Co. 6:11), el aspecto progresivo o santificación práctica es el tema en esta sección.

A. La Obra Divina en la Santificación

La obra de Dios en la santificación práctica involucra el colocar al creyente en Cristo, tema que ha sido discutido en la sección anterior. Esto ocurre mediante la obra del bautismo del Espíritu Santo (I Co. 12:13). El énfasis que Pablo da a la santificación aparece en todos sus escritos como la obra del Espíritu Santo en la vida del creyente. El punto de partida para exhortar a los creyentes carnales es guiarlos a reconocer que el Espíritu mora en ellos y, por lo tanto, deben de vivir como quienes han sido comprados por precio (I Co. 6:19-20). El fruto del Espíritu Santo es la santificación genuina, porque es El quien da poder al creyente para vivir (Gá. 5:16-26). Todos los ministerios del Espíritu mencionados bajo la doctrina de Dios demuestran cuán vital es Su obra para producir una verdadera vida santificada.

B. La Obra Humana en la Santificación

Pablo no olvida mencionar que hay una obra que corresponde hacer al creyente en la santificación. La presentación de la vida es el punto de partida para todo esfuerzo humano (Ro. 12:1). Esta es una ofrenda de una vez y para siempre de uno mismo sin reservas. El corolario de esa presentación positiva es el rompimiento con el pecado (Ro. 6:1-13). Es un rompimiento basado sobre el reconocimiento de que el creyente, por causa de su unión con Cristo, ya ha crucificado la carne (cf. Gá. 5:24). Los tiempos aoristos en Romanos 6:1-10 y Gálatas 5:24 decididamente muestran que la obra de la crucifixión de la carne ha sido completamente hecha para el cristiano una vez por todas. Le resta al individuo darse cuenta de ello y sobre la base de ese reconocimiento hacer una presentación de sí mismo. La oración tendrá un lugar importante en esto, porque es a través de la oración que aprendemos lo que ha sido hecho a nuestro favor (Ef. 1:15-22; Fil. 1:9-11; Col. 1:9-11), y es sobre la base de ese conocimiento que puede hacerse una consideración inteligente (Ro. 6:1-13).

La victoria no se logra, sin embargo, mediante una presentación inicial y un rompimiento con el pecado. Hay una batalla que librar, y Pablo también da las instruciones pertinentes. La batalla para creer lo que Dios ha declarado tocante a la verdad de la crucifixión de la carne es una lucha continua (Ef. 6:13; Ro. 8:13; I Ti. 6:12). Esta batalla también incluye una huída del pecado y de las situaciones pecaminosas (Ro. 13:14; I Co. 10:14; 2 Ti. 2:22) y la búsqueda de buenos ideales en comunión con una buena compañía (I Co. 15:33; I Ti. 6:11; 2 Ti. 2:22). Pablo, sin duda, enfatiza la importancia de la obra de Dios en la santificación. Sin embargo, no se olvida de escribir acerca de la responsabilidad humana. Ambos aspectos son necesarios en una vida victoriosa.

III. La Practica de la Vida Cristiana: Separacion

Estar "en Cristo" es la base de la santificación. La santificación, en su obra externa, es separación del pecado y comunión con Cristo en todas las relaciones de la vida. Es vivir en conformidad con la nueva posición en todas las cosas.

A. En Relación con Uno Mismo

La práctica de la santificación en relación a uno mismo significa disciplina (I Co. 9:24-27). La disciplina es necesaria debido al carácter de los enemigos a quienes se encara el cristiano en su carrera. El creyente debe de vivir en el mundo sin abusar de este (I Co. 7:31). La carne, aunque crucificada, no está erradicada, y el Maligno y sus huestes son enemigos constantes y poderosos en su lucha contra el cristiano (Ef. 6:12-18). Las reglas a seguir en la auto disciplina son: la condición del cuerpo (I Co. 9:24a), el control del cuerpo (I Co. 6:12; 9:26), y la sumisión del cuerpo (I Co. 9:27; 2 Ti. 2:5). La recompensa es la aprobación de Cristo en su tribunal (I Co. 3:14; 9:27; 2 Co. 5:10). La disciplina es una buena ilustración de la combinación de lo divino y lo humano en la santificación, porque aunque es un aspecto del fruto del Espíritu (Gá. 5:23), también es el fruto del esfuerzo humano.

B. En Relación con la Familia

El orden es la idea clave en la enseñanza de Pablo concerniente a las relaciones familiares.

1. *Matrimonio.* Pablo afirma que un creyente debe contraer matrimonio sólo con otro creyente (2 Co. 6:14). En I Corintios 7 parece que definitivamente da la preferencia al celibato por dos razones: (1) La venida del Señor está cerca, (2) la naturaleza de la obra cristiana demanda una atención completa, algo imposible para una persona casada. La primera podría considerarse como una razón ética provisional, pero la segunda no. Esta última sólo es una razón tan válida para preferir no casarse hoy día como lo fue en el tiempo Pablo. Esta preferencia de Pablo no indica que él consideraba el matrimonio como malo, al contrario, él afirma que es un asunto individual (I Co. 7:7).

2. *Divorcio.* Sin embargo, una vez que se ha contraído matrimonio, Pablo no permite el divorcio entre creyentes (I Co. 7:10-11). En esto él consideraba que seguía la enseñanza del Señor. En algunas circunstancias cuando dos inconversos se casaban y uno de ellos posteriormente se convertía se permitía el divorcio (I Co. 7:12-15).

3. *El Hogar.* Pablo asigna el liderazgo del hogar cristiano al esposo (Ef. 5:22-33). El ser la cabeza involucra amar a la esposa con un amor

divino, expresar amor por la familia cuidándolos y llevándolos a una experiencia cristiana de madurez, disciplinar a los hijos (Ef. 6:4), proveer para el hogar (I Ti. 5:8), y, en general, ser el líder que preside en el hogar (I Ti. 3:4). La esposa a su vez, debe de trabajar en el hogar (Tit. 2:4-5), tener una parte en la crianza de los hijos (Ef. 6:1), y estar en sujeción a su esposo (Ef. 5:23). Los hijos esperan ser gobernados (Ef. 6:1-4; I Ti. 3:4); deben ser sobrios (I Ti. 3:4; Tit. 1:6) y píos en su conducta (I Ti. 5:4). Si las circunstancias lo requieren, deben de proveer para las necesidades materiales de la madre viuda o la abuela (I Tim. 5:4). Esto evidentemente es una responsabilidad que una persona tiene mientras uno de sus progenitores viva.

C. En Relación con los Gobernantes

La función normal de los gobernantes es promover el bien a fin de que los ciudadanos vivan vidas pacíficas y pías (I Ti. 2:2; Ro. 13:3). Por esta razón los creyentes deben orar fielmente por los que gobiernan (I Ti. 2:2), y ser sumisos a los gobernates (Ro. 13:1-7). La sumisión se requiere por cuatro razones: (1) el gobierno es ordenado por Dios, (2) cualquier resistencia al gobierno es en realidad a Dios, (3) el gobierno es para el bien, y (4) la conciencia lo demanda. La sumisión se manifestará mediante el pago de los impuestos y por el temor y el honor a los gobernantes.

No hay nada que sugiera que la sumisión que Pablo requiere incluye cooperación activa; podría manifestarse en la forma de resistencia pacífica, y no excluye del todo la protesta de palabra y aun el acto de resistencia, siempre y cuando esto sea acompañado de una aceptación calmada del castigo impuesto . . .[3]

Pablo no hace iguales al gobierno y al mundo, porque aunque haya semejanzas pertenecen a campos diferentes de autoridad. Pablo también declara que los tribunales públicos no deben de ser usados por los cristianos para resolver sus disputas (I Co. 6:1-8).

D. En Relación con el Trabajo

Un cristiano no debe ser un reaccionario en lo que concierne a su posición en la vida (I Co. 7:20-22). La ejecución de su trabajo debe ser

[3]F. L. Godet, *A Commentary on St. Paul's Epistle to the Romans* (Edinburgh: T. & T. Clark, n.d.), II, 308.

como para el Señor y no para los hombres (Ef. 6:5-9; Col. 3:22-25). Para los empleados esto significa hacer el trabajo con temor y temblor, haciendo la voluntad de Dios. Para los patronos significa imparcialidad y trato justo de los trabajadores. Pablo parecía pensar que los esclavos convertidos bien podían ser emancipados, aunque no hizo una cruzada por ello (Filemón 8-21).

E. En Relación con el Bienestar Espiritual de Otros.

Pablo siempre reconocía y practicaba el principio de que la única cosa que puede beneficiar al hombre perdido es la salvación; por lo tanto, la vida cristiana debe de ser vivida con relación a los hombres no salvos, de tal modo que puedan ser ganados para Cristo (Col. 4:5). Esto involucraba para Pablo mucha circunspección y disciplina en el diario vivir (I Co. 9:19-27). Tal vida evangelística es motivada, por lo menos en parte, por el temor del Señor y por la esperanza de la recompensa (2 Co. 5:10-11; I Ts. 2:19-20).

La relación del cristiano con otros creyentes siempre debe ser tal que contribuya a la mutua edificación en la fe. En principio esto es simple; pero en la práctica es complicado. El principio consiste en vivir una ética cristiana que simplemente expresado es: No hagas nada que cause tropiezo en otro cristiano (I Co. 8:13). La libertad que un hermano más fuerte pueda tener siempre debe de practicarse en amor, por lo tanto, el amor frecuentemente trae restricción de la libertad. Tal limitación no es porque el hermano más fuerte piense que algo está mal, sino porque afecta al hermano débil; así que la restricción es producto del amor por el hermano débil (Ro. 14:13-19). El temor también motiva a una vida de restricciones (Ro. 14:20-23), porque Pablo dice que debe considerarse como una cosa pequeña el dejar algo a la luz de las terribles consecuencias de ofender a un hermano más débil.

Cuando hay un desacuerdo honesto entre los creyentes, el dictamen paulino es la consideración mutua del uno al otro (Ro. 14:1-12). Tanto el hermano débil como el fuerte deben recordar que Dios ha recibido a ambos (vv. 1-3), que ambos son siervos de Dios uno del otro (v. 4), que puede haber diferencias de conciencia (vv. 5-6), que todos están bajo el señorío de Cristo (vv. 7-9), y que cada uno tendrá que rendir cuentas a Dios en el juicio (vv. 10-12). Por estas razones debe de haber consideraciones mutuas entre hermanos quienes honestamente están en desacuerdo acerca de lo adecuado de ciertas acciones en la vida cristiana.

El principio que controla todas las relaciones de la vida es el de la imitación de Cristo. El énfasis de Pablo no está sobre la imitación de la vida terrenal de Jesús, sino en glorificar a Dios. Esto significa imitar a Cristo. Ya que la gloria de Dios es la manifestación de sus atributos, y ya que Jesús de Nazaret dio a conocer perfectamente al Padre, glorificar a Dios equivale a imitar a Cristo. El es nuestro patrón en asuntos de conducta (Ro. 15:1-3). La conformidad a ese patrón es la única forma de glorificar a Dios en el comer o el beber o cualquier otra cosa que hagamos (I Co. 10:31). Este debe ser el propósito de toda vida cristiana.

La conducta antes considerada asume, por supuesto, que las partes discrepantes procuran hacer la voluntad de Dios. Si hay alguna duda, entonces uno debe dar a Cristo el beneficio de la duda y no participar en una actividad dudosa. La auto disciplina está también involucrada en nuestras relaciones con otros (I Co. 9:19-21), y la libertad cristiana nunca debe de convertirse en libertinaje (Ro. 6:1).

Capítulo VI

ESCATOLOGIA

I. EL FUTURO PARA LA IGLESIA

Ya hemos observado que la doctrina de la Iglesia ocupa un lugar importante en la teología paulina. No es de sorprenderse, por lo tanto, descubrir que la escatología de la Iglesia es también un tema prominente en la enseñanza de Pablo concerniente a las cosas futuras.

A. Los Ultimos Días

El apóstol da dos pasajes en los cuales señala características detalladas de los últimos días de la Iglesia (I Ti. 4:1-3; 2 Ti. 3:1-5).

1. *Decadencia en la sana doctrina.* Antes de que la Iglesia sea arrebatada habrá una negación creciente de la sana doctrina de manera que los hombres se apartarán de la fe y se desviarán hacia el demonismo (I Ti. 4:1). No tendrán conciencia de la verdad. La forma específica del error, la mala presentación de la persona de Cristo, es el tema de la revelación juanina.

2. *Decadencia en la vida piadosa.* Esta característica tomará dos formas: falso ascetismo y vida licenciosa. El ascetismo prohibirá casarse y la comida de carnes (I Ti. 4:3), y lo licencioso tomará muchas formas (2 Ti. 3:1-4). Brevemente afirmado, Dios será reemplazado por el ego de forma que el amor al yo y el amor al dinero llegarán a ser las principales motivaciones de la vida. Esto traerá consigo orgullo, blasfemia, desobediencia a los padres, ingratitud, falta de santidad, perversidad, enemistad, calumnia, falta de auto control, crueldad, oposición a todo aquello que es bueno, traición, temeridad, infatuosidad, y amor al placer. Aun aquellos que quieran resistirse serán arrastrados por la ola de gran pecado que azotará en los últimos días.

3. *Aumento en la religión.* Junto con la decadencia vendrá un crecimiento en el interés religioso, pero en una religión carente de poder (2 Ti. 3:5).

Aún estas características han existido y se encuentran en la Iglesia a través de su historia, aumentarán en intensidad a medida que el fin de esta edad se acerque. De modo que Pablo veía el advenimiento de un incremento en el interés religioso acompañado de una predicación sin poder que resultaría en vidas disolutas mientras que la Iglesia completa su misión sobre la tierra.

B. El Traslado de la Iglesia

Pablo habla en dos lugares del arrebatamiento de la Iglesia al Cielo (I Co. 15:51-57; I Ts. 4:13-18). Es un acontecimiento que involucrará el descenso de Cristo del Cielo, la resurrección de los "muertos en Cristo", el traslado de los creyentes que estén vivos, y el encuentro de estos dos grupos con el Señor en el aire. El aspecto que tiene que ver con el cambio de los creyentes que aún vivan Pablo lo llama un misterio (I Co. 15:51). La verdad de la resurrección formaba parte de la revelación del Antiguo Testamento, pero que habría un grupo que no vería la muerte era desconocido hasta los tiempos del Nuevo Testamento.

Esta verdad del rapto de la Iglesia tenía muchas ramificaciones prácticas para Pablo. El hecho de que él lo consideraba como inminente afectó la enseñanza del apóstol concerniente al matrimonio (I Co. 7:29-31). El creía que aún en sus días el tiempo era corto. Por lo tanto, no sólo le dio la preferencia al celibato, sino que también exhortó a quienes estuvieran casados a trabajar para el Señor como si no tuvieran la responsabilidad del matrimonio. La doctrina también fue una fuente de consuelo y seguridad (I Ts. 4:18). Los creyentes en Tesalónica habían empezado a preguntarse si sus hermanos que habían muerto antes de la venida del Señor estarían en la capacidad de tomar parte en el reino de Cristo. Pablo les asegura que Cristo los incluirá (I Ts. 4:14 — "con él") porque serán levantados de los muertos antes que el reino sea establecido. Pablo también hizo de esta enseñanza una base para la constancia en el servicio del Señor (I Co. 15:58). La verdad del juicio que sigue a la venida del Señor llega a ser un incentivo adicional para vivir fielmente (I Co. 3:11-15; 2 Co. 5:10-11).

C. El Juicio de los Creyentes

Pablo describió el lugar del juicio de los que están en la Iglesia como el *bema* (2 Co. 5:10). La base del juicio es la calidad de las obras reali-

zadas desde la conversión (I Co. 3:11-13). Aunque habrá muchas varie-
dades de obras hay básicamente sólo dos clases: aquellas que pasarán
la prueba de fuego y aquellas que no. Las obras que califiquen serán
recompensadas. Aunque de ninguna forma está en juego la salvación del
individuo, no obstante sus obras serán quemadas "si bien él mismo será
salvo" (I Co. 3:15). Pablo describe estas recompensas bajo la figura de coronas. Coronas
específicas se darán por ganar a otros para Cristo (I Ts. 2:19), y por
amar la aparición del Señor (2 Ti. 4:8). Otros escritores mencionan otras
coronas, así que esta no es una revelación exclusivamente paulina (cf.
Stg. 1:12; I P. 5:4; Ap. 2:10).

II. EL FUTURO PARA ISRAEL

En la sección clásica en Romanos (9-11) Pablo trata sobre la relación
de Dios con sus parientes según la carne, los judíos. Su discusión en el
capítulo 9 prueba que Dios era perfectamente libre como Creador de
rechazar a Israel. Aunque El los ha elegido, no perdió su derecho de
tomar medidas severas contra ellos. Sin embargo, Dios no los rechazó
injustamente, porque Pablo muestra que había una necesidad moral para
ello. En la discusión en el capítulo 11, Pablo vuelve a la pregunta original,
"¿Ha desechado Dios a su pueblo?" respondiéndola con un no rotundo.
Esta respuesta es confirmada mediante dos consideraciones: (1) el
alcance del rechazo de Israel sólo es parcial (vv. 1-10), y (2) la duración
de ello es sólo temporal (vv. 25-32). (La sección intermedia muestra la
relación del rechazo de Israel con los gentiles, vv. 11-24). La naturaleza
parcial del rechazo es ilustrada por el propio caso de Pablo que prueba
que un israelita como tal puede ser salvo. La obra de la gracia de Dios
en preservar para sí un remanente es prueba adicional de que Dios no
ha desechado a Su pueblo. Aun cuando Pablo muestra posteriormente
que el futuro de Israel involucra una restauración nacional, estos individuales introducidos al principio de la discusión son ilustraciones del
hecho de que el rechazo era sólo parcial.

En la ilustración del olivo, Pablo advierte a los gentiles de no sentirse
orgullosos de su posición presente. El olivo representa el lugar de privilegio que primeramente ocupó Israel. Entonces esas ramas naturales
fueron cortadas y ramas artificiales, los gentiles, fueron injertadas en la
raíz que quedaba. La raíz y la savia (v. 17) es una referencia al pacto
Abrahámico, el cual prometía tanto bendición para Israel como para
todas las naciones. Pablo amonesta a los gentiles a aprender la lección

de la historia y a no ser jactanciosos y orgullosos de su posición presente, porque Dios no los excusará si actúan como lo hicieron los judíos. Dios puede fácilmente reinjertar a las ramas naturales. Así que Pablo deja en claro que la restauración futura de los judíos es más probable de lo que la salvación de los gentiles ha sido. No sólo es altamente probable esa restauración, sino que es cierta, porque el rechazo de Israel no es permanente (vv. 25-32). Es temporal porque es sólo "hasta" que cierto evento ocurra. Dado que no hay otra forma posible de entender el "hasta" (v. 25), es claro que el rechazo debe terminar eventualmente. El suceso que marca el fin del rechazo de Israel es la venida de la plenitud de los gentiles. Ya que esto era un misterio no fue tema de la revelación veterotestamentaria y significa la completación de la totalidad de los gentiles que serán salvos en esta era. Es evidente que judíos también se están salvando hoy día, pero la Iglesia está predominantemente compuesta de pueblo gentil (Hch. 15:14). Por lo tanto, el tema que ocupa la atención de Pablo es que cuando la Iglesia esté completa, Dios empezará nuevamente a tratar con la nación de Israel.

Una segunda razón de porqué el rechazo de Israel no es permanente es que "todo Israel será salvo" (v. 26). Los amilenaristas están divididos tocante al significado de "Israel" en este versículo. Algunos sostienen que se refiere a la Iglesia y otros que significa los judíos que individualmente son salvos hoy día. Los premilenaristas creen que se refiere a los judíos quienes serán salvos cuando el Redentor salga de Sión, es decir, en la segunda venida de Cristo. Cualquier interpretación que haga a Israel significar judíos deja de manifiesto que su rechazo no puede ser permanente ya que la salvación vendrá de ellos al regreso de Cristo. En ese tiempo se establecerá el nuevo pacto en relación con ellos y Dios tendrá misericordia de Su pueblo (vv. 31-32). De esa forma el futuro de Israel descansa seguro en las promesas y la naturaleza de Dios.

III. EL FUTURO DEL MUNDO

La escatología de Pablo, comparativamente hablando, pasa por alto muchos detalles con respecto a este tópico que es primordialmente un tema de la teología juanina. Lo que Pablo revela podría resumirse en la palabra *juicio*. El juicio sobre el mundo en el regreso de Cristo será "en llama de fuego, para dar retribución a los que no conocen a Dios, ni obedecen al evangelio de nuestro Señor Jesucristo" (2 Ts. 1:8). El resultado de esto es la destrucción eterna de los incrédulos excluídos de la presencia del Señor (2 Ts. 1:9). La ramificación práctica de que el juicio venidero es seguro debe de ser que el creyente practique la paciencia en medio de la presente persecución. Los creyentes que sufrían entonces podían ser asegurados de que los impíos por quienes eran perseguidos, algún día serían castigados en la venida del Señor.

Los últimos días de la historia del mundo antes de la venida de Cristo también experimentará la venida de un gran engañador, el hombre de pecado (2 Ts. 2:1-12). Su aparición está asociada con el Día del Señor (2 Ts. 2:2-3, A. S. V.). Pablo les había enseñado explícitamente a los tesalonicenses que como creyentes no habían sido puestos para la ira de ese día (I Ts. 5:1-10), pero algunos habían sido engañados a pensar que la persecución que estaban experimentando en aquellos días significaba que ya estaban en el Día del Señor. Pablo dice que esto no podía ser, porque el Día del Señor no vendrá sin que primero haya una *apostasía*, un alejamiento o partida,[1] y la revelación del hombre de pecado. La revelación del hombre de pecado depende, además, de la remoción de "quien al presente lo detiene" (v. 7). Cuando el que lo detiene sea removido se revelará el hombre de pecado.[2] Su venida es por obra de Santanás con todo poder, señales, prodigios mentirosos, y engaño. Entre otras cosas se sentará en el templo de Dios demandando ser adorado. Pero su destrucción es segura, porque la venida del Señor para juicio incluirá la destrucción de este archienemigo de Dios. Otros juicios adicionales vendrán sobre los incrédulos durante el reinado del hombre de pecado. Dios les enviará "poder engañoso" para que no crean a la verdad (vv. 11-12).

Ya sea que Pablo hable del regreso del Señor por la Iglesia o para juzgar al mundo, es notable que, el valor ético de las doctrinas es reiterado constantemente. Indudáblemente la cercanía de la venida de Cristo era "una de las influencias más significativas e inspiradoras para la santidad en la Iglesia primitiva. Era un llamado para velar y orar, un llamado para el esfuerzo arduo y la preparación solemne".[3] También preservó la elasticidad del cristianismo, porque los apóstoles, bajo la

---

[1]Si la palabra *apostasía* signifique caída, apostasía, o sacar fuera, partida (refiriéndose así al rapto de la Iglesia) debe estudiarse para provecho. Cf. E. Schuyler English, *Re-Thinking the Rapture* (Travelers Rest, S.C.: Southern Bible Book House, 1954), pp. 85-91, y Kenneth S. Wuest, "The Rapture-Precisely When?" *Bibliotheca Sacra.* January, 1957, pp. 60-69.

[2]Quienquiera que sea el "detendor", ha de ser más poderoso que Satanás, quien da el poder al hombre de pecado. Sólo una persona de la Deidad podría calificarse así, y ya que todas las personas de la Deidad moran en el creyente (Ef. 4:6; Gá. 2:20; I Co. 6:19), la remoción del detendor requiere la remoción de los creyentes en quienes mora. Así el rapto de la Iglesia debe preceder a este período de tribulación cuando sea soltado el hombre de pecado.

[3]H. A. A. Kennedy, *St. Paul's Conceptions of the Last Things* (London: Hodder & Stoughton, 1904), p. 221.

influencia de la doctrina, "nunca se dieron cuenta de que estaban edificando una Iglesia que duraría a través de las generaciones . . . Nunca escribieron o legislaron más allá de lo que las necesidades demandaban. Nunca administraron o planearon con una perspectiva al futuro remoto".[4] La escatología de la Iglesia primitiva, como se refleja especialmente en los escritos de Pablo, hizo más que cualquier otra doctrina en dar impulso y validez a la vida de la comunidad primitiva.

IV. EL FUTURO DEL CUERPO

"Ningún otro aspecto de su escatología ha recibido un trato tan elaborado por parte de San Pablo como el de la Resurrección".[5] Debido a las influencias platónicas, la concepción de la vida después de la muerte no era nueva a la mente griega educada, y a mediados del primer siglo la idea había filtrado a las clases más bajas. Sin embargo, el concepto griego de la vida después de la muerte o la inmortalidad no era el mismo que la doctrina cristiana de la resurrección. La inmortalidad era una cosa espiritual, porque la idea de una resurrección corporal no existía en el pensamiento griego. Para el griego, la materia era escencialmente mala. De manera que la muerte física se consideraba una liberación, ya que libra al hombre de su cuerpo; por lo tanto, la resurrección del cuerpo sería un regreso a la esclavitud. Quienes aceptaban la resurrección del cuerpo de Cristo lo consideraban un caso anormal que en ninguna forma constituía un patrón para el cristiano. Aun en el judaismo la doctrina de la resurrección no estaba claramente definida, aunque se menciona en el Antiguo Testamento.[6] De modo que la enseñanza de Pablo estaba mucho más avanzada que cualquier cosa expuesta en el judaísmo y diferente de cualquier enseñanza proveniente del helenismo.

En el pasaje clásico sobre la resurrección, I Corintios 15, Pablo escribe acerca del significado de dicha doctrina (vv. 1-34) y la manera como se efecturá (vv. 35-58). La resurrección de Cristo, escribe, no fue anormal, pero es la base del Evangelio y la seguridad de toda resurrección. La resurrección de Cristo fue confirmada por muchos testigos, incluyendo a Pablo quien vio a Jesús vivo en el camino a Damasco. Entonces, si Cristo resucitó, ¿cómo puede haber quienes niegan el hecho de la

---

[4]W. Sanday and A. C. Headlam, *A Critical and Exegetical Commentary on the Epistle to the Romans* (New York: Charles Scribner's Sons, 1895), p. 380.

[5]Kennedy, *op. cit.*, p. 222.

[6]Cf. Kennedy, op. cit., pp. 223-29, and H. Buis, *The Doctrine of Eternal Punishment* (Philadelphia: Presbyterian and Reformed Publishing Co., 1957), pp. 1-32.

resurrección de entre los muertos? A la inversa, si no hay resurrección de entre los muertos entonces Cristo no ha resucitado, porque El no puede ser una excepción (v. 13), los apóstoles son falsos testigos de Dios (v. 15), la fe es vana (v. 17), aún estamos en nuestros pecados (v. 17), quienes han muerto en la fe han perecido porque aún están en sus pecados (v. 18), y no hay esperanza alguna en esta vida (v. 19). Así que la resurrección debe significar lo mismo tanto para Cristo como para el cristiano. Si Cristo resucitó la resurrección del cristiano también es segura; y si no hay resurrección para el cristiano, entonces Cristo no pudo haber resucitado. La resurrección no puede significar una cosa en el caso de Cristo y otra en el caso del cristiano.

Al describir la manera de la resurrección del cuerpo, Pablo característicamente se detiene sobre algunos puntos que nosotros pasaríamos por alto y vagamente toca otros que serían apetecibles a nosotros. Comienza con la bien conocida analogía de esparcir la semilla, un símbolo popular en las religiones misteriosas y en el estoicismo.[7] Esta es una analogía y no debe ser indebidamente enfatizaba. Sin embargo, aungue la semilla no muere verdaderamente, el tallo no brotará de ella hasta que su existencia presente se disuelva o desaparezca. La semilla debe morir a su condición existente a fin de que la vida pueda brotar de ella. Todo esto se cumple por el poder de Dios. Así, en la ilustración de la semilla Pablo enseña la correspondencia entre la vida presente y la vida resucitada, porque el grano cosechado, aunque no es idéntico con el de la siembra, es de la misma clase. En otras palabras, la resurrección debe ser corporal, "pero Dios le da el cuerpo como el quiso, y a cada semilla su propio cuerpo". (v. 38).

Una segunda ilustración enfatiza la diferencia del cuerpo resucitado. Así como hay diferentes clases de carnes y diferencias entre los cuerpos celestiales y los terrenales, así el cuerpo resucitado es diferente del terrenal. Es "espiritual" en contraste con "natural" (v. 44). Un cuerpo espiritual no es un espíritu incorpóreo, sino una nueva clase de humanidad. Incluso en nuestro marco de referencia terrenal percibimos que la palabra *cuerpo* no se limita a una clase de cuerpo. Igualmente en nuestro concepto del cuerpo resucitado debemos incorporar la idea del cuerpo espiritual de modo que no signifique un espíritu desnudo ni tampoco carne y sangre. Es en realidad un cuerpo pero de clase diferente, porque la carne y la sangre como la conocemos en la tierra "no pueden heredar el

---

[7]Kennedy, *op. cit.*, pp. 241-42; cf. Juan 12:24.

reino de Dios" (v. 50). Esta clase de cuerpo está caracterizada como incorruptible, glorioso, poderoso, espiritual, y celestial. Para concluir esta discusión Pablo muestra que hay dos maneras para obtener esta resurrección corporal. Una es la muerte o la corrupción revestida de incorrupción, y la otra es la transformación o la mortalidad revestida de inmortalidad (vv. 53-54). Aquellos que ven la corrupción son los que mueren, y los mortales son los que están vivos; ambos grupos, sin embargo, son cambiados instantáneamente en la venida del Señor y reciben cuerpos resucitados. Entonces la muerte es sorbida en victoria. El hecho de que no todos morirán ni verán corrupción sino que habrá un grupo que vivirá hasta la venida del Señor para ser cambiados de mortalidad a inmortalidad era un misterio (v. 51). Por lo tanto, Pablo no podía estar hablando del segundo advenimiento y la resurrección general, porque esas cosas no eran desconocidas en el tiempo del Antiguo Testamento y, por lo tanto, no eran misterios. El debió de estar refiriéndose al rapto de la Iglesia, un misterio desconocido por los santos del Antiguo Testamento.

Aunque es posible que Pablo dejase alguna interrogante sin respuesta, la doctrina de la resurrección resalta en sus enseñanzas. Pablo creía enfáticamente en la resurrección del cuerpo. Es el cuerpo que es sembrado en la muerte y, como la semilla que produce en conformidad con lo que fue sembrado, es el cuerpo que Dios da lo que es resucitado. Es sin dudas un cuerpo espiritual pero de todos modos es una entidad tan real como el cuerpo en el cual nuestro Señor fue resucitado (cf. Fil. 3:21). Si él fue visto después de su resurrección, así lo seremos nosotros. Esto, por supuesto, sólo puede ser cierto en una resurrección corporal. Este es claramente el concepto paulino de la resurrección.

Como toda la teología de Pablo, su escatología es teocéntrica. Todo el sistema paulino parece estar enraizado y fundamentado en el concepto que el apóstol tenía de Dios. El futuro para la Iglesia está en las manos de Aquel que soberanamente es la Cabeza, quien regresará personalmente a tomarla para que esté consigo. Que Israel tendrá un futuro está garantizado "porque son irrevocables los dones y llamamiento de Dios" (Ro. 11:29). El mundo será juzgado "porque es justo delante de Dios pagar con tribulación a los que os atribulan" (2 Ts. 1:6); y la seguridad de la resurrección descansa en el poder de Dios quien da el cuerpo y quien de acuerdo a su grandioso poder resucitó a Jesús de entre los muertos (I Co. 15:38; Ef. 1:19-20). En todas las áreas de la escatología el pensamiento de Pablo refleja su concepción básica del Dios soberano. La consumación de todas las cosas dependen de este Dios quien en el diseño de su plan majestuoso no hizo malos cálculos y quien en la ejecución del mismo no dejó resquicios ni imperfecciones.

Estos, son entonces, los temas principales de la teología paulina. Al investigarlos uno es constreñido a concluir que en lo que respecta al principio fundamental en la enseñanza de Pablo "todo su pensamiento estaba apoyado sobre el fundamento *Dios es*".[8] Ese Dios era para Pablo un soberano absoluto, y en la revelación de sí mismo ha revelado la naturaleza del hombre. En la teología paulina la naturaleza pecaminosa del hombre, su necesidad de salvación y la provisión de Dios de redención todo brota del hecho de que Dios ha escogido en su gracia revelar estas cosas y enviar al Salvador. La Iglesia está gobernada por ese Redentor, y la vida cristiana es la manifestación ética en cada área de la vida del cambio que Dios ha efectuado en el corazón del creyente. Las características de la consumación final también están relacionadas con los propósitos de Dios. El tema central por el cual se demuestra este principio fundamental es cristológico. Jesucristo es el epítome de la revelación de Dios. Es Cristo quien vino a ser el Redentor del pecado. El es la Cabeza de la Iglesia y el Juez del fin del siglo.

El patrón del pensamiento de Pablo en el cual se expresó su teología tiene varias características sobresalientes. El elemento místico es prominente. La raza condenada en Adán, la posición del creyente en Cristo, la identificación del creyente con la muerte y resurrección de Cristo, todo eso ilustra un modo de pensamiento que podría llamarse místico. El pensamiento de Pablo, además, frecuentemente gira en la esfera de las relaciones legales (Ro. 3:21-26; 7:1-6; Gá. 4:1-7; cf. Ro. 8:15-17). También el paralelismo ocupaba un lugar importante en el pensamiento y expresión del apóstol. Los ejemplos más notables se encuentran en Romanos (1:18-32; cf. 2:1–3:20; 5:12-21) y I Corintios (15:35-49). Sin embargo, la característica sobresaliente es el vibrante carácter ético de todo su pensamiento y sus escritos. Sus cartas palpitan mandamientos apostólicos, ardor misionero, consejería pastoral y consuelo, ardiente moralidad cristiana, y las más sublimes e inspiradoras expresiones. Cualquiera que sea el medio — ira justa, dolor reprimido, amor herido, súplica paternal, o suave ruego — el fin de Pablo era el mismo: que sus lectores practicaran su posición en Cristo. El fundamento de la teología paulina es Dios; el tema es Cristo; pero la expresión es el gran corazón del apóstol.

---

[8] W. Ramsay, *The Teaching of Paul in Terms of the Present Day* (London: Hodder & Stoughton, n.d.), p. 65.

Quinta Parte
LA TEOLOGIA DE HEBREOS

Capítulo I

TRASFONDO HISTORICO

Hay problemas notables que son peculiares al libro de Hebreos. Algunos de ellos nunca serán solucionados, pero se hace necesario considerarlos. El ejercicio mental de considerar los distintos pros y contras de los problemas relacionados con el libro contribuirá a la descripción total que el estudiante tiene mientras realiza el estudio de su teología. Ya sea que se encuentren o no las soluciones, no hay substituto para el beneficio que se deriva de la investigación de las interrogantes.

I. La Naturaleza del Libro

El primer problema concierne a si el libro de Hebreos es un ensayo o una carta. A favor de lo primero está la falta de un destinatario particular en el encabezamiento del libro y el plan general del cuerpo del texto. Parece ser más homilético que epistolar (cf. capítulo 7). Podría señalarse, sin embargo, que otros libros en el Nuevo Testamento que son definitivamente cartas también carecen de destinatario (véase I Juan), y aunque el plan parece ser sermonario, no obstante, va dirigido a un grupo a comunidad particular. Definitivamente el libro no es un ensayo teórico para ser leído en cualquier lado. Es una carta dirigida a una comunidad en particular. Aunque "los termas en sí son de interés universal, la discusión es gobernada por circunstancias especiales".[1] Por lo tanto, es preferible decir que estamos tratando con una carta.

II. El Destinatario de la Carta

Los eruditos están muy divididos en esta cuestión, y probablemente nunca podrán decidir con certeza. El punto de vista menos tradicional

---

[1]B. F. Westcott, *The Epistle to the Hebrews* (London: Macmillan, 1892), p. xxviii.

es que Roma fue el destino original de la carta. El primero en citarla explícitamente es Clemente de Roma (cir. 95). "Los de Italia" (13:24) no ayuda realmente a solucionar el problema, porque puede traducirse "los que están en Italia" (cf. Lc. 11:13; Mt. 24:17; Col. 4:16), sugiriendo que el autor también estaba allí, o podría decir "los que son de Italia" los que estaban con el autor en otro lugar y enviaban saludos a la tierra natal. El punto de vista más tradicional apunta hacia Jerusalén o Palestina como el destino. Este punto de vista no está libre de dificultades: (1) el uso de la Septuaginta para las citas del Antiguo Testamento resulta difícilmente congruente con lectores hebreos; (2) los lectores de la Epístola no eran pobres (6:10; 10:34) como lo eran los santos en Jerusalén. Sobre la base de todas estas consideraciones, este autor se inclina hacia Roma como el destino de la epístola, pero cualquiera que hubiera sido, el autor de Hebreos tendría en mente sin duda, una iglesia específica o varias congregaciones cuando escribió.

III. EL CARACTER DE LOS RECIPIENTES

Surgen dos problemas en conexión con esta cuestión. El primero se relaciona con el trasfondo racial de los lectores. ¿Eran estos judíos o gentiles o una mezcla de ambos? Algunos sostienen que eran de trasfondo gentil por las citas de la Septuaginta y las referencias en 6:1-2 a las cosas enseñadas, las cuales los judíos no tendrían necesidad de aprender.[2] Un punto de vista menos común afirma que los lectores eran un grupo de judíos y gentiles, donde ninguno de los dos predominaba. Si este fuera el caso no se esperaría encontrar más mención de las relaciones entre los dos grupos. El punto de vista tradicional sostiene que los lectores eran predominantemente judíos en su transfondo.[3] El título de la Epístola, las referencias a los profetas y a los ángeles como agentes activos en los asuntos de Dios con Israel, y las numerosas referencias en el tiempo presente a la adoración levítica sostienen este punto de vista. Claro está, "nada sugiere una mejor alternativa al cristianismo que la antigua fe de Israel".[4]

El segundo problema involucrado en este asunto concierne a la con-

[2]J. Moffat, *A Critical and Exegetical Commentary on the Epistle to the Hebrews,* International Critical Commentary (New York: Scribner's, 1924), p. 74.
[3]G. B. Stevens, *New Testament Theology* (Edinburgh: T & T. Clark, 1899), p. 486; W. Manson, *The Epistle to the Hebrews,* p. 24.
[4]F. V. Filson, "The Epistle to the Hebrews," *Journal of Bible and Religion,* January, 1954, p. 22.

dición espiritual de los recipientes. Debido a la naturaleza de las advertencias en la Epístola algunos sostienen que los lectores eran profesantes y no poseedores del cristianismo.[5] A veces existe la sospecha de que este punto de vista es una conveniencia para la interpretación de un pasaje, 6:4-6, y no el resultado de la enseñanza total del libro. Estos lectores son llamados hermanos santos (3:1) quienes habían sufrido por su fe (10:32). Aun algunos de ellos habían sido puestos en prisión (13:3). Indudablemente, como en todo grupo eclesiástico, había cristianos profesantes pero el grupo vista como un todo ciertamente era considerado por el escritor como compuesto por personas quienes habían creído para salvación. El problema de ellos no era el resultado de una simple profesión, sino el de una desviación de la verdad poseída.

IV. El Autor

La historia de la discusión del problema de la paternidad literaria es larga y complicada. Hay que admitir que existe mucha semejanza entre la teología y estilo de Pablo y la de Hebreos. Hay, sin embargo, muchas diferencias. También Lucas, Apolos, Bernabé, Aquila y Priscila han sido sugeridos como candidatos para la paternidad literaria, y los argumentos en pro y en contra pueden encontrarse en los comentarios. La única conclusión segura fue expresada así por Orígenes: "En cuanto a quién escribió la Epístola a los Hebreos, la verdad del asunto es que sólo Dios lo sabe". También es igualmente cierto que

a pesar de las divergencias de la norma del estilo paulino, el libro manifiesta afinidades paulinas, y difícilmente pudo haberse originado fuera del círculo paulino, al cual hace referencia, no sólo por la amistad del autor con Timoteo (xiii. 23), sino también por los muchos ecos incuestionables de la teología paulina . . .[6]

V. La Fecha

La fecha tradicional (y la erudicción más reciente está volviendo a este punto de vista) es temprana, probablemente entre el 64 y 67. La omisión de alguna referencia a la destrucción de Jerusalén en el libro y el hecho de que es citado autoritativamente por Clemente de Roma en

[5] W. R. Newell, *Hebrews Verse by Verse* (Chicago: Moody Press, 1947), p. 188.
[6] W. R. Smith and H. von Soden, "Hebrews" *Encyclopaedia Biblica* (New York: Macmillan, 1914), p. 1993.

el 95 argumenta en contra de una fecha tardía. Hay una conjetura interesante basada en el capítulo 3 y el Salmo 95 que describe una analogía entre los cuarenta años de peregrinación de los hijos de Israel en el desierto y el presente estado de los Hebreos quienes se estaban acercando al cuadragésimo aniversario de la muerte de Cristo. Por supuesto, esto apoya una fecha sólo un poco antes del 70.

VI. Las Circunstancias Doctrinales de los Lectores

A. *Las Circunstancias Generales*

Aunque se revela bastante acerca de las circunstancias históricas, físicas y espirituales de los hebreos, es su situación doctrinal la que forma una parte vital del trasfondo para el estudio de la teología del libro. Por ejemplo, sabemos que esta gente estaba en una posición para ser generosa (6:10), que algunos de ellos habían sido expuestos a la persecución (10:32; 12:3; 13:3), que era la segunda generación de cristianos (2:3; 13:7), y que habían fracasado en crecer espiritualmente en proporción al tiempo que tenían de ser creyentes (5:12, 6:1; 10:25).

B. *Las Circunstancias Específicas*

Pero la circunstancia doctrinal en que esta gente se encontraba podría describirse como un descarrío religioso. Habían hecho su confesión de Cristo. Ahora se estaban alejando de sus convicciones, y eran exhortados a sostenerse firmes a su confesión original. Las circunstancias del abandono de esas convicciones son descritas vívidamente por el escritor mediante el uso de términos náuticos. En 2:1 los exhorta a ser cuidadosos a no ser que se deslicen, pierdan sus ligaduras, y sean llevados por la corriente del mar. En 3:6 los anima a asirse con firmeza hasta el fin. En 6:19 declara que la esperanza es un ancla para el alma, segura y firme. En 10:38 se advierte a los lectores del peligro de retroceder: literalmente, acortar las velas. En 11:27, Moisés es puesto como ejemplo de alguien que se sostuvo o se mantuvo firme en su curso. En 13:9 aparece la advertencia contra el peligro de ser arrastrado o ahogado por la corriente o marea. El nivel espiritual de esta gente estaba bajo, porque se apartaba de Cristo. Los creyentes son advertidos contra esto.

C. *Las Causas y las Curas*

Con igual claridad el autor establece las razones para este alejamiento.
1. *El formalismo.* Siempre está presente en la vida religiosa el pe-

ligro de contemplar la religión como el cumplimiento de ciertos actos externos. Esto habían hecho los hebreos, morando en las sombras y no en la substancia (10:1-4). La cura para esto es darse cuenta de que la esencia de la adoración es un encuentro directo con Dios.

2. *La familiaridad.* Evidentemente esta gente eran cristianos de larga tradición, pero espiritual e intelectualmente habían crecido lentamente (2:3; 5:11-12; 6:12). Habían perdido su primer amor y la familiaridad con su fe estaba generando orgullo en sus vidas. La cura para ese mal era ver el esplendor y la grandeza de la fe personal. Esto involucra retener cuidadosamente las cosas aprendidas (2:1) y meditar diariamente en las maravillas del Salvador (12:3). El romance de la ortodoxia solamente es cultivado yendo a Belén, al Calvario, y a la tumba. El estancamiento se vence sólo siguiendo adelante, porque no existe sobre la tierra un cristiano perfecto. El conocer a Cristo no es una proposición finalizada como conocer un teorema geométrico.

3. *La persecución.* Algunos de los lectores evidentemente habían sido sometidos a persecución, y esto había entorpecido el ánimo de otros. La Epístola fue escrita en el mismo tiempo cuando miles de cristianos perecían bajo la persecución de Nerón, y aunque esta gente no había sido perseguida hasta la muerte, el peligro creciente estaba obstaculizando su crecimiento espiritual. Por eso el escritor prescribe paciencia (12:1, 13) — de la clase que se produce al recordar el propio pasado (6:10; 10:32; 13:7), los ejemplos de la fe en el Antiguo Testamento (11), y los sufrimientos del Señor (12:2; 13:12).

4. *El compromiso.* La sutileza del compromiso había invadido la vida de algunos creyentes. Para algunos significaba involucrarse en doctrinas extrañas (13:9) mientras para otros no era un asunto de doctrina sino un descenso de las normas éticas (10:33). Necesitaban recordar que la verdad es la misma (13:8), aunque nunca se hace monótona.

Si se quisiera buscar en la Epístola una síntesis de la cura para el deslizamiento religioso se encontraría en la llamada del autor a una renovación del compromiso en 13:13: "Salgamos, pues, a él, fuera del campamento, llevando su vituperio". Fuera del campamento quiere decir no sólo fuera del ritual del judaismo, sino también de la seguridad provista por el judaísmo. El campamento en el desierto era un oasis de seguridad, mientras el camino a Canaán estaba lleno de peligros desconocidos e insospechados. Algunos querían quedarse en el campamento en lugar de proseguir a la tierra prometida. Así estaba sucediendo con el pueblo de Dios bajo el Nuevo Pacto. Quedarse dentro de un campamento estático es más atractivo que salir al mundo, llamando a otros a seguir a Cristo, y avanzar en la vida y el crecimiento espiritual. El llamado es a una fe agresiva y progresiva en medio de un mundo que rechaza a Cristo. El desligarse era el peligro en el cual esta gente estaba sumergida. Las causas también son todas prevalecientes en la vida de la Iglesia en todo tiempo y región, pero la cura es tan efectiva hoy como lo fue entonces.

Capítulo II

TEOLOGIA PROPIA Y CRISTOLOGIA

El concepto que una persona tiene de Dios constituye el elemento controlante de su teología. Indudablemente la Cristología de Hebreos es uno de los temas teológicos centrales del libro. Pero antes de examinar lo que el autor enseña de esa doctrina, debe examinarse de una forma breve lo que dice acerca de las otras personas de la Deidad.

I. La Idea de Dios

A. Es un Dios Viviente (3:12; 9:14; 10:31; 12:22)

La estructura gramatical de las cuatro referencias carece de artículo, enfatizando el carácter de Dios como un Ser viviente. El hombre puede alejarse de El, servirlo, depositarse en sus manos, o entrar en su ciudad.

B. Tiene su Trono en las Alturas (1:3; 8:1)

En ambas referencias "majestad" parece ser un nombre sinónimo de Dios, y como tal tiene su trono en el Cielo.

C. El Es Energía Santa (12:29; 4:12-13; 12:14)

El fuego no es usado en la figura como una descripción de la forma en que Dios se autorevela, sino que describe su propia naturaleza. Como tal quema todo lo que es indigno en aquellos que le sirven.

D. El Es Señor (8:2, 11)

La idea del Antiguo Testamento expresada por *Adonai,* un plural posesivo, se reitera aquí. La majestad y señorío son las dos ideas descritas por esta palabra.

E. *El Es Absolutamente Justo*

Como lo emplea el escritor de Hebreos, este concepto incluye las ideas de castigo (2:2), recompensa (6:7, 10), y fidelidad (10:23; 11:11). Todo lo anterior expresa los conceptos de Dios en el Antiguo Testamento y muestra cuán profundamente enraizada allí estaba la propia idea del autor.

F. *El Es un Dios de Paz* **(13:20)**

El viene a ser el autor y dador de la paz cuando el camino de acceso a El es abierto a través de la sangre. El Dios inaccesible — generalmente hablando — del Antiguo Testamento ha abierto el camino a través de la dádiva de Su Hijo y ha traído paz al hombre.

G. *El Es Amor* **(12:5 ss)**

Este aspecto del carácter de Dios se menciona en conexión con la corrección del creyente.

II. EL ESPIRITU SANTO

A. *Su Deidad*

La deidad del Espíritu Santo se ve en las siguientes formas:

1. *El es llamado Dios.* En 4:4 ss. las mismas palabras atribuídas a Dios son las adscritas al Espíritu Santo en 3:7 ss. De manera que el Espíritu Santo debe ser Dios.

2. *El ejecuta las obras de Dios.* El Espíritu fue quien dio las Escrituras (3:7; 9:8; 10:15) y mora en los creyentes (6:4).

3. *Es posible blasfemar contra el Espíritu* (10:29).

B. *Su Obra*

1. *El da dones* (2:4). A la primera generación de cristianos se les dieron dones del Espíritu Santo (este es el genitivo subjetivo) que los capacitaron para realizar actos extraordinarios.

2. *El es el Autor de la Escritura* (3:7; 9:8; 10:15). Esta es la obra del Espíritu más frecuentemente mencionada en Hebreos, y es característico del libro que el origen de las Escrituras se atribuye al autor divino y no a los autores humanos.

3. *El mora en los creyentes* (6:4). Ya que la palabra *partícipes* es la misma que se usa en 12:8 significa más que simplemente "estar de acuerdo con". "Subraya más que el simple hecho de la participación (c. vii. 13: 1 Co. x. 17). Deja ver el hecho de un carácter personal ganado; y ganado en un desarrollo vital".[1] Participar del Espíritu es poseerlo.

4. *El da gracia* (10:29). La gracia encuentra expresión a través del Espíritu.[2] Deben hacerse algunas observaciones generales concernientes a esta doctrina. (1) Las siete referencias que aparecen en todo el libro dejan de manifiesto que el Espíritu Santo está en el trasfondo de Hebreos, y el Hijo está en el primer plano. (2) La convicción de pecado que en cualquier otra parte del Nuevo Testamento se adscribe particularmente al Espíritu, en Hebroes se hace un asunto de relación entre el pecador y un Dios viviente. Esto es cierto tanto de no creyentes (3:12; 10:31) como de creyentes (9:14; 12:22). (3) La santificación que generalmente se considera con relación al Espíritu, en Hebreos es primeramente la separación para Dios efectuada por la muerte de Cristo (10:10, 14; 13:12).

III. LA CRISTOLOGIA DE HEBROES

La Cristología de Hebreos —uno de los temas centrales del libro— es desarrollada más incidental que sistemáticamente como un resultado de las advertencias del libro en contra de deslizarse y la afirmación de las glorias del Nuevo Pacto. La preocupación del escritor por el peligro de que sus lectores se alejasen de Cristo, el mediador del Nuevo Pacto, traería naturalmente, en el curso de su mensaje, una exposición completa, aunque no sistemática, de la doctrina de Cristo.

A. Los Nombres y Títulos de Cristo

1. *Sus nombres*

a. *Cristo.* Este es el nombre del Señor más frecuentemente usado en Hebreos (como en los escritos de Pablo). Cuando se usa sin artículo es un nombre propio (3:6; 9:11, 24), mientras que la presencia del artículo

[1]B. F. Westcott, *The Epistle to the Hebrews* (London: The Macmillan Co., 1892), p. 149.
[2]Algunos añadirían una quinta obra del Espíritu, a saber, el papel que él jugó en la muerte de Cristo (9:14). Sin embargo, en el mejor de los casos es una referencia debatible al Espíritu, porque más bien podría decirse que se refiere al espíritu humano de Cristo (cf. Westcott, *op. cit.,* pp. 261-62).

generalmente incorpora la idea de su oficio como Mesías (3:14; 5:5; 6:1; 9:14, 28: 11:26).

b. Jesús. El nombre humano se usa ocho veces en la epístola (2:9; 3:1; 6:20; 7:22; 10:19; 12:2, 24; 13:12), y en cada caso provee la clave para el argumento del pasaje en el cual se encuentra. Por ejemplo, en 2:9 ss. se nos dice que el dominio perdido del hombre será recobrado en Jesús el Hijo del Hombre. En otros ejemplos está relacionado con su sacerdocio y la necesidad de una humanidad perfecta y glorificada.

c. Otros nombres de Cristo usados en Hebreos que son comunes con el resto del Nuevo Testamento son Señor Jesús (13:20), Jesucristo (10:10; 13:8, 21), Jesús el Hijo de Dios (4:14) y Señor (2:3; 7:14).

d. Sin embargo, un distintivo particular de esta Epístola son los tres nombres dados a Cristo. (1) Hijo (1:2, 5, 8; 3:6; 5:5, 8; 7:28). Con la excepción de 1:8 la forma siempre es sin el artículo a fin de fijar la atención de los lectores sobre la naturaleza, y no la personalidad, del Hijo. El escritor se refiere a alguien cuyo carácter es el de un Hijo. (2) Hijo de Dios (6:6; 7:3; 10:29). Esta es una designación formal de la segunda Persona. (3) Sacerdote y sumo sacerdote (5:6; 7:3, 11, 17, 21; 8:4; 10:21; 2:17; 3:1; 4:14-15; 5:10; 6:20; 7:26; 8:1; 9:11). La frecuencia de este nombre se deriva del tratamiento sistemático de la doctrina del sacerdocio de Cristo.

2. *Los títulos.* Los títulos distintivos de Hebreos son todos soteriológicos. Ellos son: mediador del Nuevo Pacto (8:6; 9:15; 12:24); Fundamento de eterna salvación (5:9); autor de eterna salvación (2:10); precursor (6:20); apóstol y sumo sacerdote de nuestra profesión (3:1); gran pastor de las ovejas (13:20) y primogénito (1:6).

B. *La Preexistencia de Cristo*

La doctrina de la preexistencia de Cristo está relacionada con la de su deidad, y está, a su vez, vinculada estrechamente con la doctrina del sacerdocio, la cual es muy importante en esta Epístola. Por lo tanto, la prueba de la preexistencia ocupa un lugar importante en la teología del escritor.

1. *Probada por las obras de Cristo.* Cristo estaba activo antes de la encarnación; por lo tanto, era preexistente. El es quien hizo las edades (1:2) y es el continuo sustentador de todas las cosas (1:3).

2. *Probada por la eterna generación de Cristo* (1:5-6; 5:5; cf. 7:3). Este es el argumento realmente decisivo para la preexistencia. No hay duda acerca del significado de generación en estos textos; la interrogante

surge en cuanto al significado de "hoy". En el Salmo dos, de donde se toman las citas, el engendramiento se conecta con el día del decreto. Así que si se acepta que el decreto es eterno debe concluirse que el engendramiento del Hijo también fue eterno. Sin embargo, se argumenta de 5:5-6 que la generación eterna no se contempla aquí, sino por el contrario la declaración de Hijo por la resurrección, ya que el versículo 6 se refiere al sacerdocio de Melquisedec. Sin embargo, el énfasis del pasaje está en Aquel que declara, es decir, Dios, porque Dios quien declaró la generación eterna del Hijo (v. 5) también designó a ese Hijo como sacerdote (v. 5).

3. *Probado por el origen celestial de Cristo* (10:5-7). El pasaje tiene poco sentido a no ser por el hecho de que alguien preexistente vino al mundo y se le preparó un cuerpo.

Cualquier cosa que pensemos acerca de estos textos, es claro que el autor consideró al Hijo como preexistente o eternamente engendrado. La única manera de escapar a esta conclusión es anular arbitrariamente el significado de "hoy" en 1:5 y 5:5. Pero tal acción haría que el teólogo bíblico fuese infiel a su tarea.

C. La Deidad de Cristo

Si la preexistencia es el primer paso, la deidad es el segundo paso hacia la importante doctrina del sacerdocio de Cristo. Las pruebas para la deidad de Cristo son presentadas no de manera sistemática sino más bien incidentalmente, pero el abrumante número de ellas muestran cuán profundamente enraizado estaba el concepto en la mente del autor.

1. *Probada por Sus nombres.* Estos nombres ya se han discutido, pero debe recordarse que constituyen una prueba de la deidad. Nótese especialmente los nombres de *Hijo de Dios, primogénito, Señor, autor de eterna salvación,* y *gran pastor de las ovejas.*

2. *Probada por Sus atributos y características.*

a. Resplandor de su gloria (1:3). Se dice del Hijo que en su naturaleza esencial es el resplandor de Dios no en el sentido de un reflejo, sino de una fuerza brillante, lo cual significa que El tiene la capacidad propia de brillar. La gloria de Dios es la manifestación de los atributos de Dios, y ya que Cristo los manifiesta en y de sí mismo, El debe de ser Dios.

b. Imagen (1:3). El Hijo es la imagen expresa de la esencia de Dios; por lo tanto El es Dios.

c. Omnipotencia (1:3, 13). Todas las cosas son sustentadas por El — algo que un mero hombre no puede hacer.

d. Impecabilidad (4:15; 7:26). Cristo fue santo, sin pecado, inmaculado, y separado del contacto con los pecadores. El no tenía naturaleza pecaminosa (4:15 — separado del pecado) lo que significa que poseyó una naturaleza humana diferente a la que nosotros poseemos. Eso no quiere decir, sin embargo, que sus tentaciones no fueron reales. En verdad fueron más reales que las nuestras, porque El pudo haber convertido las piedras en pan, por ejemplo, cosa que nosotros no podemos hacer. El fue tentado debido a su semejanza a nosotros al hacerse carne, pero no en cada particular en el que nosotros somos tentados. Hay aspectos de la humanidad de Cristo donde parece estar más cerca de nosotros, pero verdaderamente es donde está más lejos. En aspectos de su deidad, sin embargo, donde parece estar más lejos de nosotros, está más cerca. El fue absolutamente santo y, por consiguiente, incapaz de pecar.

e. Inmutabilidad y eternidad (1:12; 13:8). Todo cambia pero El es el mismo para siempre.

3. *Probada por Sus obras.* También se atribuyen obras al Hijo que sólo pueden ser hechas por Dios; por lo tanto, El debe ser Dios. Por ejemplo, El es el Creador (1:2, 10; 11:3) y el sustentador de todas las cosas (1:3, 12); El es el autor de la salvación para los hombres (2:10; 5:9; 7:25; 9:12); El es el libertador del poder de la muerte (2:14-15); El destruyó al Diablo (2:14-15); y El es quien santifica (2:11; 9:13-14; 13:12).

4. *Probada por la adoración que se le da.* Tanto hombres como ángeles adoran al Hijo (1:6; 13:20-21), reconociendo que El es Dios.

Deben hacerse algunas observaciones concernientes a las pruebas de la deidad del Hijo. (1) Son inclusivas en su número. Todas las pruebas generales se hallan en esta Epístola. (2) Son concluyentes porque están basadas en muchas referencias que establecen cosas que sólo pueden ser ciertas de Dios. (3) Están esparcidas a través de todo el libro de Hebreos. Por lo tanto, estos hechos muestran no sólo la deidad de Cristo, sino también el lugar primordial que esa doctrina ocupaba en la mente del autor.

D. *La Humanidad de Jesús*

Aunque generalmente se piensa que este libro enfatiza la deidad de Cristo, contiene mucho acerca de Su humanidad. También es interesante (especialmente si el autor no fue un testigo ocular) el elevado número de referencias hechas en la Epístola a los hechos de la vida terrenal de Cristo. Su encarnación (2:14, 17), descendencia (7:14), persecución (12:3), agonía en Getsemaní (5:7), la crucifixión (13:12), resurrección (13:20) y ascención (1:2-3); todos estos sucesos son mencionados. 1. *Su naturaleza humana fue real.* El autor demuestra la realidad de la humanidad de Cristo a través de las referencias a muchos rasgos humanos que se exhibían en Cristo. Dependía de Dios (2:13); manifestó misericordia y fidelidad (2:17), era humilde (5:5); era reverente (5:7); oró en dependencia de Dios (5:7); fue obediente (5:8; 10:7); se desarrolló en madurez (5:8); participó de carne y sangre (2:14); y fue el epítome de la vida de fe (12:2). En todas estas características reflejó una humanidad real.

2. *Su naturaleza humana fue compartida en común con el hombre.* Porque El era humano compartió ciertas cosas con toda la humanidad. Tomó sobre sí mismo nuestra naturaleza débil (4:15). Esto lo sujetó a sufrimientos (5:8; 12:3; 13:12), dolor (5:7; 4:15; 12:2), tentaciones (2:18; 4:15), y a la la muerte (2:14). Sólo la gracia puede explicar el hecho de haber tomado la naturaleza del hombre y compartir las consecuencias resultantes.

3. *Su naturaleza humana era perfecta.* Cristo era humano pero no como lo somos nosotros, porque su humanidad era perfecta. El autor es cuidadoso en afirmar esto y relacionarlo a su naturaleza esencial (7:26; 4:15). Además, la naturaleza humana perfecta del Señor se demostró a través de su sufrimiento y disciplina (2:10; 5:7; 7:28).

E. La Superioridad de Cristo

"Todo lo que el autor dice acerca de Cristo tiene como su presuposición que El es el Hijo Divino".[3] Esto se destaca al mostrar su superioridad específica. Esta es una parte necesaria del argumento del escritor al mostrar la superioridad del mejor pacto, porque la supremacía del pacto incluía la supremacía de su mediador:

> Sin embargo, el autor no está contento con una exposición general de la soberanía de Cristo como Revelador de Dios. Porque su interés es mostrar cómo la última revelación obscurece y hace antigua la primera. Por lo tanto, presenta un contraste en detalle entre el nuevo y último Mediador entre Dios y los hombres, y los mediadores temporales a quienes los lectores se sentían inclinados a dar indebida importancia.[4]

[3]H. A. A. Kennedy, *The Theology of the Epistles* (London: Duckworth, 1919) p. 202.
[4]*Ibid.*, p. 203.

Primero, muestra cómo Cristo es superior a los profetas del Antiguo Testamento (1:1-3). No es que esos profetas fueran despreciados, porque Dios sí habló a través de ellos, pero existían dos limitaciones. La revelación a través de los profetas no era final (porque la revelación fue progresiva a través de los períodos de la historia de Israel) ni completa (porque sólo Cristo es el resplandor de la gloria de Dios).

Segundo, muestra la superioridad del Hijo sobre los ángeles (1:4-2:18). Nuevamente, no es que haya menosprecio de los ángeles, sino que el autor simplemente apunta las diferencias. Los ángeles adorarán al Hijo (1:5-6); por lo tanto, El debe ser superior a ellos. Los ángeles estaban interesados en la dádiva de la Ley, pero Cristo trajo gracia a los hombres (2:1-4). Los ángeles nunca podrían traer a los hombres, como lo hizo el Hijo, la nueva relación de hermanos (2:5-8), la nueva liberación del temor de la muerte (2:14-16), o la nueva redención del pecado (2:17-18).

Tercero, muestra la superioridad de Cristo sobre Moisés (3:1-4:13). La diferencia es comparable a la que existe entre el edificio y el Constructor, entre el siervo y el Hijo, el discípulo y el Maestro, lo provisional y lo permanente. Se le concede un alto honor a Moisés pero es relagado a la sombra a causa de la luz del Hijo.

Finalmente, el autor hace un contraste entre Cristo y los sacerdotes del Antiguo Testamento. Nuevamente él no minimiza su valiosa función, pero ellos también fueron deficientes en comparación con el sacerdote de Dios según el orden de Melquisedec. Ellos eran mortales y pecadores, su santuario era inadecuado, y sus sacrificios insuficientes.

El autor está buscando en todos estos contrastes fortalecer la lealtad de sus lectores a Cristo el Mediador del Nuevo Pacto.

F. Los Oficios de Cristo

La atención principal del libro se centra en el oficio del sacerdocio de Cristo, el cual será discutido completamente más adelante. Los oficios de profeta y rey se mencionan aunque brevemente. Como profeta (1:2) el Hijo habla en este período presente de la historia. Como Rey será adorado por los ángeles cuando venga otra vez (1:6).

G. La Exaltación de Cristo

El tema principal de la Epístola en esta área se relaciona con el sacerdocio de Cristo por el énfasis que el escritor pone en el ministerio presente del Señor a la diestra de Dios (1:3; 8:1; 10:12; 12:2). La resurrección se menciona específicamente sólo en un lugar (13:20) aunque obviamente está implicada en todos los pasajes que tratan con la posición presente del Señor. La ascensión se menciona con alguna frecuencia porque es la entrada para el ministerio sumosacerdotal presente (4:14; 6:20; 9:11, 24). Incluye traspasar los cielos y entrar en el Cielo mismo (4:14). Ya que la Teología Bíblica se interesa en descubrir el pensamiento del escritor cuya obra se estudia, es evidente que el escritor de Hebreos sostuvo la misma "alta Cristología" — como se le ha llamado — como Pablo y Juan. Es decir, él reconoce que el Señor es tanto humano como divino y no vacila en aplicarle los títulos de Dios y Señor a Jesús — títulos que eran perfectamente familiares a él como designaciones de la deidad. Como quiera que otros podrían intentar pasar por alto estas conclusiones,[5] este fue el pensamiento evidente del autor; y descubrir eso, no la opinión de los intérpretes, es la tarea de la Teología Bíblica.

<hr>

[5]Como Beyschlag, *New Testament Theology* (Edinburgh: T & T. Clark. 1899), II, 313-15.

Capítulo III

EL SACERDOCIO DE CRISTO

Las doctrinas de la Cristología y la del sumo sacerdocio están vitalmente interrelacionadas en la Epístola a los Hebreos. En ninguna otra parte del Nuevo Testamento se asigna a Cristo los títulos de *sacerdote* o *sumo sacerdote* (aunque la idea ciertamente está presente en pasajes tales como Juan 17 y Apocalipsis 1). La doctrina del sacerdocio de Cristo es sobresaliente en la Epístola, e indudablemente la mayoría de los lectores del libro piensan en esto primero que todo. En las circunstancias históricas que hicieron necesaria la Epístola esa era la doctrina más importante acerca de la cual el autor escribe, porque esa verdad no había sido percibida, o tal vez era nueva, a los creyentes a quienes escribe. Aunque habían confiado en la obra de abogacía de Cristo, la completa comprensión de la naturaleza sacerdotal de esa obra del ministerio presente del sacerdote no había penetrado en sus consciencias. Esto es casi una paradoja, porque debió haber sido este mismo aspecto de la verdad de la obra de Jesucristo lo que atrajera a estos creyentes particularmente, porque con su trasfondo en el Antiguo Testamento habían estado acostumbrados a pensar en las funciones sacerdotales. Y aún así éstas eran las cosas en las cuales habían dejado de ver en su Salvador.

La enseñanza concerniente a la persona del sumo sacerdote se encuentra principalmente en la sección de 4:14 al 7:28. Sin embargo, las referencias a su obra están dispersas a través de toda la Epístola. En toda esta sección es obvio que los sistemas sacrificiales judíos facilitaron el trasfondo para la presentación de la obra de Cristo.

El sistema sacrificial judío pertenecía al mundo de las sombras y símbolos; el sacrificio de Cristo pertenece al mundo de la realidad espiritual eterna. Las palabras por medio de las cuales se describe son judías, pero el escritor realiza todos los esfuerzos posibles para hacer que sus lectores entiendan

213

que son usadas con un significado más alto que el judío. El ve en la muerte de Cristo una riqueza de la verdad divina de la que los sacrificios veterotestamentarios sólo podían ser una leve sombra.[1]

I. LOS REQUISITOS PARA EL OFICIO DE SUMO SACERDOTE (5:1-10)

A. *Tenía que Ser un Hombre* (v. 1)

La encarnación de Cristo lo calificó para servir, porque mediante esta tomó sobre sí mismo la naturaleza del hombre.

B. *Tenía que Ser Compasivo* (v. 2).

Aunque la Ley Mosaica no establecía específicamente esta cualidad, es inherente en la tarea del sacerdote juzgar a la gente en asuntos concernientes al pecado. En esto el sacerdote tenía que manifestar compasión y amabilidad porque él estaba sujeto a las debilidades inherentes en su naturaleza.

C. *Tenía que Ser Escogido por Dios* (vv. 4-6)

Escrito en los días cuando los sumo sacerdotes eran escogidos descuidadamente sobre la base de consideraciones políticas, esta declaración era muy significativa. Cristo calificó porque el Dios quien eternamente lo engendró también lo escogió como sacerdote para siempre. La cita del Salmo 2 testifica de la autoridad, no del tiempo, del llamamiento de Dios a Cristo para ser un sacerdote.

D. *Tenía que Estar Preparado* (vv. 7-8)

Ya que los hombres sufren, necesitan un sumo sacerdote compasivo, y ya que la compasión sólo puede ser genuinamente ejercida por uno que ha sufrido, nuestro Señor tuvo que aprender a sufrir y obedecer. No hay evidencia de que Cristo se hubiera reído, aunque en estos versículos hay una de las muchas menciones de su llanto.

---

[1]G. B. Stevens, *The Theology of the New Testament* (London: Richard B. Dickinson, 1894), p. 512.

II. EL ORDEN DEL SACERDOCIO DE CRISTO

A. *El Asunto del Sacerdocio de Melquisedec*

La cuestión se centra en que el sacerdocio de Cristo es según el orden de Melquisedec, no el Aarónico. El escritor de Hebreos no ofrece prueba alguna para esto, excepto la cita del Salmo 110. (Esto muestra nuevamente el alto concepto que tenía de la inspiración y autoridad de la Palabra). Para los lectores judíos esta era una evidencia suficiente. Este hecho lo capacita para decir que Cristo pertenece a otra clase de sacerdocio (7:15). El énfasis está en la personalidad del sacerdote y no en el cumplimiento de las funciones. Esta revelación de un orden de sacerdocio distinto tiene dos ramificaciones: (1) explica el porqué se dicen sólo ciertas cosas acerca de Melquisedec, por ejemplo, de modo que Cristo pudiese ser comparado exactamente con él, y (2) borra las distinciones artificiales comunmente sugeridas en lo que respecta a los sacerdocios aarónico y de Melquisedec. No es que Cristo era un sacerdote en su persona según el orden de Melquisedec y en su obra según el orden de Aarón. El nunca fue en ningún sentido un sacerdote según el orden de Aarón ni lo podría ser. Algunas de las cosas que hizo fueron anticipadas en el sistema aarónico, de modo que algunas de las características del orden de Aarón son legítimamente tipos de las funciones sacerdotales de Cristo, pero eso es una cosa muy diferente a decir que Cristo es un sacerdote según el orden de Aarón.

B. *El Retrato de Melquisedec* (7:1-3; Gn. 14).

El escritor establece ciertos hechos concernientes a la vida de Melquisedec y luego dice que fue "hecho semejante al Hijo de Dios" (v. 3). La forma gramatical de la frase "hecho semejante" no es un adjetivo como si Melquisedec fuera como Cristo en Su ser (lo que podría prestar apoyo a la idea de que él fue una teofanía), sino un participio lo cual significa que la semejanza está en la declaración del escritor bíblico. La comparación es entre Cristo y la revelación limitada dada concerniente a Melquisedec, lo cual específicamente concierne a la aparición de Melquisedec en el sacerdocio y no a la manera o naturaleza de su nacimiento o vida. El retrato es limitado a fin de que el parecido pueda ser amplio.

C. *Las Particularidades del Sacerdocio de Melquisedec*

En la comparación de Melquisedec con Cristo ciertas particularidades concernientes al sacerdocio de Melquisedec sobresalen.

1. *Era real.* La línea de sacerdotes que venían de Aaron eran sólo sacerdotes, pero Melquisedec era tanto rey como sacerdote.

2. *Era individual.* Hasta donde se sabe, Melquisedec aparece sin mención de padre o madre. La ascedencia era innecesaria para justificar sus demandas de ser un sacerdote, porque su designación era independiente de las relaciones humanas. Eso no era así con los sacerdotes aarónicos quienes necesitaban demostrar su ascedencia (Esdras 2:61 ss., Neh. 7:64).

3. *Era sin principio de días.* Nuevamente el registro no menciona el comienzo o fin de la vida de Melquisedec, anticipando a Aquel que permanece sacerdote para siempre según el orden de Melquisedec.

4. *Era inclusivo.* Melquisedec era un sacerdote del Dios Altísimo, un nombre que asocia a Dios con toda la gente. El era, evidentemente, uno de los últimos sacerdotes de su clase, porque era un contemporáneo de Abraham, el progenitor del exclusivo sacerdocio aarónico que sólo ministró a una nación.

En todas estas particularidades también Jesús es un sacerdote, porque también es un Rey, Su sacerdocio se basa sobre sus propios méritos, es eterno, y afecta a todo aquel que venga a Dios a través de El.

D. *La Preeminencia del Sacerdocio de Melquisedec*

Habiendo establecido el orden al cual pertenece Cristo, el escritor procede a demostrar que el sacerdocio de Melquisedec es de un orden superior.

1. *La prueba de la superioridad.* Esta prueba es doble. Ya que Melquisedec bendijo a Abraham, asumió la posición del superior (7:7). Es notable que esto sucedió en la cumbre de la carrera de Abraham. Ya que Melquisedec tomó los diezmos de Abraham, su sacerdocio es superior al del orden Aarónico. La descripción que el autor presenta al respecto es una verdad notable.

Contempla generación tras generación del sacerdocio levítico durante todo el período de la economía Mosaica pasando ante El, y ejerciendo los privilegios de su orden divinamente señalados. Cada generación es mantenida por sus diezmos; y como, hombre tras hombre, cada miembro del sacerdocio muere, otro viene a ocupar su lugar, demanda sus derechos, y es honrado con la sumisión cuidadosa de la gente a sus demandas. Pero en medio de todo este cambio, exaltado sobre todo esta fragilidad, observa otra figura, un sacerdote venerable de una clase diferente . . . el Melquisedec quien es la sombra del venidero Sumo Sacerdote de la dispensación

final de la gracia de Dios, flotando como en una atmósfera celestial, no
terrenal, y recibiendo diezmos del padre de la fe de todos los tiempos . . .²

2. *Los Aspectos de la superioridad.*
    a. El sacerdocio es nuevo y mejor (7:15; cf. 7:7, 19, 22; 8:6). Si el
escritor puede hacer que sus lectores vean esto, puede entonces hacer
que vean el cambio que ha sucedido en la Ley Mosaica.
    b. El sacerdocio es indisoluble (7:16). El sacerdocio mosaico depen-
día de una generación humana natural para sostenerse. El sacerdocio de
Cristo según el orden de Melquisedec estaba basado en una vida
indisoluble.
    c. El sacerdocio es inviolable (7:24). Literalmente, la palabra *in-
violable* significa que nadie puede profanar el sacerdocio de Cristo. Ya
que El es completo en sí mismo, también es capaz de salvar completamente (v. 25).
    d. El sacerdocio es eterno (7:20-28). Dios ha afirmado eso con un
juramento (vv 20-22), y lo aseguró mediante la resurrección (vv 23-24).
    e. El sacerdocio está basado en un mejor pacto (8:6; 6:13). El sa-
cerdocio aarónico estaba relacionado con un pacto dependiente de condiciones; la obra de Cristo es incondicional.
    f. El sacerdocio está relacionado a una esfera mejor. El Antiguo
Testamento y todos sus servicios pertenecían a la esfera de lo típico; el
Nuevo Testamento con su sumo sacerdocio pertenece a la esfera de la
realidad (2:10; 4:14; 6:20; 8:1-5). Los sacerdotes aarónicos ministraban
en un santuario terrenal; Cristo ministra en el santuario celestial.

III. EL NUEVO PACTO

La idea de pacto se menciona frecuentemente en la Epístola. El Antiguo Pacto con Israel, la Ley Mosaica, figura en la discusión concerniente
al tabernáculo (9:1-10). El Nuevo Pacto con Israel profetizado por Jeremías (31:31-34) es prominente en la discusión del capítulo 8. Se habla
de un mejor pacto en 8:6 y 7:22 y del pacto eterno en 13:20. Jesús es el
Mediador del Nuevo Pacto (9:15; 12:24) por causa del derramamiento
de su sangre, con lo cual lo ratificó (9:16-20).
    El punto principal del autor es claro: estos creyentes judíos no debían
de seguir contemplando el pacto Mosaico con sus servicios y sacerdocio,
porque ahora tenían algo mejor en Cristo. Lo que el pacto antiguo tenía

---

²G. Milligan, *The Theology of the Epistle to the Hebrews* (Edinburgh: T. & T. Clark,
1899), p. 118.

que hacer repetidamente sin poderlo completar, Jesús lo hizo una vez y para siempre. Su muerte, la base necesaria para el establecimiento del Nuevo Pacto, había traído promesas superiores a las del judaísmo. Lo antes expresado es bien claro. Lo que se debate es el propósito del autor en citar Jeremías 31 en el capítulo 8. Los amilenaristas dicen que esto prueba que él esperaba que la Iglesia cumpliera estas promesas hechas originalmente a Israel, anulando así la necesidad de una futura era milenial. Algunos premilenaristas ven a la Iglesia dentro de las bendiciones del Nuevo Pacto con Israel. Otros premilenaristas dicen que hay sólo un nuevo pacto y ése es con Israel, pero que las promesas de la Iglesia están basadas en la *sangre* del Nuevo Pacto, no en el Nuevo Pacto mismo. Esta interpretación no encontraría muchas dificultades en Hebreos pero sí las encontraría con la interpretación de II Corintios 3. La otra interpretación premilenial reconoce un Nuevo Pacto con Israel en cual aún tendrá su cumplimiento en el milenio y un Nuevo Pacto con la Iglesia, ambos basados en el sacrificio de Cristo. El Nuevo Pacto con la Iglesia es ese mejor pacto del cual habla el autor. En cualquier caso, la profecía de Jeremías se cita en el capítulo 8 a fin de enfatizar que aun el Antiguo Testamento predijo el fin del pacto Mosaico. El punto que el autor desea subrayar aparece claramente en su conclusión: "Al decir: Nuevo Pacto, ha dado por viejo al primero" (v. 13). Por el hecho de que Dios a través de Jeremías había dicho que haría un Nuevo Pacto había hecho a la Ley Mosaica vieja aun antes del tiempo de Cristo. El Nuevo Pacto bajo el cual es bendecida la Iglesia no es el mismo que aquel que Jeremías prometió, porque ese aún está por cumplirse en la casa de Israel y la de Judá tal como se profetizó.[3]

IV. LA OBRA DEL SUMO SACARDOCIO DE CRISTO

Ya se ha señalado que Cristo, siendo un sacerdote según el orden de Melquisedec, nunca podría relacionarse con el orden aarónico. Aun aquello que hizo fue hecho según el orden del sacerdocio de Melquisedec. Sin embargo, las funciones sacerdotales del orden aarónico pudieron anticipar y tipificar aquellas cosas que Cristo, el sacerdote según Melquisedec realizó a plenitud. Cristo puede cumplir y en efecto cumplió los tipos aarónicos, pero El, como cumplidor de dichos tipos, no tiene ninguna otra relación con este orden. Aun al cumplir los aspectos tipológicos de

[3]Para una mayor discusión y referencia véase mi obra, *The Basis of the Premillennial Faith* (New York: Loizeaux, 1953), pp. 105-25.

la obra de los sacerdotes aarónicos, la obra de Cristo fue diferente porque no ofreció ninguna cosa para sí mismo y la ofrenda de sí mismo fue de una vez y para siempre.

A. *El Trasfondo de la Obra Sumo Sacerdotal*

En el trasfondo de 8:1-9:18 el escritor contempla al sumo sacerdote judío en el momento de su mayor gloria, cuando aparecía delante de toda la gente en el Día de Expiación. Este era el gran día, acompañado por el único ayuno prescrito por la Ley para Israel en el que se seguía cierto ritual cuidadosamente como se establecía en el Antiguo Testamento y acompañado de ciertas prácticas tradicionales en los tiempos de Cristo (Lev. 16). En el ritual, como se practicaba entonces, el sumo sacerdote empezaba los actos de preparación y purificación personal siete días antes de la Expiación. Durante este período era rociado dos veces con las cenizas de la becerra roja (cf. 9:13). En el gran día se vestía con sus ropas de lino blanco para presentarse ante la presencia de Dios en el lugar Santísimo. Luego seguía el ritual de matar un buey por sus propios pecados y los de todos los sacerdotes, rociando incienso para salvarse a sí mismo de la muerte, rociando la sangre por encima y por delante del propiciatorio, matando un macho cabrío por la gente y rociando su sangre otra vez, confesando los pecados sobre la cabeza de un macho cabrío vivo que era luego enviado al desierto, y ofreciendo las ofrendas quemadas por sí mismo y por todo el pueblo.[4] Este es el trasfondo que sirve de pauta a esta sección de Hebreos. Aunque el día de la expiación era glorioso en las vidas del antiguo pueblo de Dios, esa gloria se había desvanecido a la luz de un mejor pacto establecido sobre mejores promesas y mediado por un mejor sacrificio.

B. *La Base de la Obra Sumo Sacerdotal*

La obra del sacerdocio aarónico se realizaba en el tabernáculo (9:1-5) para el cual había un acceso inadecuado. El velo encerraba a Dios e impedía la entrada del pueblo. Los temas principales del escritor al mencionar el mobiliario del tabernáculo en este pasaje son la separación y la limitación. El arreglo estipulado bajo el Antiguo Pacto encerraba aun al

---

[4]Los detalles del ritual pueden obtenerse de Levítico 16 y de una obra como la de A. Edersheim, The Temple, Its Ministry and Services (London: Religious Tract Society, 1908), pp. 302-29.

Señor, porque su tribu lo descalificaba (8:4-5). Si la Ley Mosaica estuviese vigente hoy día entonces Jesucristo no podría ser nuestro sumo sacerdote (7:11-14). Su base de operaciones tiene que ser en otro lugar y bajo otro pacto. Nuestro Señor ministra en el nuevo tabernáculo (8:1-5). Este concepto del tabernáculo celestial es difícil de comprender porque nuestras mentes están limitadas por los conceptos del tiempo y el espacio. El verdadero tabernáculo es real y perfecto — el Cielo mismo — y es aquel en el cual Cristo ministra hoy día. La realidad debe ser divorciada de lo material en este concepto.

C. El Fundamento de la Obra Sumo Sacerdotal

La obra sumo sacerdotal de Cristo está fundamentada en Su muerte.
1. *La relación de la muerte de Cristo con su obra presente.* El escritor de Hebreos reitera el carácter completo de una vez y para siempre de la muerte de Cristo (7:27; 9:12, 25-26; 10:12) y declara que ésta es el fundamento para Su ministerio presente (8:3-5). La ofrenda de Cristo en el Calvario fue hecha una vez (nótese el aoristo en 8:3), y sobre este fundamento ejerce su ministerio presente en el Cielo. Milligan erróneamente insiste en que Cristo continúa presentando su vida al Padre y explica que la razón por la cual la ofrenda no puede repetirse es simplemente porque nunca ha terminado. Su razonamiento está basado sobre una interpretación incorrecta de la ofrenda, porque ésta fue una ofrenda de muerte, no una ofrenda de su vida. Como sacerdote según el orden de Melquisedec, su obra de ofrecerse a sí mismo fue completada cuando murió, aunque su obra de sustentar a su pueblo continúa hoy día en el Cielo.[5]
2. *La relación de la sangre de Cristo con su sacrificio.* El sacrificio fue uno de sangre (9:7, 12), la que fue derramada en el Calvario y no llevada al Cielo.

El uso de *día* [en 9:12], señalando el medio sin definir el modo (*meta*), es significativo cuando se toma en conexión con el v. 7 (*ou choris*). El sumo sacerdote terrenal tomaba consigo la sangre material: Cristo "a través de su propia sangre" entró a la Presencia de Dios, pero no se justifica que se introduzca ninguna interpretación material del asunto en cuanto a la manera en que la hizo eficaz.[6]

[5]Cf. Milligan, *op. cit.*, pp. 140-43.
[6]B. F. Westcott, *The Epistle to the Hebrews*, pp. 258-59.

3. *La relación del cuerpo de Cristo a su sacrificio.* El cuerpo que el Señor tomó fue el instrumento para el cumplimiento de la voluntad de Dios (10:5-10). La acción de su parte fue la de un esclavo voluntario.

D. Los Beneficios de la Muerte de Cristo

A través de todo el libro hay referencias dispersas de los beneficios de la obra de Cristo.

1. *Libera de una conciencia mala* (10:22).
2. *Purifica de las manchas de la iniquidad* (9:22; 10:22).
3. *Santifica* (10:10, 14; 13:12).
4. *Perfecciona* (10:14; 11:39-40: 12:21).

El, quien es *teleios* [perfecto], ha alcanzado cada una de las metas puestas delante de él, madurez de crecimiento, completo desarrollo de poderes, completo gozo de privilegios, posesión perfecta de conocimiento.[7]

Cuando el escritor declara que un cristiano es "perfecto" está expresando la idea paulina de ser justo en Cristo.

5. *Provee el privilegio de acceso* (4:16; 7:25; 10:19-20; 11:6).
6. *Nos capacita para servir* (9:14).
7. *Nos capacita para adorar* (13:15-16).

El sacerdocio de Cristo es la doctrina central de Hebreos. La Cristología está subordinada porque es una preparación a la doctrina mencionada. La doctrina de la vida cristiana es un resultado de la obra del sacerdote al conducir a los creyentes a la relación del mejor pacto. Entender le verdad tocante a -un sumo sacerdote cuyo único sacrificio y ministerio continuo es la esencia del cristianismo era el antídoto necesario para la enfermedad de aquellos lectores.

[7]*Ibid.,* pp. 65.

Capítulo IV

LA VIDA CRISTIANA

Una característica distintiva de Hebreos es la prominencia que le da a la vida cristiana como una manifestación práctica de la relación con el mejor pacto. Ciertamente, el escritor describe la obra completa como una exhortación (13:22). La obra del sumo sacerdote como mediador del Nuevo Pacto debe de producir un andar cristiano caracterizado de ciertos distintivos.

I. Es una Vida de Fe (11:1-40)

A. La Descripción de la Fe (11:1)

La fe descrita por el autor da substancia a las cosas que se esperan y realidad demostrable con hechos a las cosas que no se ven. La fe no crea cosas en el mundo invisible de la experiencia, sino que asegura la realidad de su existencia. La vida cristiana se vive en la seguridad de la realidad de estas cosas que están fuera del alcance de la experiencia presente del creyente.

B. Las Diferentes Clases de Fe

El autor habla de diferentes clases de fe o de la fe que efectúa diferentes resultados.

1. *La fe intelectual* (11:6). La fe en la existencia de Dios es básica para cualquier otra cosa. Sin esta nadie puede alcanzar la experiencia de lo que la fe es capaz de realizar.

2. *La fe salvadora.* El escritor ilustra la fe salvadora mediante las obras de Abel (v. 4), Abraham (v. 8), Rahab (v. 31), y Moisés (v. 28). Hoy día es efectuada mediante la relación apropiada con Cristo (3:1;

5:9; 10:23). El escritor situa como sinónimos la desobediencia y la incredulidad en la Epístola (3:12, 18-19; 4:6, 11; 5:9; 10:26). 3. *La fe ética.* La fe salvadora da como resultado en la vida cristiana una conducta ética adecuada. Esto se ilustra en casi todo el capítulo 11, y aquéllos que sirven de ilustración muestran claramente que (1) tal fe produce acciones de un carácter noble, (2) es costosa (cf. 13:13), y (3) es la esencia de la vida cristiana. Crecer en perfección involucra ser semejante a un niño en la fe.

La fe es la senda que dirige a una vida de descanso (3:7-4:13), porque el creyente de fe es el cristiano entregado, y la vida consagrada es la vida de descanso. Sólo el pecado de la incredulidad puede robar el descanso.

II. Es una Vida de Crecimiento

Ya se ha dado atención a la enseñanza de la Epístola tocante al deslizamiento espiritual en general. El escritor habla, además, de cosas específicas que deben dejarse atrás y ciertas cosas que deben de adquirirse en el proceso del crecimiento cristiano normal.

A. *Se Deben Dejar Ciertas Cosas Atrás* (6:1-3)

El proceso del crecimiento no es una cuestión de olvidar ciertas cosas sino de considerarlas como realizadas y luego seguir adelante. Los fundamentos no deben de ser menospreciados, sino que debe de haber una edificación progresiva sobre esos fundamentos. El autor menciona específicamente seis cosas que constituyen el principio — el arrepentimiento y fe, el bautismo y la imposición de las manos, y la resurrección y el juicio eterno. Por importante que sean estas doctrinas, son parte del fundamento de la vida cristiana, y se da por concluido la colocación del fundamento después que este ha sido colocado y no repite la misma operación una y otra vez.

B. *Algunas Cosas que Deben Adquirirse* (5:11-14).

A medida que la vida avanza, el creyente debe de desarrollar un oído sensible a las cosas difíciles de interpretar (v. 11). También, debe mostrar habilidad para enseñar en lugar de ser enseñado todo el tiempo (v. 12). Debe demostrar habilidad en discutir los grandes problemas del pensamiento cristiano (v. 13). Esta madurez debe manifestarse en el uso propio de todas la facultades del creyente—especialmente en la habilidad de discernir entre lo que es bueno y lo que es malo para el alma (vv 13-14). Estas son las señales del progreso.

III. Es una Vida sin Retroceso (6:4-6)

No es la tarea de la Teología Bíblica establecer todos los puntos de vista de un pasaje, sino que debe expresar el pensamiento del autor. Si el trasfondo de la Epístola es como se ha sugerido, el autor aún está hablando a creyentes judíos. Debió haber habido unos cuantos profesantes en el grupo o grupos, pero eran la excepción, porque la gran mayoría eran verdaderos creyentes. Ciertamente él no dice que una persona puede salvarse, perderse, y volverse a salvar. Si pudiera perderse sería imposible que se salvara otra vez. Eso está claro. Tampoco está hablando hipotéticamente. Esta es una advertencia severa concerniente a un peligro muy real. Por lo tanto, el autor, escribiendo a creyentes que se están descarriando, discute en este pasaje lo que respecta a (1) la imposibilidad de una renovación (2) en vista de su posición espiritual y privilegios (3) en caso de que pudiese ocurrir un lapso (4) por las razones establecidas. En otras palabras, advierte a esta gente que deben avanzar en la vida cristiana porque no pueden retroceder. Si no se puede retroceder, entonces, debe de seguirse adelante. Examinemos el argumento un poco más para ver porqué es imposible retroceder.

A. No se Puede Retroceder a Causa de los Privilegios Espirituales que el Cristiano Tiene

La posición espiritual de esta gente se describe en términos claros. Habían sido iluminados de una vez por todas (cf. 10:32 donde se usa la misma palabra). El uso de *hapax* y el tiempo aoristo apuntan al momento de su conversión y no meramente al estar bajo la influencia del Evangelio. Habían saboreado el don celestial (cf. 2:9 donde se usa la misma palabra para expresar que Cristo saboreó la muerte no que tomó un bocadito). Habían participado del Espíritu Santo (cf. 12:8 donde se usa la misma palabra para expresar que eran participantes del castigo y no "que daban su aprobación a éste"). Habían saboreado la Palabra de Dios y los poderes de las cosas venideras. Estos son los cristianos a quienes se dirige el escritor, y porque habían abrazado el cristianismo era imposible retroceder.

B. *No se Puede Retroceder Porque no se Puede Recaer*

El participio, "recayeron", no está calificado en el versículo 6, pero indudablemente es condicional (como en Mt. 16:26; Lc. 9:25). Aunque este pasaje estrictamente no dice nada acerca de la posibilidad de apostatar, el autor lo hace claro en otra sección de la Epístola que es una imposibilidad (cf., es decir, 7:25). No se puede recaer, es imposible retroceder, por lo tanto "vamos adelante a la perfección".

C. *No se Puede Retroceder Porque no es Posible Crucificar de Nuevo a Cristo*

No hay una segunda cruz, o una segunda experiencia de la cruz, porque eso significaría que Cristo sería crucificado otra vez, lo cual es imposible. No hay cosa tal como ser salvo una segunda vez (¡aunque algunas veces sería conveniente!); por lo tanto, no se puede retroceder sino que se debe progresar.

Cada una de estas tres razones tocante a la imposibilidad del retroceso apuntan a la solemne conclusión de que la vida del creyente debe de manifestar progreso. Esta es una sobria advertencia. Si fuera posible recaer, lo cual no es, entonces, no podría empezarse nuevamente la vida cristiana; por lo tanto, debe de prestarse atención a cómo se está viviendo, porque si no se puede retroceder, hay que seguir adelante.

IV. ES UNA VIDA DE ENTRENAMIENTO (12:3-13)

La experiencia cristiana incluye la disciplina, o entrenamiento de niño, como un complemento normal.

A. *Las Razones para la Disciplina*

La disciplina es necesaria para el entrenamiento, y ya que la vida cristiana normal exige el crecimiento, la disciplina debe incluirse. Además, la disciplina es una prueba de una relación cristiana normal, mostrando que Dios nuestro Padre nos ama.

B. *Los Resultados de la Disciplina*

El escritor enumera dos cosas que debieran resultar de la disciplina adecuadamente recibida: la reverencia (v. 9) y la justicia (v. 11).

C. *Las reacciones a la Disciplina*

Advierte contra el desfallecimiento bajo disciplina, contra el olvido de su necesidad, contra su menosprecio, y exhorta que el creyente sea ejercitado por medio de ella. Sólo eso producirá un verdadero líder cristiano (vv 12-13), y estos cristianos hebreos habían sido seguidores por un tiempo demasiado largo.

V. Es una Vida de Sanctificación

En la Epístola la santificación se relaciona primeramente con la obra de Cristo y no con el Espíritu Santo (10:10, 14; 13:12). Es un requisito de una verdadera vida cristiana (12:14-17), siendo una práctica perenne de santidad personal. A fin de obrar esa clase de vida el escritor establece ciertas normas.

A. *Incluye Huir de Ciertas Cosas* (12:14-17)

La práctica de la santificación incluye huir de la posibilidad del deslizamiento espiritual, la amargura, la fornicación, y una actitud voluble hacia las bendiciones espirituales.

B. *Incluye Despojarse de los Impedimentos* (12:1)

Un peso es cualquier cosa superflua que estorba en la carrera cristiana. No es necesariamente algo incorrecto en sí mismo, sino que se convierte en malo porque estorba. "Despojémonos de todo peso" es la exhortación del escritor.

C. *Incluye Despojarse de la Incredulidad* (12:1)

Nuevamente se enfatiza la importancia de la fe en la vida cristiana cuando se describe la incredulidad como algo que detiene o impide el progreso en la vida. Es básicamente un solo pecado aunque puede expresarse de muchas formas.

D. *Incluye Mirar a los Ejemplos de Fe* (11:1-40)

La santificación práctica se estimula observando a otros cuyas vidas agradaron a Dios. Jóvenes, viejos, aquellos que fueron favorecidos por

228 *Teología Bíblica del Nuevo Testamento*

las circunstancias, y aquellos que las tuvieron en su contra todo el tiempo se encuentran en el capítulo 11, y todos ellos conquistaron por la fe.

VI. Es una Vida de Servicio

El servicio es una de las razones del porqué Dios salva a los hombres; por lo tanto, los creyentes sirven (9:14; 10:2; 12:28). El escritor de Hebreos, como el apóstol Juan, ve el servicio como el ejercicio y manifestación del amor.

A. En Relación con los Deberes Sociales (13:1-6)

El creyente que sirve mostrará amor fraternal (v. 1), amor al extraño (v. 2), amor compasivo con aquellos en prisión (v. 3), amor fiel en el matrimonio (v. 4), y amor satisfecho con el Señor quien nunca lo dejará (vv. 5-6).

B. En Relación con los Deberes Religiosos (13:7-19)

El siervo amante se ocupará con la persona y obra de Cristo, siendo dirigido a ello a través del ministerio de los líderes de la Iglesia (vv. 7-9). Seguirá a Cristo al lugar de separación fuera del campamento (vv. 10-14); ofrecerá sacrificios de alabanza y dinero (vv. 15-16); y orará por los siervos del Señor (vv. 18-19).

VII. Es una Vida de Relacion Corporativa en la Iglesia

La doctrina de la Iglesia se desarrolla en esta Epístola siguiendo un esquema práctico en lugar de didáctico. Los creyentes son exhortados a no olvidar la importancia de sus reuniones regulares (10:25), porque la necesidad de sostenerse mutuamente aumentará a medida que se acerca el fin. Esta idea de comunión corporativa se expresa también en la figura que emplea el escritor (3:6) de la casa sobre la cual Cristo es la cabeza. Claramente, sin embargo, el autor concibe la diferencia de responsabilidad dentro de la asamblea, porque habla de los que gobiernan y de los que son gobernados (13:17). Aun los ejemplos de los que habían dirigido la Iglesia en días pasados debe de ser recordado (13:7).

No se dice nada respecto a la Cena del Señor aunque el bautismo evidentemente era un requisito para la membresía en el grupo (3:1, 4:14;

6:1; 10:23).[1] La esperanza futura de la Iglesia está en el Cielo donde evidentemente se distinguirá de otros grupos que también estarán allí (12:23).

En conclusión, se observa que la teología de Hebreos esencialmente concierne al sacerdocio de Cristo en relación a las promesas del mejor pacto para el cristiano en esta era. El escritor esperaba que el entendimiento de la verdad de lo que sus lectores tenían en Cristo sería el remedio que curaría sus enfermedades y detendría el proceso de su deslizamiento. El orden lógico del desarrollo de la teología es muy convincente. Primero, el escritor presenta a Cristo en toda la dignidad esencial de su persona, exaltándola por encima de todos los demás. Luego desarrolla el tema de su sacerdocio, y finalmente, muestra las implicaciones éticas y morales de la obra de Cristo tal como deben ser manifestadas en las vidas de los creyentes. La Cristología de Hebreos es preparatoria; el sacerdocio es central; la vida cristiana la consecuencia lógica.

---

[1]Cf. B. F. Westcott, *op. cit.*, p. 323, para evidencia de que "confesión tiene que ver con la confesión de los convertidos en su bautismo.

Sexta Parte
LA TEOLOGIA DE PEDRO Y JUDAS

Capítulo I

LA TEOLOGIA DE PEDRO

I. CONSIDERACIONES PRELIMINARES

A. *Fuentes de la Teología Petrina*

Toda la teología petrina encuentra su base de apoyo en muchos lugares del Nuevo Testamento. Aunque la actividad de Pedro comenzó cuando fue llamado a seguir al Señor, la teología petrina no se da a conocer sino hasta después de Pentecostés. Por lo tanto, los discursos y observaciones de Pedro en los Evangelios no contribuyen a la fuente del material de su teología.

1. *Los Discursos en Hechos.* Cualquier discusión de Pedro debe de incluir referencias a los discursos petrinos en Hechos. Todos estos tuvieron lugar en la primera parte del libro y deben ser fechados en la primera mitad del primer siglo.

2. *Las Epístolas de Pedro.* Las dos cartas de Pedro constituyen la fuente principal de información. Cualquier interrelación que pudiera haber entre II Pedro y Judas, no debe hacer que estas dos epístolas se consideren juntas en un estudio de Teología Bíblica, porque no representan la doctrina del mismo autor. Generalmente se ha considerado que el Evangelio de Marcos refleja la enseñanza de Pedro. Sin embargo, ese Evangelio pertenece a la teología Sinóptica y no a esta división.

¿Cómo están relacionadas estas dos fuentes, Hechos y las Epístolas? La Teología Bíblica puede tener varios énfasis. Podría enfatizar el desarrollo cronológico de la revelación doctrinal o el patrón del pensamiento teológico en las mentes de los diferentes escritores bíblicos. Para demostrar el desarrollo cronológico de la teología petrina se necesitaría demostrar las diferencias entre los discursos de Pedro que se encuentran en Hechos (dichos al principio de su ministerio) y el contenido de las Epístolas escritas más tarde en su ministerio). Esto es imposible de hacerse, porque no existe tal desarrollo. Por lo tanto, es el punto de vista del hombre lo que debe ocupar nuestra atención. Si esto es así, las Epístolas tendrán que ser el fundamento para la teología petrina simplemente porque los discursos de Pedro en Hechos han sido registrados por otro que tenía su propio propósito teológico en mente en la selección del material. Aunque debe usarse libremente el material pertinente en Hechos, este es suplementario a la fuente del material de las Epístolas.

B. *Introducción a las Epístolas*

La autenticidad y autoridad de la Primera Epístola de Pedro fue universalmente reconocida por la Iglesia primitiva.[1] Obviamente fue escrita por un testigo ocular de la vida terrenal de Cristo (2:19-24; 3:18; 4:1, 14; 5:1). Aun aquellos que no aceptan la genuinidad de la Segunda Epístola admiten que su testimonio (3:1) establece la fecha de la Primera Epístola muy temprano (probablemente 64-65). La cuestión tocante al lugar desde donde fue escrita la Primera Epístola no es tan fácil de resolver. Aunque se ha dicho que fue Babilonia (5:13) el significado de Babilonia no está claro. Ya que verdaderamente afecta muy poco a la teología petrina, los distintos puntos de vista sólo necesitan mencionarse. Algunos sostienen que Babilonia se refiere a una ciudad con ese nombre situada en Egipto, pero tal punto de vista carece de evidencia positiva para sostenerlo. Otros sostienen que se refiere a Babilonia en el Eufrates.[2] Esta es la forma más natural de tomar la palabra. Se sabe, además, que este fue un centro importante para la dispersión de los judíos, y que estuvo plagado por la persecución. No hay evidencia, sin embargo, para relacionar a Pedro con esta ciudad, aunque ciertamente es posible que hubiera ido allí. Otros afirman que la referencia es a una Babilonia mística, es decir, Roma.[3] Este era el punto de vista de la tradición[4] y fue sostenido universalmente hasta el tiempo de la Reforma. Hay suficiente evidencia que apoya la creencia de que Pedro estuvo en Roma.[5] Esto da peso a la creencia de que Babilonia es una referencia a

[1]Eusebio, *Ecclesiastical History,* IV, xiv.
[2]Así Calvino, Hort, Alford y Meyer.
[3]Así Robertson, Blenkin.
[4]Eusebio, *op. cit.,* II, xv.
[5]Ignacio, Papías, I Clemente, Hegesippus, Clemente de Alejandría, Orígenes, Dionisio, Tertuliano, y Jerónimo testificaron a ello. La evidencia está convenientemente resumida en G. W. Blenkin, *The First Epistle General of Peter, Cambridge Greek Testament* (Cambridge: University Press, 1914), pp. xvii-xix.

Roma, aunque tal creencia de ninguna manera apoya las demandas de la Iglesia Católico Romana concerniente al papado. Se argumenta también que el versículo mismo (5:13) contiene evidencia a favor del sentido místico de Babilonia. "Elegida juntamente con vosotros" es considerada como una expresión metafórica que significa la Iglesia. "Marcos, mi hijo" es indudablemente una referencia al bien conocido Marcos, considerado por Pedro como hijo espiritual. Si dos expresiones en el versículo son metafóricas, ¿por qué no podría Babilonia serlo también? La autenticidad de la Segunda Epístola es ampliamente discutida. La evidencia externa en apoyo de la paternidad pertrina deja mucho que desear, pero aun esos padres apostólicos que expresaron duda acerca de ello lo hicieron con menos frecuencia y vehemencia de lo que sugiere la crítica moderna.[6] La evidencia interna es igualmente controvertida. Sin embargo, algunas consideraciones internas apoyan fuertemente la paternidad petrina. Por ejemplo, el uso del nombre Simón en 1:1 difícilmente hubiese sido una selección sabia para un impostor que pretendía imitar de la mejor manera al autor original. Si la Epístola fuera espuria, lo que motivó al impostor es una interrogante sin respuesta. No contiene herejías, no dice nada nuevo acerca de Pedro, no contiene anacronismos, y no pone en su boca ninguna palabra contraria a la historia (como lo hacen las obras deuterocanónicas acerca de Pedro). Si fuera un documento espurio, carecería de razón para serlo, pues no tiene ni las características ni la semejanza de documentos falsos.[7] La aceptamos, pues, como una obra genuina del apóstol Pedro, escrita en los años 66 o 67.

C. *El Apóstol Pedro*

Siempre es importante en la Teología Bíblica repasar algo sobre la vida del autor involucrado. Pedro era el hijo de Jonás (Mt. 16:17) y hermano de Andrés, y su hogar estaba en Capernaum. Aunque estaba casado en ese tiempo (Mr. 1:30), fue llamado por Jesús para ser un discípulo (Mr. 1:16; Lc. 5:1-11). Alrededor de seis meses más tarde le vino un segundo llamamiento para el apostolado (Mr. 3:14). Clemente de Alejandría lo llamó uno de "los elegidos entre los elegidos" porque perteneció al círculo más íntimo compuesto por tres discípulos y fue testigo singular

[6]C. Bigg, *A Critical and Exegetical Commentary on the Epistles of St. Peter and St. Jude, International Critical Commentary* (Edinburgh: T. & T. Clark, 1902), pp. 199-215.

[7]Cf. Theodor Zahn, *Introduction to the New Testament* (Grand Rapids: Kregel, 1953), II, 262-93.

de ciertos sucesos, tales como la resurrección de la hija de Jairo, la transfiguración, Getsemaní, la tumba vacía, etc. El era el líder de los Doce, actuando continuamente como el vocero de ellos. Tomó el lugar de liderazgo después de la ascensión de Cristo: presidió en la selección del sucesor de Judas, predicó en Pentecostés, y fue el blanco de los ataques do los líderes judíos. Asistió al concilio en Jerusalén en el 49, fue a Antioquía (Gá. 2:11), y visitó otros lugares, incluyendo tal vez Roma. Antes del Pentecostés era como un péndulo, siempre oscilando de un extremo al otro. Después de Pentecostés él era Pedro, una roca.

D. La Persecución Mencionada en la Primera Epístola

En el trasfondo de I Pedro, sobresale el pensamiento de persecución y prueba (1:6-7; 2:11-20; 3:13-17; 4:3-5, 12-19; 5:8-10). Algunos creen que estas eran persecuciones oficiales del Imperio Romano contra los cristianos,[8] y ciertamente es verdad que la Iglesia nunca estuvo libre de tal persecución, sino hasta el tiempo de Constantino. Sin embargo, la persecución de Nerón, la cual habría de estar en el trasfondo de Primera Pedro si ésta es una persecución oficial, fue principalmente limitada a la ciudad de Roma y difícilmente podría calificar como aquella que atormentó a los creyentes de la dispersión.[9] La persecución oficial era un asunto aislado en aquel tiempo.

De la Epístola misma extraemos ciertas características acerca de la clase de persecución que estaban sufriendo los cristianos. Por un lado era de "diversas clases" (1:6). Esa frase presta un poco de respaldo a la idea de una persecución oficial por edicto de Roma. Nuevamente, Pedro dice que los creyentes deben callar a la oposición mediante sus buenas obras (2:15) lo cual indica que la persecución era más personal. La persecución descrita en el libro parece ser esporádica, no oficial, social, dirigida en contra de las prácticas normales del cristianismo.

E. Características de la Teología Petrina

La teología pertrina es fundamentalmente Cristológica. Esto se deja ver por sí mismo de dos formas. Es didáctica y empíricamente cristológica. En el área de la enseñanza Pedro refleja mucho de la propia ense-

---

[8]W. M. Ramsay, _The Church in the Roman Empire Before A.D. 70_ (London: Hodder & Stoughton, 1894), p. 281.
[9]E. Gibbon, _The Decline and Fall of the Roman Empire_, I, 460.

ñanza del Señor. Plumptre ha recavado una lista de referencias bíblicas que muestran la extensión de esto.[10] Muchos de estos casos ocurrieron durante el ministerio terrenal de Cristo e influyeron en Pedro durante el transcurso de su asociación con su Señor. Una doctrina básica en la teología petrina, sin embargo, no fue producto del período de la humillación. Pedro vio al Señor repetidas veces después de la resurrección; vio la tumba vacía, contempló las heridas sufridas por el Señor en el Calvario; y fue testigo de la ascensión a la gloria. De esta asociación posterior a la resurrección vino el énfasis sobre la resurrección en la teología de Pedro.

Pero la teología petrina también es empíricamente cristológica. Es decir, que es una teología de exhortación práctica y consuelo para las necesidades diarias de los creyentes. Esto también se deduce del trasfondo de Pedro, porque ¿no fue él quien cayó del lugar de más alto privilegio espiritual a un nivel tan miserable que después de su restauración pudo fortalecer a sus hermanos? También había observado la vida de su Maestro quien fue por todos lados haciendo el bien (Hch. 10:38). El andar de Pedro con Aquel que daba consuelo, ayuda, sanidad, y esperanza a la gente se refleja agudamente en el lado práctico de su teología cristológicamente centrada.

No se asuma que la didáctica y la experiencia no guardan relación en el pensamiento de Pedro. Por ejemplo, la doctrina de la Paternidad de Dios debe producir vida santa (I Pedro 1:14-16). Los hechos de la vida de Cristo deben de servir como ejemplo de paciencia en tiempos de prueba (2:21-25). La doctrina de las recompensas futuras debe de constreñir a los líderes de la Iglesia a gobernar sabiamente (5:1-4). Las dos áreas de doctrina y práctica están estrechamente interrelacionadas. Su punto focal es la enseñanza y la vida de Aquel que constituía el centro del pensamiento de Pedro.

II. La Doctrina de Cristo

Decir que la teología petrina es cristocéntrica no significa que sus escritos omitan las doctrinas del Padre y el Espíritu Santo, pero ya que el énfasis primario está en la revelación de Dios a través del Hijo, la doctrina de Cristo recibe la prominencia en el desarrollo de la teología de Pedro. Además, a fin de captar la perspectiva de Pedro, sería natural

---

[10]E. H. Plumptre, *The General Epistle of St. Peter and St. Jude, Cambridge Bible for Schools and Colleges* (Cambridge: University Press, 1893), pp. 65-67.

incluir la obra salvífica de Cristo en esta sección en lugar de hacer otra división sobre la soteriología.

A. Sus Nombres y Descripciones

1. *Jesús.* Durante los primeros días de su ministerio, Pedro frecuentemente usaba el nombre *Jesús* o *Jesús de Nazaret* (Hch. 1:16; 2:22, 32, 36; 3:13; 10:38) simplemente porque deseaba identificar a Jesús con el concepto veterotestamentario del Mesías. El tema de sus primeros sermones fue que Jesús a quien habían conocido era el Mesías de Israel (Hch. 2:36; 3:18). También identificó a Jesús como el Señor en el comienzo de su ministerio (Hch. 1:21; 2:36; 10:36; 11:17). Así que debemos decir que cualquier otra cosa que Pedro hubiera aprendido más tarde, tenía desde el principio un concepto muy exhaltado de la persona de Jesucristo.

2. *Cristo.* La designación principal del Señor en la Primera Epístola es sencillamente Cristo (1:11, 19; 2:21; 3:15-16, 18; 4:1, 13-14; 5:1, 10, 14). En segundo lugar en cuanto a uso está la forma compuesta Jesucristo (1:1-3, 7, 13; 2:5; 3:21; 4:11). La Segunda Epístola omite estas designaciones simples, prefiriendo Pedro usar nombres compuestos del Señor (1:8, 14, 16; 2:20; 3:18). De nuevo esto muestra la alta estima que Pedro, el compañero del Señor, puso sobre Su persona. El era para Pedro el divino Hijo de Dios, y

> hasta donde se sabe, no se le ocurrió a ningún otro en la comunidad cristiana primitiva poner una estima más baja acerca de Su personalidad que esa; y un escritor compite con otro escritor solamente en su intento de expresar de la manera más clara y enfática su fe en el divino Redentor.[11]

3. *El Cordero sin Mancha y Preexistente* (I P. 1:19-20). En este pasaje Pedro designa al Señor como el Cordero sin mancha (culpa inherente) y sin contaminación (profanación externa). También predicó de su existencia antes de la fundación del mundo. Esto debe de referirse a una verdadera preexistencia por la presencia del participio *manifestado* en el mismo versículo. La preexistencia y manifestación pertenecen al mismo sujeto, y si la última es real y no ideal así lo es la primera.[12]

[11]B. B. Warfield, *The Lord of Glory* (New York: American Tract Society, 1907), p. 275.

[12]Como G. B. Stevens, *Theology of the New Testament* (Edinburgh: T. & T. Clark, 1899), p. 299, y contra Wiss, *Biblical Theology of the New Testament* (Edinburgh: T. & T. Clark, 1882), I, 226-27.

4. *La Piedra Angular de Gran Precio* (I P. 2:6-7). Pareciera que Pedro ha aprendido bien la lección de la diferencia entre el judaísmo y el cristianismo, porque usó el Salmo 118:22 no solamente aquí sino también en el mensaje registrado en Hechos 4:11. Aquel a quien los judíos habían reprobado había venido a ser ahora la piedra angular de gran precio de la Iglesia.

5. *Piedra de Tropiezo* (I P. 2:8). Para aquellos que no lo recibían, Jesús de Nazaret era una piedra de tropiezo y una roca que hace caer. En los sabios propósitos divinos El ordenó que Jesús fuera puesto en el camino, de manera que Dios no asume responsabilidad alguna por cualquiera que tropezare con El.

6. *Pastor y Obispo de nuestras almas* (I P. 2:25). Después de hablar de los sufrimientos que un creyente puede tener para fortalecerse, Pedro concluye con este título de consuelo. Ser atraído a Cristo es ser atraído a Uno que cuida y sostiene a Sus ovejas en cada prueba.

En el uso de Pedro de los nombres y designaciones de Cristo sobresale una cosa. El pensamiento con el cual estaba saturada su mente a través de todo su ministerio era que Jesús de Nazaret era el Mesías. El uso de los nombres *Jesús, Cristo,* y los compuestos lo han mostrado. Además, estas frases descriptivas recién citadas —el Cordero, la piedra angular, Pastor— son de un patrón veterotestamentario. La enseñanza mesiánica estaba profundamente enraizada en su pensamiento, y este Jesús era ese Mesías.

B. *Su Mesianidad*

"Pedro es único en su enseñanza mesiánica".[13] Hemos visto la manifestación de esto en la sección anterior, pero la base de aquello que se muestra en sus Epístolas está en los primeros sermones de Pedro en el libro de Hechos (Ya que estos sermones han sido discutidos bajo la teología de Hechos se enumerarán sólo los puntos principales).

1. *El Mesías debía de levantarse de entre los muertos (lo que necesariamente implica el hecho que El debería haber muerto).* Esta es la contribución principal a la doctrina mesiánica de Pedro del sermón predicado en Pentecostés (Hch. 2:14-36). Un Mesías resucitado significaba un Mesías crucificado, y ese Mesías es Jesús.

2. *El cumplimiento de las promesas de Israel espera un regreso*

[13]James M. Gray, "Peter", *International Standard Bible Encyclopaedia* (Grand Rapids: Eerdmans, 1943), IV, 2350.

personal del Mesías, lo cual aguarda por el arrepentiemiento nacional de Israel. Esta es la esencia del sermón de Pedro predicado después de la sanidad del hombre cojo en el templo (Hch. 3:12-26). Cuando Israel se arrepienta el Señor regresará y cumplirá todas las promesas de Dios concernientes a los tiempos mileniales de refrigerio. Esta todavía es una verdad para el día de hoy, aunque cuando Pedro lo predicó fue como si estuviera poniendo la Piedra de tropiezo en el camino de toda la nación, la cual tropezó y vino a ser desobediente—todo lo cual ocurrió perfectamente en armonía con los propósitos eternos de Dios.

C. *Su Vida*

1. *Fue un ejemplo* (I. P. 2:21-23). El punto principal tocante a la vida de Cristo puesto como un ejemplo para los creyentes es el sufrimiento paciente que manifestó a través de Su vida (nótese los imperfectos en el v. 23). Todos los ataques contra El fueron inmerecidos, porque nunca cometió pecado (nótese el aoristo en el v. 22). El cristiano es llamado a esta clase de sufrimiento paciente aun cuando esté sufriendo injustamente, y en el contexto Pedro está hablando especialmente a los esclavos cristianos a quienes resultaba difícil trabajar para los amos no creyentes.

2. *Fue una confirmación* (2 P. 1:15-19). Para confirmar la verdad del reino eterno en el cual entrará el cristiano (v. 11), Pedro se refiere al incidente de la transfiguración en la vida de Cristo de lo cual él fue un testigo ocular. El resultado de este suceso es que la profecía concerniente al reino se hace más segura (v. 19), y sus efectos deben de ser tomados seriamente.

D. *Su Actividad Preencarnada* (I P. 3:18-22)

Los puntos de vista generalmente sugeridos tocante a este pasaje son: (1) Cristo predica ahora a través de los apóstoles y los profetas a los pecadores encarcelados; (2) Cristo descendió al hades entre su muerte y su resurrección para ofrecer una segunda oportunidad a los que estaban encarcelados allí; (3) Cristo descendió al hades para hacer una declaración judicial de su victoria en la cruz a los espíritus perversos, quienes podrían ser (a) ángeles perversos confinados, o (b) espíritus de hombres perversos que habían muerto; (4) Cristo predicó por medio del Espíritu a los hombres de los días de Noé; y porque fueron desobedientes a su

mensaje son ahora espíritus encarcelados esperando el juicio.[14] Es éste
último punto de vista el que prefiere el escritor y que justificaría el título
de esta sección. No es posible presentar todos los argumentos a favor y
en contra de cada punto de vista, pero debe notarse brevemente que el
primero necesita una interpretación muy figurada, el segundo implica
una idea fuera del margen de las Escrituras de una segunda oportunidad,
la tercera tiene poco fundamento y está abierta a la acusación de que
Cristo estaba reprochando a aquellos que estaban en el hades, pero la
cuarta satisface la gramática y el contexto (cf. Heb. 12:23, donde "espíritus" se usa con referencia a hombres). Indudablemente el Señor predicó
en el Espíritu en otros períodos de la historia del Antiguo Testamento,
pero se cita los días de Noé por causa de la extrema perversidad y
similaridad a los tiempos de la persecución que los creyentes de los días
de Pedro estaban experimentando. Si este fuera el verdadero significado
del

E. *Su Salvación*

Aunque la soteriología bien podría constituir una división completamente aparte de la teología petrina, se coloca bajo la cristología a fin
de reflejar mejor el patrón del pensamiento petrino.

1. *La persona.* El Salvador era sin mancha y sin contaminación
(I P. 1:19) quien no podría haber muerto por sus propios pecados ya que
El, siendo el Justo, no cometió pecado (I P. 2:22, 3:18). Como se señaló
previamente, El era el Divino quien murió por los pecados.

2. *El plan anticipado.* La salvación no fue un suceso fortuito sino
una idea premeditada en la mente de Dios. Fue la meta de la investigación cuidadosa de los profetas (I P. 1:10-12) llegar a saber en qué tiempo
y con qué características Cristo vendría. Todo el programa había sido
predeterminado por Dios antes de la fundación del mundo (I P. 1:20).

3. *El propósito.* Su muerte fue una sustitución real por el pecado.
Esto se ve (a) en el uso de la figura de un cordero (I P. 1:19) lo cual
traería a la mente de los lectores el aspecto substitucionario de los sacrificios levíticos; (b) por la afirmación directa de I Pedro 2:24, "quien
llevó él mismo nuestros pecados en su cuerpo sobre el madero"; y (c) por
el significado de *huper* (por) en I Pedro 3:18, donde significa "en subs-

---

[14]Cf. William Kelly, *The Preaching to the Spirits in Prision* (London: F. C. Race,
s.f.), pp. 1-139.

titución de" como ocurre en Filemón 13, un pasaje que no está relacionado con la doctrina de la expiación.

Además, fue una substitución completa por el pecado, porque Cristo murió una vez y para siempre (I P. 3:18, *hapax*, no *pote*). Fue, también, una substitución eficaz por el pecado, porque trajo redención (I P. 1:18). La palabra usada para redención es *lutroo*, la cual significa liberar mediante el pago de un rescate.[15] Así, la obra de Cristo en la cruz fue completamente eficaz para liberar al pecador.

4. *Las Pruebas.* Las pruebas de la eficacia de la obra de Cristo en la cruz son: primero, la resurrección (I P. 1:3, 21; Hch. 2:32); y segundo, la exaltación de Cristo a la gloria (I P. 1:21, Hch. 2:33). Una posible tercera prueba está basada sobre un pasaje difícil (I P. 3:18). Generalmente se toma como una referencia de que Cristo fue vivificado por el Espíritu en la resurrección. La dificultad con ese punto de vista es el uso del participio aoristo "siendo vivificado". A menos que esto sea una excepción, el participio aoristo no expresa tiempo posterior al del verbo principal, "muerto" (ASV). Por lo tanto, no parece que Pedro esté hablando de la resurrección después de la muerte de Cristo. Si uno no hace una excepción gramatical aquí, el pasaje parece referirse a la exaltación en la Cruz. Probablemente esté ligada con el grito de victoria, "Consumado es", expresado por Cristo antes de morir. De ser así, este constituiría una prueba adicional de la eficacia de la obra del Hijo en la Cruz.

5. *Las provisiones.* La primera Epístola de Pedro fue escrita para dar a conocer a los creyentes la "verdadera gracia de Dios" (5:12), y en ella Pedro menciona muchos de los beneficios del conocimiento de la salvación personal. Por ejemplo, trae esperanza (1:3-4) del Cielo. Esto se describe mediante tres expresiones negativas: incorruptible, incontaminada e inmarcesible. Esta herencia ya ha sido puesta en depósito para el cristiano y continúa allí ("reservada" es un participio perfecto pasivo). Además, la salvación provee seguridad para el heredero (1:5). La fe de parte del hombre es necesaria a fin de estar consciente del poder de Dios, pero la seguridad es definitiva y continuamente (tiempo presente) la obra del poder de Dios. La salvación trae regocijo aun en medio de la persecución y la prueba (1:6). Ciertamente el fundamento de la salvación, el sufrimiento de Cristo, debe ser el ejemplo para el creyente en la persecución (I P. 1:6-7; 2:20-25; 4:1 ss.; 4:12-13). La salvación también provee

---

[15]A. T. Robertson, *Word Pictures in the New Testament* (New York: Harper, 1930), VI, 90; A. Deissmann, *Light from the Ancient East* (New York: Hodder and Stoughton, s.f.), p. 333.

una nueva posición (I P. 2:9-10), porque mientras que en la posición anterior el creyente estaba sin misericordia y sin ser pueblo, en la nueva posición es pueblo[16] de Dios, propiedad personal de El. Finalmente, el ser salvo debe de ser el incentivo para una vida santa (I P. 1:14-18; 2:24).

6. *El pueblo.* La lección acerca de quién podría ser salvo fue la que aprendió Pedro en la azotea de la casa de Simón (Hch. 10). Que aprendió bien el hecho de que Dios había planeado salvar tanto a los gentiles como a los judíos se evidencia por lo que tuvo que decir acerca de ello en el concilio de Jerusalén (Hch. 15:11; cf. II P. 1:1).

7. *La posesión.* La salvación se recibe por fe (I P. 1:5, 9, 21; 2:7; 2 P. 1:5; Hch. 10:43; 15:9).

III. LA DOCTRINA DE LAS ESCRITURAS

Aunque la característica central de la teología petrina es la Cristología, la doctrina de las Escrituras también juega un papel importante. "Considerando sus limitaciones de espacio, las Epístolas de Pedro son notables por el énfasis que ponen sobre el carácter y autoridad de las Sagradas Escrituras".[17]

A. *Las Designaciones Petrinas*

Pedro usa un número de frases descriptivas para las Escrituras, mostrando así algo de su estimación por ellas.

1. *La palabra profética* (2 P. 1:19). La posición atributiva del adjetivo hace la traducción "palabra profética"[18] preferible a "palabra de profecía" y denota la idea de que Pedro está describiendo todo el Antiguo Testamento como profético. La razón para esta descripción es el énfasis que Pedro da a Cristo; o como alguien ha señalado:

> Esto, debido a la unidad de su origen y a su tema central — los sufrimientos y glorias de Cristo (I Pedro 1:11) — se habla como de una palabra, un sólo esquema o cuerpo de profecía.[19]

[16]Aunque hay paralelos en estos versículos entre Israel y la Iglesia, en ninguna forma son igualados. Verdaderamente, la ausencia del artículo antes de "pueblo" guarda la distinción, porque se ha dicho que los cristianos son un pueblo de Dios, no el nuevo Israel de Dios.

[17]Gray, *op. cit.*, p. 2351.

[18]Cf. H. E. Dana and Julius R. Mantey, *A Manual Grammar of the Greek New Testament* (New York: Macmillan, 1927), p. 118.

[19]J. Lillie, *Lectures on the First and Second Epistles of Peter* (London: Hodder & Stoughton, 1870), pp. 413-14.

2. *La Palabra de Dios que vive y permanece para siempre* (I P. 1:23-25). Mediante esta declaración descubrimos varias cosas acerca del concepto que Pedro tenía de la Palabra. Su origen está en Dios. Su carácter viviente le da dinamismo, pero ese poder reside en el mensaje predicado (nótese *rhema*, palabra hablada, en el v. 25), y no en las letras y palabras de la página (aunque éstas son indispensables para la entrega fiel del mensaje). La palabra también tiene un carácter eterno porque permanece para siempre.

3. *La Palabra como leche no adulterada* (I P. 2:2). Aunque no hay una palabra o frase específica para la Palabra en este versículo, la idea clara del pasaje es que la Escritura es como leche no adulterada. Pedro no se refiere a una parte de la Palabra como leche en contraste con la carne como lo hace Pable en I Corintios 3:2, sino está diciendo que toda la Palabra debe ser como la leche pura, lo cual apela a la razón. Esto requiere el poner fuera las cosas mencionadas en el versículo anterior. Así que para Pedro la Palabra era pura y autoritativa.

4. *Las Escrituras.* Pedro usa esta frase en tres lugares (Hch. 1:16; I P. 2:6; 2 P. 1:20). Evidentemente la entendió y usó en el sentido común que sostenían los judíos en ese tiempo, es decir, como sinónimo de la Palabra de Dios, Sus decretos, a la que no debe añadirse ni quitarse nada, y por la que uno voluntariamente moriría.[20]

B. La Revelación

Pedro menciona varios medios de la revelación o de las formas como Dios se comunica con el hombre.

1. *La Profecía.* Este fue el canal primordial de la revelación (I P. 1:11), es decir, el medio usado por Dios para revelar cosas antes de que sucedieran. Nótese que estas profecías eran escritas, no habladas.

2. *La Historia.* Las porciones históricas del Antiguo Testamento enseñaron a Pedro acerca de los tratos de Dios con el hombre y por lo tanto de sus propósitos para el futuro (2 P. 2:4-9).

3. *La vida de Cristo.* Esta también fue una fuente de la revelación de Dios (Hch. 2:22, 32; I P. 1:3; 3:18-22; 2 P. 1:15-18).

4. *El Nuevo Testamento.* Evidentemente Pedro obtuvo conocimiento de la mente de Dios a través de los escritos de Pablo (2 P. 3:15-16).

5. *Guía directa.* Como todos los autores de las Escrituras, Pedro

[20]J. Orr, "The Bible," *International Standard Bible Encyclopaedia,* I, 461.

mismo era un canal de revelación ya que escribió bajo la guía del Espíritu Santo (cf. 2 P. 1:21; 3:1-2).

C. La Inspiración

1. *El agente de la inspiración.* Al principio de su ministerio Pedro expresó el concepto generalmente sostenido de que el Espíritu Santo era quien inspiraba a los escritores del Antiguo Testamento (Hch. 1:16). Que éste era un concepto apostólico se afirma en Hch. 4:24-25.

2. *Los Medios de la inspiración.* La mayor contribución de Pedro a la doctrina de la inspiración es el pasaje clásico de 2 Pedro 1:20-21. Estos versículos enseñan que Dios es la fuente de la Escritura, porque "ninguna profecía de la Escritura es de interpretación privada". Sin embargo, Dios no dictó las Escrituras, porque los *hombres* hablaron *mientras eran llevados* por el Espíritu. Las Escrituras es un producto divinohumano. La parte humana en la producción también se enfatiza en I Pedro 1:10-11 — el "inquirieron" e "indagaron" implican una buena tarea de arduo trabajo de parte de los profetas.

3. *La magnitud de la inspiración.* Ya se ha señalado que Pedro reconoció la inspiración de la totalidad del Antiguo Testamento. Además, incluyó las Epístolas paulinas como Escritura (2 P. 3:16), y el uso de la palabra *Escrituras* con el significado que tenía en ese tiempo sólo podía indicar que consideraba los escritos de Pablo tan inspirados como el Antiguo Testamento. Otros escritos del Nuevo Testamento no se mencionan por nombre, pero hay referencia específica a las palabras de otros apóstoles, situándola en el mismo plano de autoridad como las palabras de los profetas del Antiguo Testamento (2 P. 3:2).

De este modo, aunque sin presentarla sistemáticamente, Pedro expone la doctrina de la inspiración de una manera tan completa que no tiene paralelo entre los escritores del Nuevo Testamento. Por supuesto que su alto concepto de la inspiración resultaba en una correspondiente alta estima de la autoridad de las Escrituras. Aunque hay un desarrollo notable de esta doctrina, sin embargo, parece ocupar una relación secundaria a la Cristología, y en muchos aspectos la presentación de la doctrina de las Escrituras por Pedro debe considerarse como un vástago de su doctrina central de Cristo. El origen de la doctrina está incuestionablemente relacionada con su trasfondo en el judaísmo, pero su presentación es un producto de su Cristología.

IV. LA VIDA CRISTIANA

Mucho de lo que Pedro tiene que decir en sus Epístolas concierne a la vida cristiana. Esto también es un resultado directo de su Cristología, porque todo pasaje relacionado con la vida cristiana en la Epístola está basado en el sacrificio de Cristo (I P. 1; 2:21; 3; 4:1; cf. 2:18 ss; 5:5-11; 2 P. 1). El pensamiento de Pedro fluye así: ya que tenemos un Salvador quien lo ha hecho todo por nosotros en su sacrificio, debemos responder con un andar que le agrade en todas las relaciones de la vida.

A. *La Relación del Cristiano con el Gobierno* (I P. 2:13-17)

Tres de las relaciones específicas de la vida pueden resumirse en una sola palabra: *obediencia*. El cristiano debe de obedecer a los gobernantes y patrones, y las esposas deben de obedecer a sus maridos (2:13, 18; 3:1). En relación con los gobernantes, la obediencia es un asunto voluntario basado en la posición de uno como siervo de Dios (v. 16). Debe extenderse a toda ordenanza de los hombres (v. 13). Las razones para obedecer son tres: Primero, los gobernantes son el método establecido por Dios para dirigir los asuntos humanos; segundo, es la voluntad de Dios que obedezcamos a fin de hacer callar la ignorancia insensata de los hombres que difamarían al cristianismo si no se obedeciese; y tercero, Cristo dio un ejemplo de obediencia durante su vida.

Pedro también permite una excepción para la regla general de la obediencia. Está comprendida en las palabras *siervos de Dios* (v. 16). Primaria y fundamentalmente el cristiano es un siervo de Dios y si un decreto gubernamental se interpusiese entre Dios y su siervo la relación con Dios es superior a la relación con el hombre (cf. Hch. 4:20). Pero normalmente, el creyente es responsable de obedecer.

B. *La Relación entre Siervos y Amos* (I P. 2:18-25)

De nuevo el principio es la obediencia de parte de los siervos hacia sus amos. Esto incluye tanto los amos buenos como los perversos, porque la obediencia encuentra favor con Dios. En caso de que esto parezca gravoso, Pedro le recuerda a sus lectores el ejemplo de Cristo, quien, cuando fue abofeteado (cf. v. 20 con Mt. 26:67; Mr. 14:65) sufrió sin quejarse. Los seguidores de Cristo, como su Señor, deben encomendar su causa al que juzga justamente.

C. La Relación entre Esposos y Esposas (I P. 3:1-7)

1. *Los principios* (vv. 1-2, 7). Para la esposa el principio es el de obedecer. Esto debe ser cumplido con pureza y temor (v. 2). Para el esposo el principio es honrar (porque el "asimismo" se refiere al tema expuesto en 2:17). Esto está basado en el hecho de que, aunque tanto el esposo como la esposa son débiles, la esposa es el vaso más frágil. Una relación tal de honra trae consigo una vida de oración respondida cuando dos personas que sostienen esa íntima relación están de acuerdo en su vida de oración.

2. *El propósito* (vv. 1-2). Podría deducirse de este pasaje que en la mayoría de los casos de matrimonios espiritualmente mixtos en el tiempo del Nuevo Testamento, el esposo ora inconverso y la esposa creyente. También es evidente que la relación adecuada en tales casos era considerada altamente importante, considerando la cantidad de espacio que se le dedica a este asunto por varios escritores del Nuevo Testamento. Las esposas cristianas deben ser obedientes a sus esposos inconversos a fin de ganarlos para el Salvador. Es la obediencia la fue debe ser el testimonio eficaz, no un testimonio oral (nótese la traducción literal del v. 1: "también ellos sin palabra sean ganados por la forma de vida de sus esposas"). Estos esposos incrédulos, dice Pedro, no necesitan más predicación de sus esposas; necesitan ver la evidencia de un cristianismo vivido a través de la obediencia de la esposa.

3. *El procedimiento* (vv. 3-4). Llevar a cabo estas ideas de obediencia, sujeción y reverencia incluirá la apariencia externa tanto como el carácter interno de la mujer. Indudablemente el énfasis está en la naturaleza interna, caracterizándose por mansedumbre y modestia, pero también involucra la apariencia externa. Peinados ostentosos y vestidos, todo eso es incongruente con un espíritu manso y apacible. Ya que Pedro está escribiendo bajo la inspiración del Espíritu Santo, debe de reconocerse que éste es todavía el procedimiento de Dios para ganar a los esposos no salvos.

4. *El patrón* (vv. 5-6). El patrón para este tipo de conducta de parte de la mujer cristiana se encuentra en las mujeres del Antiguo Testamento. Ellas estaban apartadas para Dios, encontrando su esperanza en El, y, como Sara, se sujetaban a sus maridos. Los ideales de Dios para las mujeres eran los mismos en ambos Testamentos, y permanecen inalterables hoy día.

D. *La Relación del Cristiano con la Persecución*

Ya se ha mencionado que la persecución en el trasfondo de los escritos petrinos no es de carácter oficial sino personal y social. En una prueba tal la reacción del creyente podría resultar en deshonra del nombre de Cristo. Si el cristiano sufre como un malhechor traerá de ese modo vergüenza para sí mismo, deshnora a Cristo (I P. 4:16) y merece la acusación de los incrédulos (I P. 2:12). En tales casos se necesita que venga juicio a la casa de Dios (I P. 4:17). Sin embargo, la reacción del creyente debe de ser aquella que honre a Cristo. Tal conducta implica encomendarse uno mismo a Dios (I P. 4:19), sufrir pacientemente (I P. 2:20), recordando el ejemplo de Cristo (I P. 2:28), y gozo exuberante (I P. 1:6; 4:13). Esto es aceptable a Dios.

El resultado del sufrimiento es doble: Primero, produce una asociación con los sufrimientos de Cristo (I P. 4:13-14) —no los sufrimientos vicarios de expiación, sino las pruebas que le vinieron como el Santo quien vivió en un mundo de pecado que le odiaba. De este modo el creyente que vive una vida santa será menospreciado del mundo y, por lo tanto, compartirá los sufrimientos de Cristo. Segundo, los sufrimientos sirven para probar la fe del cristiano (I P. 1:7). Muestran que un creyente puede ser confiable, y esto trae gloria a Dios.

E. *La Relación del Cristiano con Todas las Formas de Vida*

1. *Los adversarios de la vida cristiana.* El antagonismo del mundo en su aborrecimiento hacia el creyente es patente en las Epístolas de Pedro. También la carne combate contra el alma que lucha por vivir para Cristo (I P. 2:11). El Maligno es llamado específicamente un adversario o acusador (I P. 5:8) y sus tácticas incluyen asechar al cristiano a fin de destruir su testimonio. El creyente debe estar sobrio y alerta en su resistencia de Satanás.

2. *La meta de toda vida cristiana.* La meta suprema de la vida cristiana es santificación (I P. 1:14-16). La norma o patrón es Dios mismo; la extensión abarca todos los aspectos de la vida; y el requisito es dejar atrás el patrón de la vida antigua.

3. *Las actitudes en la vida cristiana.*

a. Rendición. La base del éxito de la vida cristiana es una actitud de dedicación. Una prueba concreta de que la vida ha sido dedicada será la persecución por parte del mundo (I P. 4:1).

b. Humildad (I P. 5:5-6).

c. Sobriedad (I P.1:13; 5:8). Una vigilancia constante en un estado de alerta, pero no afanoso, también es necesario para una vida victoriosa.
   4. *Las acciones de la vida cristiana*
   a. Con relación a uno mismo. El crecimiento es la clave de la vida cristiana (2 P. 1:5-11; 3:18). No menos de siete virtudes deben añadirse a la fe como evidencia del progreso en la vida cristiana. Ellas son templanza, virtud, conocimiento, paciencia, piedad, afecto fraternal, y amor. El fin de tal crecimiento constante es una entrada abundante al reino, es decir, una entrada con recompensas.
   b. Con relación a los hermanos. Ciertas acciones en la relación con los creyentes son propias de la vida cristiana. Ellas son: amor (I P. 4:8), simpatía (3:8), compasión (3:8), Humildad (3:8), y hospitalidad (4:9). El amor cristiano debe ser ferviente (a un alto grado, 4:8), no fingido (sin pretenciones no verdaderas, 1:22), y del corazón (1:22). El amor cristiano es afecto sin afectación.
   c. Con relación a todos los hombres. La palabra que resume la relación del creyente con todos los homres es *honrad* (I P. 2:17).
   Aunque resumido, este bosquejo aporta alguna idea de las áreas de pensamiento y líneas de desarrollo de la teología petrina concerniente a la vida cristiana. Debe subrayarse nuevamente que todas estas enseñanzas estaban definitivamente asociadas en la mente de Pedro con la Cristología, porque todos los pasajes sobresalientes concernientes a la vida cristiana están basados sobre la doctrina del sacrificio de Cristo.

V. La Doctrina de la Iglesia

Es sorprendente aprender que la palabra *iglesia* no aparece ni en las Epístolas de Pedro ni en sus discursos en Hechos; lo que sí aparece claramente, sin embargo, son ciertas características de la eclesiología.

A. *La Iglesia Universal*

La Iglesia concebida como el Cuerpo universal de Cristo se discierne en el pensamiento de Pedro. Pedro aprendió la lección de la unidad de todos los creyentes, judíos y gentiles (Hch. 10:15), en la Iglesia universal. El uso que hace de expresiones metafóricas también apoya la doctrina de la Iglesia universal (I P. 2:5, 9). "Esta casa espiritual no es la iglesia local ni aun un grupo de santos, sino el Cuerpo Místico de Cristo, la Iglesia Universal, porque Pedro está dirigiéndose a creyentes en cinco provincias romanas".[21] De igual forma cuando Pedro habla de los dones dados a todos los hombres para ser ejercitados entre los santos, no limita la dádiva o el ejercicio de estos a algún grupo local (I P. 4:10-11 El único lugar donde se usa *charisma*, don, fuera de las Epístolas paulinas).

B. La Iglesia Local

1. *El gobierno de la Iglesia.* Se dice poco acerca de la organización de la iglesia local. Evidentemente los ancianos eran el grupo más prominente de líderes en la Iglesia (I P. 5:1-4). Sus tareas eran cuidar, alimentar, guiar y guardar el rebaño en el espíritu de ser ejemplos, no señores. De esa forma, hay dos principios verdaderamente claros: los ancianos no están para señorear ni los laicos para dirigir. Si todos reconocen y cumplen sus tareas no habra disputas. Evidentemente los ancianos recibían alguna recompensa por su trabajo (v. 2), aunque su mayor recompensa será la corona de gloria que dará el Señor (v. 4).

También Pedro menciona un grupo llamado "los más jóvenes" (I P. 5:5). Estos debieron simplemente ser gente más joven o podrían ser organizaciones de jóvenes.[22] En ambos casos debían estar bajo sujeción a los ancianos.

Es dudoso que Pedro use la palabra *diácono* con referencia a un grupo oficial en la Iglesia. Es usada en el sentido no técnico de ministrar o servir (I P. 1:12; 4:10-11), y aun cuando algunas iglesias tenían en este tiempo grupos oficiales de diáconos (cf. Fil. 1:1), evidentemente no todas lo tenían.

2. *Las ordenanzas de la Iglesia.* La ordenanza del bautismo era reconocida y practicada por Pedro como una característica importante de la vida de la Iglesia. El testimonio de su prominencia en los primeros capítulos de Hechos ya ha sido discutido. Es evidente, según I Pedro 3:21, que esta importancia no disminuyó con el decursar del tiempo. Aunque Pedro declara que no hay una eficacia salvífica en el bautismo, habla del bautismo con agua como una señal de la resurrección de vida recibida en el corazón por la fe.[23]

Las fiestas de amor que se acompañaban con la Cena del Señor se mencionan sin mayor detalle en 2 Pedro 2:13. La evidencia extra bíblica

---

[21]K. S. Wuest, *First Peter in the Greek Testament* (Grand Rapids: Eerdmans, 1945), p. 53.
[22]*Ibid.*, p. 126.
[23]Cf. Blenkin, *op. cit.*, pp. 78-80.

las describe como un tiempo cuando los grupos cristianos se reunían para orar, leer las Escrituras, comer juntos, ofrendar para las viudas y los huérfanos, la lectura y escritura de comunicación con otras iglesias, y la observancia de la Cena del Señor.[24]

VI. ESCATOLOGIA

A. La Venida de Cristo

Existe una distinción en el pensamiento de Pedro relativo a los sucesos involucrados en la venida de Cristo. Aunque no habla en términos de rapto y regreso, ese parece ser el significado de sus enseñanzas. La primera Epístola hace énfasis en la venida de Cristo con relación a los suyos (el rapto), y la Segunda con relación a los perversos (el regreso). Aunque Pedro no lo llama el rapto, habla de los sucesos relacionados con el acontecimiento de la venida de Cristo por los suyos. Por ejemplo, será entonces que los creyentes serán recompensados (I P. 1:7). La salvación será consumada, y Dios glorificado en Sus santos (I P. 1:12; 2:12; 5:1). A la luz de esos hechos, los cristianos deben tener un sentido de urgencia respecto al servicio cristiano (I P. 4:7).

Las recompensas también están asociadas con la venida del Señor por sus santos. Se dará recompensa individual por la firmeza en la fe (I P. 1:7). La venida de Cristo consumará la salvación, que en sí misma es una recompensa dejando de manifiesto la completa revelación de la gracia de Dios (1 P. 1:13). A los ancianos fieles se les ofrece particularmente una corona de gloria en Su venida (I P. 5:1), y, por supuesto, todos los creyentes serán recompensados al ser capacitados para ver a Aquel a quien aman (I P. 1:8).

En relación con la segunda venida de Cristo, lo cual concierne particularmente a los perversos, Pedro habla más extensamente. Por un lado, hace énfasis acerca de la certeza de su venida, y para Pedro esa certeza estaba basada en la experiencia confirmatoria de ser un testigo ocular de la transfiguración (2 P. 1:16-18). La propia seguridad de Pedro se destaca marcadamente por encima de la ignorancia voluntaria de los burladores tocante al hecho de Su venida (2 P. 3:1-7). Por otro lado, Pedro asocia el juicio con Su venida (2 P. 1:16; 2:1, 3-4; 3:7). En sus primeros mensajes registrados en Hechos también conectó el reino prometido a Israel con la venida de Cristo (Hch. 3:17-26).

---

[24]"Lock, "Love-Feasts," *Hasting's Bible Dictionary* (Edinburgh: T. & T. Clark, 1899). III. 157-58.

B. *Los Falsos Maestros* (2.ª Pedro 2:1-22)

El tema principal de la Segunda Epístola de Pedro concierne a la apostasía en la Iglesia. En algunos aspectos esto está relacionado con la eclesiología y en otros aspectos con la escatología. La palabra de Pedro es predictiva, mientras que la de Judas es histórica. Los apóstatas son subrepticios en su conducta (vv. 1-3), heréticos, negadores de Cristo, infecciosos lascivos, blasfemos, codiciosos, y egoistas. Su condenación (vv 4-9) es cierta, habiéndolos Dios puesto hace mucho tiempo en la categoría de reos que esperan la sentencia; y es asegurado por ejemplos históricos de los juicios pasados de Dios sobre el pecado. Las características de los falsos maestros (vv. 10-22) incluyen licenciosidad, altanería, irracionalidad, sensualidad, temeridad, hipocresía, infamia, vanidad, inestabilidad, orgullo, sutileza, sin poder e ignorantes. De la descripción que Pedro hace podemos deducir que estos maestros disfrazarán su falsa enseñanza con palabras sonoras, mezclando la verdad con el error, para engendrar así incredulidad a la verdad. También es parte de su estrategia desacreditar la obra de Cristo, lo cual trae consigo las consecuencias inevitables de vidas inmorales y pecadoras (2 P. 2:10, 14, 18). Pedro no alberga esperanzas de que la presencia de los falsos maestros en la Iglesia pudiese ser evitada. Ellos vendrán y estarán activos hasta que sean destruídos por el juicio de Dios. Mientras tanto los creyentes deben de ser advertidos contra los peligros de sus enseñanzas.

C. *El Día del Señor*

Pedro introduce el tema del Día del Señor sin usar una frase preliminar o calificativa porque era innecesario explicar el concepto a sus lectores. El entendimiento que poseían del significado de dicha frase los lleva a asociarla con la venida y reino del Mesías,[25] y ya que Pedro no lo califica en ninguna forma, indudablemente ese era el significado que intentaba darle. Aunque un estudio profundo de lo que la Biblia dice acerca del Día del Señor resultaría en una lista mucho más larga, Pedro sólo extrae dos hechos en conexión con ese día: la venida de Cristo y la destrucción de los cielos y la tierra (2 P. 3:10). El sugiere que estos sucesos están separados por algún tiempo, porque la destrucción ocurre

---

[25]G. N. H. Peters, *The Theocratic Kingdom of Our Lord Jesus, The Christ* (Grand Rapids: Kregel, 1952), II, 409.

La Teología de Pedro 253

dentro de ese período ("en el cual"). Aunque no hay una mención específica al milenio, dicha doctrina es permitida mediante el uso de la expresión "en el cual".

D. El Día de Dios

Muchos entienden que no hay diferencia alguna entre el Día del Señor y el Día de Dios porque al parecer Pedro conecta la destrucción de la tierra con ambas frases (2 P. 3:12).[26] Sin embargo, una traducción correcta del versículo 12 revelaría la fuerza de la preposición *dia*, a causa de. El significado es que la venida del Día de Dios se debe a la disolución de los elementos. De modo que la destrucción es en el Día del Señor y como una preparación para el Día de Dios, el cual le sigue. En otras palabras, el Día de Dios es el estado eterno (cf. v. 18, donde se usa la frase paralela "día de la eternidad"). La característica principal del Día de Dios es que mora la justicia (hace su habitación) en él. El creyente anticipa y añora tal suceso.

No es difícil ver cómo la escatología de Pedro también es Cristológica. La venida de Cristo, la enseñanza no redentora de los falsos maestros, el Día del Señor, y el Día de Dios todos enfocan al Salvador. La última exhortación de Pedro une la escatología con Cristología. Según el conocimiento de las cosas futuras debe de constituir un incentivo poderoso para que el creyente crezca en la gracia y el conocimiento de Jesucristo. Esto es típico de toda la teología petrina.

Capítulo II

LA TEOLOGIA DE JUDAS

Tanto la cronología como los temas vinculan la Segunda Epístola de Pedro con el libro de Judas. La paternidad literaria las distingue. Desde el punto de vista del progreso de la doctrina, entonces, la teología de Pedro y Judas deben tratarse como una unidad. Sin embargo, considerándolas como agentes de revelación debe de hacerse alguna distinción. Por lo tanto, se ha colocado la teología de Pedro y Judas bajo la misma sección pero se ha separado la una de la otra.

I. TRASFONDO HISTORICO

Se sabe poco acerca del autor de esta corta Epístola. Era hermano de Santiago, medio hermano de nuestro Señor, e incrédulo hasta después de la resurrección (Mt. 13:55; Mr. 6:3; Juan 7:5; Hch 1:14). El hogar de José y María debió de haber proporcionado una atmósfera piadosa en la cual Dios era temido y se aprendía su Palabra. Su relación con Jesús le dio cierta ventaja cuando creyó finalmente.

No hay pista alguna en la Epístola misma tocante a la identidad de los destinatarios. No es remoto pensar que los lectores hayan sido cristianos palestinos, tanto como judíos como gentiles. El peligro de los falsos maestros del que Pedro había advertido era una realidad cuando Judas escribió, y su carta urgente fue escrita a la luz de esa crisis. Se evidenciaba una condición de apostasía mucho más seria cuando Judas escribió, haciendo más probable que II Pedro fuese escrita antes de Judas. Parece que Judas da por sentado la existencia de II Pedro en los versículos 17-18. La interrelación de las dos cartas es evidente pero más fácilmente explicada si Judas, la Epístola más corta, escrita por una persona menos conocida, fue escrita después de II Pedro.[1]

II. EL SEÑORIO DE CRISTO

Aun cuando el contenido de Judas concierne principalmente a los falsos maestros, hay que estar de acuerdo con Stevens, quien dice que la doctrina del señorío de Cristo es "el principal postulado doctrinal de la carta".[2] En lo que respecta a esto, Judas tiene ciertas ideas básicas en la subestructura teológica de su pensamiento.

A. Cristo es Dios y Amo Absoluto (v. 4)

Aunque hay desacuerdo entre los comentaristas concerniente a si "Amo" se refiere a Dios o a Cristo, no haya duda tocante al significado de *despotēs,* la palabra traducida Señor o Maestro. Significa uno que tiene una autoridad absoluta, no restringida. Probablemente Trench está en lo correcto al decir que "es a Cristo, pero a Cristo como Dios a quien se le adjudica el título".[3] Jesucristo es déspota, es decir, uno quien posee autoridad absoluta y sin límite. Esto era básico para la teología de Judas.

B. Ya Que Cristo es Amo, el Cristiano es su Esclavo (v. 1)

Doulos, esclavo, es una idea correlativa para *despotēs,* Amo. "El que se dirige a otro como déspota pone un énfasis de sumisión en su discurso el cual *kyrie* no habría poseído".[4] Si Cristo es nuestro Amo, la única opción para el cristiano es la de esclavo.

C. Cristo También es Señor (v. 21)

Kyrios, Señor, es una palabra menos autoritaria que déspota. En la mayordomía de una casa griega el hombre era un déspota respecto a sus

---

[1]Véase R. C. H. Lenski, *The Interpretation of the Epistles of St. Peter, St. John and St. Jude* (Columbus, Ohio: Lutheran Book Concern, 1938), pp. 597-602; para el punto de vista opuesto cf. M. R. James, *The Second Epistle General of Peter and General Epistle of Jude, Cambridge Greek Testament* (Cambridge: University Press, 1912), pp. x-xvi.

[2]*The Theology of the New Testament,* p. 318.

[3]R. C. Trench, *Synonyms of the New Testament* (London: Kegan, Paul, Trench & Co., 1886), p. 98.

[4]*Ibid.,* p. 96.

esclavos y un *kyrios* con respecto a su esposa e hijos. De esa forma, *kyrios,* Señor, incluye la idea de desear el bien de los que están bajo sujeción. Un déspota podría hacer eso también, pero esa connotacion no es inherente en el significado de dicha palabra. Nótese que el uso de Judas de Señor está relacionado con Su misericordia.

III. LA SALVACION DE CRISTO

Para ser una carta tan corta contiene un notable énfasis en la salvación, especialmente cuando el propósito de la carta se relaciona con otro tema. Y aún así no es tan notable, porque escribir acerca de la común salvación era la intención original de Judas (v. 3).

A. *El Aspecto Pasado de la Salvación*

Con relación al aspecto pasado de la salvación Judas habla de elección, retribución, responsabilidad humana, y fe. Se refiere a la elección en los versículos 1, 4 y 5. La retribución se ve en el hecho de que los apóstatas "habían sido destinados" para juicio (v. 4). La Escritura que hace referencia a los apóstatas debió haber sido la profecía de Enoc, y aun cuando no hay referencia directa a un decreto no hay duda alguna en la mente de Judas de que los apóstatas de aquellos días habían sido destinados a la condenación. La responsabilidad humana se ejemplifica en los israelitas incrédulos en el desierto y en los falsos e impíos maestros en la Iglesia del tiempo de Judas. La fe como el fundamento sobre el cual se edifica la vida cristiana se menciona en el versículo 20. Stevens[5] toma la fe del versículo 3 como la experiencia humana subjetiva, pero probablemente es una referencia al conjunto objetivo de la verdad.

B. *El Aspecto Presente de la Salvación*

Aun cuando el cristiano es guardado por Dios (v. 1), debe mantenerse a sí mismo en la vida cristiana (v. 21). Esto implica la práctica constante de tres cosas: edificación, oración y espectación (vv. 20-21 donde los tres participios presentes explican el simple mandamiento *conservaos*). El crecimiento cristiano, la oración dirigida por el Espíritu, y una actitud expectante con respecto a la venida de Cristo son esenciales para la experiencia presente de la salvación.

[5]*Op. cit.,* p. 312.

C. El Aspecto Futuro de la Salvación

Lo que Dios ha comenzado lo consumará (v. 24). El nos guardará de la caída y nos presentará sin falta con respecto a Su propia gloria con gran gozo. La gloria de Dios es la norma absoluta para nuestra glorificación futura, y su logro es cierto a través del poder de Dios.

IV. Los Libertinos

A. Sus Identificaciones

"Libertinos" es un buen nombre para los apóstatas quienes, según Judas, estaban invadiendo la Iglesia, porque evidentemente eran gente más interesada en vivir la falsa doctrina que en enseñarla. Habían convertido la gracia de Dios en una codicia desenfrenada en sus vidas. Su negación del Señor era más en la vida que en la doctrina, y en la opinión de Judas, no eran personas salvas (v. 19).

B. Sus Características

Es muy notable encontrar a estos incrédulos asociándose a sí mismos con la Iglesia en sus fiestas de amor (v. 12). Sin embargo, se diferenciaban del resto del grupo (v. 12) y rehusaban colocarse a sí mismos bajo la autoridad de los pastores reconocidos dentro del grupo (v. 12). Su nota clave era el desafío (cf. v. 8); su motivación era sus propios deseos (v. 16); y su meta su propio provecho (v. 16).

C. La Reacción del Cristiano Hacia Ellos

Aunque el texto es algo incierto en los versículos 22-23, parece como si hubiera tres posibles actitudes que un creyente debe tener hacia los libertinos, dependiendo de las circunstancias. Para aquellos que se separan a sí mismos el creyente debe tener misericordia, porque en su vaivén necesitan ser tratados con gran cuidado. Otros deben ser quitados del fuego de la situación en que viven en el presente. Todavía hay otros quienes evidentemente han ido mucho más profundo en el pecado. A esos el cristiano debe mostrarle una temerosa misericordia para que no piense con ligereza acerca del pecado del cual está tratando de sacarlos. La cosa notable acerca de este consejo es que Judas

después del fuerte lenguaje que ha usado para describir la perversidad de aquellos corruptos en medio de la comunidad cristiana, en su consejo tocante a los diferentes métodos que deben ser usados para tratar con quienes se están descarriando o se han descarriado, no recomienda ninguna denuncia.[6]

Algunas veces la denuncia será necesaria, pero en la mayoría de los casos, hace más daño que bien.

D. Su Juicio

El juicio es cierto. Enoc lo profetizó (vv. 14-15), y lo que vino sobre los israelitas incrédulos, los ángeles que pecaron, y Sodoma y Gomorra lo asegura (vv. 5-7). El patrón de los juicios pasados afirma que el juicio para los libertinos será con fuego eterno (v. 7). Judas también hace énfasis repetidamente que es un juicio merecido (cf. v. 15).

V. BIBLIOLOGIA

La cuestión de la citación por parte de Judas de una fuente no canónica frecuentemente ha obscurecido sus referencias a los libros canónicos. En su corta Epístola se refiere de cinco a seis incidentes registrados en el Antiguo Testamento. Estos son: el éxodo de Egipto (v. 5), la destrucción de Sodoma y Gomorra (v. 7), la historia de Caín (v. 11), el relato de Balaam (v. 11), y la contradicción de Coré (v. 11). El relato de los ángeles que no guardaron su primer estado podría ser una sexta referencia (Gn. 6:1-4). Estas referencias muestran la influencia de un piadoso hogar judío donde los hijos eran enseñados en las Escrituras del Antiguo Testamento. A este respecto Santiago y Judas son similares.

Judas también incluye referencias y alusiones a los libros no canónicos, la Asunción de Moisés y el Libro de Enoc (vv. 6, 9, 13-15). Estos también muestran la influencia del trasfondo judío de Judas, porque estos libros constituían una parte valiosa de la herencia de literatura hebrea, e indudablemente Judas fue enseñado a respetarlos. Algunas veces se deduce de estas citas que toda la doctrina de la inspiración de los libros canónicos del Antiguo Testamento es menoscabada; pero las citas de Judas

No nos autoriza afirmar que él aprobó el libro citado. Pablo cita de los poetas griegos; de Arato (Hch. 17:28), de Menander (I Co. 15:33) . . . y de Epimenides (Tit. 1:12). ¿Imagina alguien que Pablo aprueba todo lo que

---

[6]A. Plummer, *The General Epistles of St. James and St. Jude, The Expositor's Bible* (Grand Rapids: Eerdmans, 1943), VI, 666.

esos poetas escribieron? ... De la misma forma Judas cita un pasaje de un libro no canónico, no porque él acepte todo el libro como verdad, sino que recibe, esa predicción particular como de Dios.[7]

VI. La Doctrina de los Angeles

Nuevamente, para ser una carta tan corta es sorprendente encontrar tanto acerca de los ángeles, aunque la mayoría de las referencias son solo incidentales. Es evidente que Judas asume por completo la existencia de toda clase de ángeles: los ángeles buenos, los ángeles malos, un arcángel, y Satanás. El infiere que Satanás es la más alta de las criaturas de Dios, porque Miguel el arcángel tuvo que acudir al Señor para reprender a Satanás. En el caso de la muerte de Moisés, los ángeles estaban interesados en su cuerpo (cf. Lc. 16:22). También está claro que Judas pensaba como Pablo acerca del respeto que se debe a los ángeles quienes están presentes en la asamblea de los creyentes (v. 8; cf. I Co. 11:10). Usa un argumento *a fortiori* en el versículo 8: los libertinos manifestaban una actitud y un lenguaje en contra de los ángeles buenos que ni aun Miguel el arcángel se atrevería a usar en contra de los ángeles malos. Judas también afirma que los ángeles acompañarán al Señor en Su venida (v. 14).

La referencia principal a los ángeles, sin embargo, es aquella hecha a los que no guardaron su primer estado (v. 6). El versículo es recordatorio de un relato en el libro de Enoc que amplía la historia en Génesis 6:1-4. Evidentemente Satanás persuadió a algunos de los ángeles quienes orginalmente calleron con él a cohabitar con mujeres de la tierra, y Dios los confinó inmediatamente por causa de la obscena naturaleza de ese pecado. Los otros ángeles caídos que no participaron en este pecado aún están libres para rondar el mundo como demonios cumpliendo los designios de Satanás. La Septuaginta tiene la palabra *ángeles* en Génesis 6, y ésta fue la interpretación uniforme del judaísmo y de la Iglesia primitiva (con la excepción de Julius Africanus en todo el período ante Niceno). La palabra del Señor concerniente a que los ángeles no se casan ni se dan en casamiento en la resurrección (Mt. 22:30) no contradice la interpretación de Génesis 6:1-4, porque el Señor simplemente señala que con cuerpos resucitados no habrá procreación de bebés humanos así como los ángeles no pueden procrear hijos angelicales. Pero El no dice que los

[7]W. C. Moorehead, "Jude, The Epistle of" *International Standard Bible Encyclopaedia,* III, 1771.

ángeles no pudieron haber cohabitado con mujeres para producir hijos anormales, ni aun humanos. De cualquier forma, en la mente de Judas la interpretación de ángeles de Génesis 6 sería indudablemente la única que él conocía, y ya que estudiamos la teología de Judas debe admitirse que la referencia en su Epístola es a ese suceso. Este énfasis natural sobre la angeleología refleja nuevamente el trasfondo del autor.

En resumen, puede decirse que la teología de Judas se asemeja a la de Santiago, saturada con un conocimiento del Antiguo Testamento, y enfatiza el señorío de Cristo con su adecuada conducta cristiana concomitante. Todos los elementos de la teología apostólica están presentes en este corto ejemplo de la teología de Judas: los principios de la gracia y la fe, la salvación a través de Cristo, la vida cristiana santa, la venida de Cristo y el juicio. La carta nació en medio de dificultades en la Iglesia, pero no la teología, porque ésta estaba evidentemente elaborada en la mente del escritor mucho antes de escribir la carta.

Septima Parte
LA TEOLOGIA DE JUAN

Capítulo I

INTRODUCCION

La Teología Bíblica investiga el "progreso históricamente condicionado de la revelación". Como se señaló en la introducción, esto quiere decir que el estudio se interesa en las personas a través de quienes se ha dado la revelación (la condición histórica) y con los períodos en los cuales vino (el progreso de la doctrina). Generalmente en el Antiguo Testamento los períodos son más prominentes; mientras que en la Teología Bíblica del Nuevo Testamento lo es la condición histórica. En el caso de la teología Juanina hay una combinación notable de estos dos factores, porque estamos tratando con una persona[1] específica, cuyo carácter se estampa en sus escritos, los cuales se efectuaron durante el último período del progreso de la revelación. Por esto,

la enseñanza doctrinal de Juan, el Apóstol del Amor, ocupa no meramente el último sino también el más alto lugar en la sucesión de los testimonios apostólicos . . . Como en lo natural, también en lo espiritual, aquello que es más noble tarda más en perfeccionarse. Pedro y Pablo y han declarado su testimonio escrito, y dejaron la escena de su actividad terrenal, antes de que se oyese el testimonio de Juan . . . No es de sorprenderse que la Iglesia de todas las edades haya adjudicado el más alto valor al testimonio del amigo íntimo del Señor, el venerable y profundo apóstol Juan. Si la literatura petrina manifiesta una característica judeo cristiana, la paulina revela una gentil cristiana. Vemos aquí toda la lucha entre el Evangelio y el judaísmo por un lado, y el paganismo por el otro, replegarse enteramente a la retaguardia; y el cristianismo es reconocido, en el sentido más completo de la palabra, como la religión absoluta. De esta forma, se obtiene el punto más alto; y, al mismo tiempo, el desarrollo futuro de la Iglesia y

---

[1] El apóstol Juan era un intuicionista y un místico. No polemiza, sino que ve . . . lo que los hombres necesitan no es más luz, sino vista". G. B. Stevens, *Theology of the New Testament* (Edinburgh: T. & T. Clark, 1899), p. 566.

de la teología se bosqueja de manera amplia. El modelo petrino recibe la preferencia del Catolicismo Romano, el paulino en el desarrollo protestante de la Iglesia y de la doctrina, la teología juanina parece estar destinada enfáticamente a ser la teología del futuro.[2]

Hay dos maneras principales de tratar la teología juanina. Una considera todos los escritos de Juan como una unidad.[3] La otra separa el Evangelio y lo trata desde el punto de vista de la teología de Jesús, en lugar de la teología de Juan.[4] Este último acercamiento es preferible si el concepto básico que se tiene de la Teología Bíblica del Nuevo Testamento es que las enseñanzas de Jesús son su punto focal del cual emanan y evolucionan otros tipos de enseñanza apostólica. Tratar todos los escritos de Juan como una unidad es más deseable si uno prefiere enfatizar la individualidad del tipo de pensamiento juanino, y aún Stevens en su *Teología del Nuevo Testamento,* la cual no sigue este método admite que "todo el Evangelio, como la Primera Epístola, incorpora la teología de Juan y ejemplifica el estilo, la terminología y el modo de concebir la verdad cristiana juanina".[5]

Indudablemente hay ventajas y desventajas en cualquier plan, y uno debe escoger según su concepto básico de la Teología Bíblica. Este escritor considera imperativo tratar la teología juanina como una unidad distintiva y climáctica, haciendo necesario considerar como un todo estos escritos. La mayor desventaja que este método ofrece es que excluye los discursos cristológicos juaninos de la teología de Jesús, pero ya que, como se ha señalado en la teología Sinóptica, la teología de Jesús fue preservada en los escritos históricamente condicionados de los hombres, esta no es una desventaja seria. Las ventajas son considerables, y el resultado de la aplicación de este método debe establecer mejor el "progreso históricamente condicionado de la revelación como se depositó en la Biblia".

---

[2] J. J. Van Oosterzee, *The Theology of the New Testament* (New York: Dodd & Mead, 1871), pp. 372-73.

[3] Como Wiss, Sheldon, y Stevens en su *The Johannine Theology* (London: Dickinson, 1894).

[4] Como Van Oosterzee, Beyschlag, y Stevens en su *The Theology of the New Testament.*

[5] P. 175.

Capítulo II

TRASFONDO HISTORICO Y CRITICO

Siempre es necesaria la discusión de ciertos asuntos introductorios en cada sección de la Teología Bíblica. Algunos son históricos y proporcionan el trasfondo para los escritos involucrados, mientras que otros son críticos. Ahora damos atención a estos asuntos.

I. La Vida de Juan

Para entender la teología uno debe conocer algo del instrumento humano a través de quien vino. La vida de Juan naturalmente se divide en dos períodos. El primero concluye con su partida de Jerusalén después de la ascensión de Cristo, y el segundo continúa desde ese tiempo hasta su muerte. La fuente de información para los hechos del primer período es bíblica y para el segundo es extra bíblica.

No se sabe nada concreto acerca del nacimiento de Juan, excepto que evidentemente era mucho más joven que Jesús y que debió haber nacido en Bethsaida (Juan 1:44). Era el hijo de Zebedeo y Salomé, y tenía un hermano menor, Santiago. Evidentemente pertenecía a una familia acomodada, porque tenían sirvientes (Mr. 1:20), y su madre ayudó en el sostén de Cristo y su comitiva (Mr. 15:40-41), y Juan mismo estaba personalmente familiarizado con el sumo sacerdote quien siempre era elegido de la clase más alta (Juan 18:15). Su ambiente hogareño en Galilea habría dado a Juan una influencia griega en su perspectiva cultural. Probablemente nunca asistió a escuelas rabínicas (Hch. 4:13), pero seguramente · tuvo el entrenamiento religioso completo de un hogar judío que observaba el ritual litúrgico del judaísmo. Por lo menos muestra familiaridad detallada con ello en sus escritos.

Aunque los artistas generalmente han pintado a Juan como una persona afeminada, su carácter era muy diferente. Los galileos eran por naturaleza industriosos, hombres rudos de acción (cf. Juan 6:14-15). Juan, quien era conocido como hijo del trueno (Mr. 3:17), no era la excepción. Reseñas de él en los otros Evangelios lo presentan como un fanático intolerante (Mr. 9:38; Lc. 9:49), vengativo (Lc. 9:54), e intrigante (Mt. 20:20; Mr. 9:35). El poder de Cristo obró en Juan tanto como en Pedro, porque por naturaleza él era un típico galileo, pero mediante la nueva naturaleza vino a ser el Apóstol del Amor.

No se sabe cuánto tiempo permaneció Juan en Jerusalén después de Pentecostés. Formaba parte de la delegación que fue a Samaria después de la predicación de Felipe allí, pero evidentemente no estaba en Jerusalén cuando Pablo visitó por primera vez la ciudad (Gá. 1:18-19), aunque debió haber estado allí después como uno de los apóstoles mencionados en el concilio (Hch. 15:6). Sin embargo, la evidencia confiable de la tradición es que eventualmente se fue a Efeso. La tradición también tiene el apoyo de la inferencia del Apocalipsis, de que fue escrito por alguien que era un líder en el Asia Menor y específicamente en Efeso, la primera iglesia mencionada. La literatura extra bíblica está repleta de relatos de las actividades de Juan. Entre los más notables están (1) Cerinto en la casa de baño, (2) el muchacho que se convirtió en bandolero, y (3) la amonestación constante de amarse unos a otros.[1]

Juan es bien conocido como el Apóstol del Amor, pero también fue un hombre que aun en el ocaso de su vida era firmemente intolerante hacia la herejía. Ambos aspectos del hombre—el amor y la firmeza, se ven, por ejemplo, en la misma Epístola, I Juan. Tal vez la palabra *vehemente* es la mejor manera de describir su carácter. En sus acciones, en amor para el hermano, en la condenación de los rechazadores de Cristo era el Apóstol de la vehemencia. Este fue el instrumento a través del cual vino la teología Juanina.

II. Asuntos de Introduccion

Aunque esta sección pertenece principalmente al área de la introducción del Nuevo Testamento, se debe tocar ciertos asuntos relacionados con la introducción a la Teología Bíblica. Por ejemplo, si no se divorcia los dichos de Cristo registrados en el Cuarto Evangelio de la teología Juanina, entonces el problema de la paternidad literaria del

---

[1]La evidencia y estas historias estń convenientemente recolectadas en A. Plummer, *The Gospel According to St. John, Cambridge Greek Testament* (Cambridge: University Press, 1891), pp. xvii-xviii.

Evangelio viene a ser importante. Para un estudio más completo de estos temas el estudiante debe consultar la literatura tocante a la introducción del Nuevo Testamento.

A. *Paternidad Literaria del Evangelio*

El liberalismo antiguo sostenía que el Evangelio de Juan era espurio, considerándolo como una muestra del pensamiento helenizante del segundo siglo. El liberalismo más reciente sostiene que el Evangelio fue una edición genuina de las memorias de Juan compuesta por algún editor desconocido o por algún discípulo de Juan.[2] La neortodoxia piensa que Juan no lo escribió, aunque las verdades contenidas son asuntos muy vitales. Los conservadores han mantenido que el Evangelio fue escrito por Juan el hijo de Zebedeo.

La evidencia externa a favor de la paternidad literaria juanina es abundante y uniforme después del 170 d.C. Antes de esa fecha las alusiones son más escasas, pero no ausentes del todo. Una fuente no común de evidencia externa en el caso del Evangelio de Juan proviene de las primeras sectas heréticas. Después de citar su evidencia, Lightfoot concluye:

> Difiriendo en casi cualquier otro particular, la heterodoxia se une para dar testimonio del Evangelio de Juan . . . Una gran cantidad de la literatura heterodoxa puede investigarse con el fin de demostrar la aceptación general fuera de la Iglesia del carácter genuino del Evangelio de Juan en su período muy temprano en el segundo siglo.[3]

El argumento a favor de la paternidad literaria juanina basado en la evidencia interna del Evangelio mismo es general y bien conocido. Es como tres círculos concéntricos. (1) El círculo más grande prueba que el autor era un judío palestinense. Esto se muestra por su uso del Antiguo Testamento (cf. Juan 6:45; 13:18; 19:37), por su conocimiento de las ideas, tradiciones, esperanzas judías (cf. Juan 1:19-49; 2:6, 13; 3:25; 4:25; 5:1; 6:14-15; 7:26ss.; 10:22; 11:55; 12:13; 13:1; 18:28; 19:31, 42) y por su conocimiento de Palestina (1:44, 46; 2:1; 4:47; 5:2; 9:7; 10:23; 11:54). (2) El círculo del medio prueba que el autor era un testigo ocular. Esto se evidencia mediante la observación de la exactitud de los detalles del tiempo, lugar, e incidentes en el Evangelio (cf. Juan 1:29, 35, 43; 2:6;

---

[2] G. Appleton, *John's Witness to Jesus* (New York: Association Press, 1955), p. 9.
[3] J. B. Lightfoot, *Biblical Essays* (London: Macmillan, 1893), p. 121.

4:40, 43; 5:5; 12:1, 6, 12; 13:26; 19:14, 20, 23, 34, 39; 20:7; 21:6), y notando las descripciones hechas de ciertas personas (por ejemplo, Andrés, Felipe, Tomás, Natanael, la mujer de Samaria, Nicodemo) lo cual es peculiar a Juan. (3) el tercer círculo concluye que el autor era Juan. Esto se hace primeramente mediante un proceso de eliminación de los otros que pertenecieron al círculo íntimo de los discípulos y luego al citar la evidencia confirmatoria.

Sin embargo, surge la pregunta referente a si el Juan que escribió tanto el Evangelio como las Epístolas era realmente Juan el hijo de Zebedeo o Juan el anciano de Efeso. La literatura de la Iglesia primitiva menciona un presbítero llamado Juan en Efeso, lo cual ha causado que algunos concluyan que Juan el hijo de Zebedeo era diferente del Juan de Efeso y que fue este último quien escribió esos libros.[4] Los argumentos a favor de la paternidad literaria de los Evangelios y las Epístolas son concluyentes,[5] y cualquier diferencia inevitable y natural es absorbida por el número abrumador de semejanzas. Por lo tanto, la interrogante es, ¿Fue el autor Juan el apóstol o Juan el anciano?

Algunas razones para no identificar a Juan el apóstol con Juan el anciano son: (1) un hombre sin letras (Hch. 4:13) no podría haber escrito algo tan profundo como el Cuarto Evangelio; (2) el hijo de un pescador no habría conocido al sumo sacerdote; (3) un apóstol no se designaría a sí mismo como un presbítero como lo hace el autor de las Epístolas (4) ya que el escritor del Cuarto Evangelio usó Marcos no podría ser Juan, porque un apóstol no usaría el trabajo de uno que no era apóstol. No es difícil encontrar respuestas a estos argumentos. (1) El significado de "sin letras" se considera desde el punto de vista de un entrenamiento formal en las escuelas rabínicas y no significa ignorante; (2) no se puede asumir que todos los pescadores eran de la clase baja; (3) El apóstol Pedro se llama a sí mismo un presbítero (I P. 5:1), así que ¿por qué no podría Juan hacer lo mismo? (4) Mateo, un apóstol, usó Marcos, según la crítica, pero ese argumento nunca es usado en contra de que Mateo fue el autor del Primer Evangelio. Además, si Juan el anciano es el autor del Evangelio, y por lo tanto el discípulo amado, se hace difícil explicar porqué una persona tan importante como el hijo de Zebedeo nunca se menciona

---

[4]Ireneo en Eusebio, *Ecclesiastical History*, V, viii y xx; Papías en *Ibid.*, III, xxxix; Policrates en *Ibid.*, V, xxiv; Moratori en el canon.
[5]La evidencia se construye en los pasajes paralelos (es decir, Juan 1:1; I Juan 1:1), en las frases comunes (es decir, "unigénito", "nacido de Dios"), construcciones comunes (el uso de conjunciones en lugar de cláusulas subordinadas), y temas comunes (*agape*, amor; *phos*, luz, *zoe*, vida, *meno*, habitar.)

en ese Evangelio. Tomando en cuenta su valor intrínseco, la evidencia señala a un único escritor del Evangelio y las Epístolas, Juan el apóstol, el hijo de Zebedeo, quien es el mismo identificado como Juan el anciano quien pasó los últimos años de su vida en Efeso.

B. Fecha y Lugar de la Escritura del Evangelio

La tradición es unánime en asignar a Efeso como el lugar de la escritura del Evangelio. Los ancianos de las iglesias de Asia probablemente habían pedido a Juan que escribiera antes de morir las cosas que les había enseñado oralmente. Es evidente en el libro que el autor está mirando restrospectivamente (7:39; 21:19), y no es de dudarse que haya sido publicado entre el 85 y el 90 (aunque es posible que haya sido escrito antes de esa fecha).[6]

C. Fecha y Lugar de la Escritura de la Primera Epístola

El contenido de I Juan parece presuponer un conocimiento del Evangelio y, como no hace mención alguna de la persecución bajo Domiciano en el 95, probablemente fue escrito cerca del 90 d.C. No hay un destinatario o saludo, lo cual señala que es más una homilíada que una carta personal. Probablemente fue escrita desde Efeso a todas las iglesias de Asia Menor.

D. Asuntos Concernientes a II Juan

Nuevamente el estudiante es remitido a otros libros cuyo campo es discutir estos asuntos con mayor amplitud,[7] pero para el propósito de esta obra la posición que se toma es que la Segunda Epístola fue escrita

---

[6]Nótese el dilema de la crítica que argumenta a favor de una fecha entre 110 y 165 y asume que Juan no la escribió. Si el Evangelio fue publicado entre 110 y 140, ¿por qué los cientos de cristianos que aún vivían y que habían conocido a Juan durante sus últimos años no denunciaron dicho Evangelio como espurio? O por lo menos ¿por qué nadie mencionó que no procedía de Juan mismo? Si no fue publicado hasta 140-165 ¿cómo podría haber sido aceptado universalmente por el 170 como lo fue? Además, el descubrimiento de los fragmentos de Rylands del Evangelio de Juan (generalmente fechado en el segundo cuarto del segundo siglo) favorece una fecha de composición dentro del primer siglo.

[7]Plummer tiene un buen resumen de los puntos de vista sobre "señora elegida" en *The Epistles of St. John, Cambridge Greek Testament* (Cambridge: University Press, 1886), p. lxxvii.

muy poco tiempo después de la Primera a una dama desconocida y a sus hijos quienes residían en la vecindad de Efeso.

E. *Asuntos Concernientes a 3.ª Juan*

Esta Epístola tambíen puede ser fechada cerca del tiempo de las otras; es decir, el 90. Indudablemente fue escrita desde Efeso (porque "su tono revela haber sido escrita desde un cuartel general"[8]) a una iglesia bajo la supervisión de Juan.

III. Efeso

Ningún trasfondo histórico para la teología Juanina estaría completo sin una descripción de Efeso.

A. *La Ciudad de Efeso*

Efeso descansa ventajosamente en medio de una planicie fértil cerca de la desembocadura del río Cayster. Era un centro de comercio tanto del área oriental del mar Egeo como de la que pasa a través de Efeso procedente del Este. Marsella, Corinto, Efeso, y Tarso eran los principales centros de comercio de esè tiempo. La ciudad era la capital de la provincia de Asia Menor y el procónsul romano residía allí. Además, el pueblo tenía una medida de autogobierno, porque se les permitía tener asambleas (Hch. 19:39).

B. *La Iglesia de Efeso*

Según se aprecia en el registro bíblico, la iglesia en Efeso fue fundada por Pablo alrededor del 55. Recibió de él una carta circular como ocho años más tarde. Por algún tiempo Timoteo fue el pastor de la congregación (I Ti. 1:3). Verdaderamente antes de que Juan llegara a Efeso muchos habían trabajado allí (Aquila y Priscila, Hch. 18:19; Pablo, Hch. 19:8-10; Trofimo, Hch. 21:29; la familia de Onesíforo, 2 Ti. 1:16-18; y Timoteo, 2 Ti. 4:9). Después de la destrucción de Jerusalén en el 70 es muy probable que muchos cristianos huyeron a Efeso, así que entre el tiempo de la caída de Jerusalén y el auge de Roma debe decirse que Efeso era el centro del mundo cristiano. "Tocar Efeso era tocar al mundo".

[8]*Ibid.*, p. lxxx.

C. La Moralidad de Efeso

1. *La adoración de Diana.* El templo de Diana, una de las siete maravillas del mundo antiguo, era como un imán que arrastraba a la gente hacia un pozo negro en Efeso. Su magnificenca proverbial era merecida, porque estaba construído con 127 columnas de unos 20 metros de alto rodeando un área de 130 por 67 metros (cerca del tamaño de un campo de futbol ensanchado de ambos lados una tercera parte). Los ricos competían en la dedicación de regalos en el templo, así que se guardaba allí mucha riqueza. También, en el nombre de la religión, era una casa de prostitución. A pesar de la inícua idolatría del lugar, Efeso era una Meca o una Roma de adoración religiosa, y los habitantes de la ciudad se deleitaban en llamarse a sí mismos guardianes del templo de la gran Diana (Hch. 19:35).

2. *La Magia.* La superstición invariablemente acompaña a la idolatría; y Efeso no era la excepción. Alrededor de la estatua de Diana estaban escritos dichos ilegibles que se consideraban poseedores de efectos mágicos. Se hacían tanto hechizos como dichos mágicos y se vendían a los adoradores. Tan universal era el dominio de esta idea de la magia que aun los cristianos hacían uso de sus poderes después de haberse convertido (Hch. 19:13-20; I Juan 5:21). La venta de horóscopos y amuletos de nuestros días se compara sólo débilmente con el tráfico de la magia en Efeso.

D. El Gnosticismo de Efeso

El gnosticismo es en realidad una filosofía que pretende explicar la existencia de la vida. Incluye especulaciones concernientes al origen de la materia con las ideas resultantes acerca de como los seres humanos pueden ser liberados de ésta. La *gnōsis* era considerada como superior a la *philosophia* de los paganos, y contrastaba en alto grado con la *pistis,* fe, del cristiano. La mayoría de sus elementos eran griegos, aunque mezclados con el dualismo oriental. El intelecto era supremo; la fe y la conducta eran definitivamente consideraciones inferiores y secundarias. Esto va en contra de lo que Juan batalla en su Primera Epístola.

En particular, el gnosticismo sostenía que el conocimiento era superior a la virtud, que las afirmaciones de la Escritura no debían ser tratadas literalmente y que sólo en este sentido no literal unos pocos elegidos podían entender que la maldad en el mundo hacía imposible que Dios fuera su creador, que la Encarnación era inverosímil ya que la deidad no podía unirse a sí misma con el cuerpo material,y que no hay resurrección de la carne. Tal doctrina resultó en el docetismo, ascetismo, y antinominianismo.

El docetismo extremo sostenía que Jesús no era humano del todo sino meramente una teofanía prolongada, mientras que el docetismo moderado consideraba a Jesús como el hijo natural de José y María sobre quien vino el Cristo en Su bautismo. Ambas formas son combatidas por Juan (I Juan 2:22; 4:2-3; 5:5-6). El ascetismo fue practicado por algunos gnósticos porque consideraban que la materia era mala. El antinominianismo era la conducta de algunos que pensaban que le conocimiento era superior a la virtud (cf. I Juan 1:8; 4:20). La respuesta de Juan al gnosticismo es la Encarnación. Una Encarnación verdadera produce un ejemplo genuino (I Juan 2:6) el cual debe resultar en una conducta ética adecuada. La arrogancia filosófica (como en el liberalismo), cualquier intento de separar la verdad eterna de su marco histórico (como el bartianismo), y soslayar al Jesús histórico y su ejemplo (como ocurre algunas veces en el fundamentalismo) son todos ecos del gnosticismo contemporáneo. Todo eso hace al estudio de la teología Juanina particularmente pertinente en nuestros días.

IV. Características Sobresalientes de la Teología Juanina

Cuando uno piensa de la teología Paulina, ciertas cosas sobresalen naturalmente, como su doctrina de estar "en Cristo". La teología de Santiago trae a la mente tanto la justificación y las obras como la doctrina de la Palabra. De igual forma, la teología Juanina tiene ciertas características distintivas y distinguibles.

A. *Su Antecedente Es El Paulinismo*

Generalmente no pensamos de una relación entre Juan y Pablo, pero cronológica y teológicamente Pablo precede a Juan. Existe, además, una relación geográfica, porque Juan trabajó en el mismo territorio donde Pablo había puesto los fundamentos. No es difícil descubrir que algunas de las características principales del paulinismo son tomadas por Juan no en el sentido de apropiarse de ellas, sino en el sentido de construir sobre ellas como los antecedentes históricos que eran. Por ejemplo, toma el contraste paulino entre Moisés y Cristo (Juan 1:17; 10:34; 15:25), y el Cuarto Evangelio es el único que no contiene discursos predictivos del futuro de los judíos. Juan también le da gran importancia a la fe (¿qué nuevo cristiano no ha sido retado a contar las veces que ocurre "creer" en el Evangelio?). Aunque siempre se piensa de I Corintios 13 como el capítulo del amor, ¿por qué no podría Juan 13 o toda la Primera Epístola ser considerada también así? El gran tema místico de Pablo de estar "en Cristo" coincide con la enseñanza de Juan (Juan 14:20; I Juan 3:24). De modo que, aunque no hay un antecedente concreto en el sentido de que Juan haya adaptado material de Pablo, si hay un antecedente histórico de que lo que Juan aprendió de Pablo fue captado por su propia mente y lleva el sello distintivo de la personalidad juanina.

B. *Tiene Sus Fundamentos en el Antiguo Testamento*

Esto involucra una paradoja, porque mientras Juan revela su amor hacia el Antiguo Testamento y lo usa para dar a conocer a Cristo, al mismo tiempo manifiesta una hostilidad abierta hacia el judaísmo. Por supuesto, la hostilidad se debía a que los judíos rechazaron aquello a lo cual sus propias Escrituras los hubieran dirigido. Así, el uso de Juan del Antiguo Testamento en el Evangelio (porque sólo hay una referencia directa en las Epístolas) es para extraer de él los tipos y profecías del Mesías. Hay afirmaciones generales que debieran guiar un hombre a Cristo (1:45; 4:22; 5:39, 46). Hay referencias directas que muestran la creencia de Juan en el Antiguo Testamento como la Palabra de Dios inspirada (Abraham, 8:56; la serpiente, 3:14; el esposo, 3:29; el maná, 6:49; el cordero, 1:29; 19:36; los Salmos, 2:17; 10:34; 13:18; 19:24, 36; los profetas, 6:45; Isaías, 12:38, 40; Zacarías, 12:15; 19:37; Miqueas 7:42). También se hace mención de los acontecimientos en la vida de Cristo que dieron cumplimiento a las profecías del Antiguo Testamento (12:14-15; 17:12; 19:24, 28, 36-37; 20:9). "Sin los fundamentos del Antiguo Testamento, sin la completa aceptación de la divinidad inalterable del Antiguo Testamento, el Evangelio de San Juan es un enigma insoluble".[9]

C. *Su Etica*

Esta característica de la teología juanina se evidencia con mayor claridad en la Primera Epístola que en ningún otro de sus libros. Ya que se tratará en detalle más adelante, es suficiente mencionar solo ciertas características generales del énfasis de Juan sobre la ética.

---

[9]B. F. Westcott, *The Gospel of St. John* (London: John Murray, 1908), I, cxxxix-cxl.

1. *La conducta adecuada está basada en el patrón de la vida terrenal de Cristo* (I Juan 2:6).

2. *Esto a su vez está relacionado con la doctrina de la Encarnación* (I Juan 4:1ss). Si la encarnación no es auténtica, entonces no hay fundamento real para la ética.

3. *La conducta cristiana adecuada se demuestra primordialmente mediante el amor al hermano* (I Juan 2:7-11; 4:11-12).

4. *El resultado es una vida de justicia constante* (I Juan 3:4-18). Podría decirse en síntesis que la tesis de Juan en lo que respecta a la ética tiene dos puntos principales: (1) la conducta ética está basada en la sana doctrina y (2) tiene como resultado la imitación de Cristo.

D. *Es Antitética*

La antítesis es otra característica de la teología Juanina — no antítesis en el sentido de contradicciones, sino de contrastes.

1. *La antítesis del cristiano y el mundo.* Indudablemente éste es uno de los pensamientos de Juan más pronunciados. El mundo y el cristiano aparecen separados uno del otro no en un sentido metafísico dualista, sino más bien en un sentido ético. Afirmaciones tales como las que aparecen en Juan 3:16 y I Juan 2:2 rechazan la idea de que el mundo es íntrinsecamente malo. Sin embargo, el cosmos odia a Cristo y a Sus discípulos, está bajo la autoridad del Maligno, es pasajero (Juan 7:7; 8:23; 14:17, 30; 15:19; 17:14; I Juan 3:13, 5:19); por lo tanto, no debe recibir el amor del cristiano (I Juan 2:15-16).

2. *La antítesis de la luz y las tinieblas.* Juan usa tanto la luz como las tinieblas como símbolos para el conocimiento, pero estos símbolos son antitéticos en dos áreas. Son usados para expresar la idea de Dios mismo (I Juan 1:5), y representan las esferas de la vida (I Juan 1:7). Esta última idea está asociada con la cuestión del amor y el odio a los hermanos (I Juan 2:10-11).

3. *La antítesis de la muerte y la vida.* Este aspecto es muy parecido al contraste anterior, porque Juan asociaba la vida con la plenitud de la acción ética correcta y la muerte con la falta de ella (I Juan 3:14; Juan 8:51).

E. *Es Contemplativa*

Juan no es un apologeta o un polemista; era un místico en el sentido cristiano correcto. Las verdades cristianas son presentadas en su propia belleza de manera que los demás puedan ver y creer. Aun para demostrar que Jesús es el Mesías emplea señales milagrosas (2:11; 4:54), y de principio a fin su uso de símbolos es muy descriptivo (10:1; 15:1). Aunque Plummer se refiere sólo al Cuarto Evangelio, ha observado características que se aplican con la misma eficacia a toda la teología juanina:

Estas características combinadas forman un libro [o, mejor aún, a una teología] que no tiene paralelo entre la literatura cristiana, así como su escritor es único entre los maestros cristianos. La obra de aquel que laboró como apóstol durante setenta años. Llamado a seguir al Bautista cuando sólo era un muchacho, y transferido por él rápidamente al Cristo, se puede decir que fue el primero quien desde su juventud fue un cristiano. Por lo tanto, ¿quién podría más adecuadamente entender y expresar en sus proporciones verdaderas y con la adecuada emotividad las grandes verdades de la fe cristiana? No había tenido prejuicios profundamente arraigados que desenraizar, como su amigo Pedro y otros que fueron llamados más tarde en la vida. No había tenido que hacer un viraje violento del pasado, como Pablo. No había tenido la difícil experiencia de viajar a través de la tierra, o como la mayoría de los Doce. El se había quedado en su puesto en Efeso, dirigiendo, enseñando, meditando, hasta que al fin, cuando el fruto llegó a su madurez, se dio a la Iglesia en la totalidad de la belleza que aún es nuestro privilegio poseer y aprender a amar.[10]

---

[10]A. Plummer, *The Gospel of St. John.* pp. xlviii-xlix.

Capítulo III

TEOLOGIA PROPIA

La teología Juanina, a diferencia de la Paulina, puede clasificarse relativamente bajo pocas categorías. Si se excluye el Apocalipsis, el pensamiento de Juan se centra en dos temas principales — Dios y la salvación — y la mayoría de las Teologías Bíblicas, con pocas variaciones, tratan con el sistema juanino en esta forma. Cuando se incluye el Apocalipsis, por supuesto, debe añadirse una tercera categoría, la escatología. Así como el punto de vista de la teología de Mateo puede resumirse como teocrático, el de Santiago bibliológico, el de Pablo teológico, así el punto de vista de Juan podría decirse que es teológico o Cristológico. Schmid explica:

> Toma el principio total de la vida como su fundamento, y luego desciende a todos los temas presentados a él mediante la experiencia. Pero según él, la perspectiva teológica es idéntica con la Cristológica, porque ese mismo principio de la vida está en Cristo, y el Padre se conoce a través del Hijo ... La naturaleza divina tal como está en Cristo no es considerada, en primer lugar, en su comunicación a los hombres; pero la vida eterna en Cristo es considerada en sí, aunque él prosigue a presentar su comunicación al mundo.[1]

La vida como tal es la sección principal de la teología Juanina — la doctrina de Dios; la segunda es la comunicación de la vida — la doctrina de la salvación; y a estas debe añadirse el juicio como se revela en el Apocalipsis de Aquel quien es la vida. En estas tres áreas principales yace toda la teología Juanina.

[1]C. F. Schmid, *Biblical Theology of the New Testament* (Edinburgh: T. & T. Clark, 1877), pp. 523-24.

I. LA DOCTRINA DE DIOS

A. La Naturaleza de Dios

Juan deja mayormente, como lo hacen los otros escritores de la Biblia, que el lector forme sus propias conclusiones respecto a la naturaleza de Dios sobre la base de las afirmaciones hechas concernientes a las acciones de Dios. Sin embargo, Juan, a diferencia de otros escritores bíblicos, habla de la naturaleza de Dios a través de tres afirmaciones — Dios es espíritu, Dios es luz, y Dios es amor. Estas afirmaciones no reflejan las propiedades de Dios (es decir, Dios es espiritual o amoroso), sino establecen aspectos esenciales de su naturaleza.

1. *Su naturaleza metafísica — Dios es espíritu* (Juan 4:24). Negativamente, la afirmación del Señor a la mujer samaritana no se refiere a la personalidad sino a la naturaleza. Tampoco el texto dice que Dios es un espíritu sino que El es espíritu. Ni es una referencia al espíritu de Dios, sino a la propia naturaleza de Dios.

Positivamente, la afirmación incluye varias ideas definidas. (1) Dios no está limitado respecto a espacio, porque el espíritu no puede ser limitado. Esta fue, por supuesto, la cuestión que el Señor estaba discutiendo con la mujer samaritana. Ella estaba interesada acerca del lugar, pero en su respuesta al Señor señaló que ya que Dios no estaba limitado por el espacio podía ser adorado en cualquier lugar. (2) Dios no está limitado al tiempo, porque ya que el espíritu no es material no puede estar sujeto a las restricciones del tiempo. (3) Dios es entendido mediante una percepción espiritual e interna y no carnal o externa. Los judíos pretendían conocer a Dios a través de sus formas de adoración religiosa; cuando por el contrario, El se revela en maneras espirituales y especialmente a través de Cristo, porque aun la revelación de Dios a través de Cristo debe percibirse espiritualmente.

La idea principal que resulta de esta revelación de la naturaleza de Dios está relacionada con la adoración. Ya que Dios es espíritu el hombre debe adorarlo en espíritu y en verdad. Tal adoración cancela demandas locales (4:21) en lo que respecta a lugares y formas, y deja a un lado tanto la adoración ritualista del judaísmo como la falsa adoración de los samaritanos. Tales son los adoradores que busca el Dios cuya naturaleza es espíritu.

2. *Su naturaleza moral — Dios es luz* (I Juan 1:5). Negativamente, obsérvese que Juan no está hablando de la personalidad, sino de la naturaleza esencial. (En cada una de estas frases se omite el artículo definido). La ideas es que Dios es la clase de Ser que se caracteriza por ser

luz. La afirmación no podría ser más simple o más profunda. Como se ha observado, no es que Dios es una luz entre otras, sino El es luz en su ser.

Positivamente, "Dios es luz" incluye las ideas de santidad, porque en El no hay tinieblas; manifestación, porque cuando la luz resplandece no puede haber sombras (esto no implica necesariamente revelación, sino simplemente manifestación); e infinitud, porque la luz no puede limitarse excepto por las tinieblas y en Dios no hay tinieblas.

La idea principal que resulta está relacionada con la ética. Dios como luz constituye el fundamento de la ética cristiana en la Primera Epístola. No se espera que el creyente se convierta en luz, de otra forma sería como Dios, pero se le exhorta a andar en luz; es decir, responder a sus revelaciones con una conducta que agrade a Dios. Dios *es* luz, pero nosotros debemos andar *en* luz.

3. *Su naturaleza personal — Dios es amor* (I Juan 4:8). Negativamente, la frase no dice meramente que el amor es de Dios, sino que Dios en Su naturaleza esencial es amor (tampoco se usa el artículo definido). Además, la frase no implica que Dios es amor como resultado de alguna obra. En otras palabras, El es amor independientemente de cualquier oportunidad para expresarlo.

Positivamente, este es el amor original (I Juan 4:10) porque su fuente es Dios (I Juan 4:19). Parece ilustrarse mejor mediante la descripción terrenal del amor dentro de una familia (I Juan 4:7, cf. Ef. 3:15; 5:25).

Esta expresión de amor entre la familia constituye la idea resultante de "Dios es amor". El razonamiento de Juan es muy simple: Dios es amor, por lo tanto, lo que Dios engendra ama; así, los cristianos deben mostrar que son engrendrados de Dios al amarse unos a otros. Esta idea parece haber cautivado a Juan mientras iba envejeciendo. En su edad madura llegó a considerarla como la característica central del cristianismo, porque en ningún libro del Nuevo Testamento aparece tan frecuentemente la palabra *amor* como en I Juan 3:1-5:12. En el corazón de esa sección, 4:11-21, Juan enumera las ramificaciones prácticas importantes de nuestro amor el uno por el otro porque Dios es amor. El amor cumple nuestro deber (v. 11); el amor puede manifestarse en su forma más completa cuando amamos a otros (v. 12b); el amor nos lleva conocer la presencia permanente del Espíritu Santo (vv. 13-15b); el amor nos da confianza en el día del juicio (v. 17); el amor quita el temor (v. 18); y el amor prueba nuestra profesión de cristianos (vv. 19-21). Es fácil decir "amo a Dios", pero frecuentemente es mucho más difícil probarlo amando al hermano. Sin embargo, este es el resultado esperado del hecho de que conocemos a Dios, quien es amor.

B. La Paternidad de Dios

La idea de la paternidad de Dios alcanza su desarrollo más completo en los escritos de Juan. En el Antiguo Testamento la frase se limita a describir la relación de Dios con Israel, su pueblo (Ex. 4:22; Dt. 32:6) y con el Mesías, su Hijo (Salmo 2:6). La idea principal detrás de ese concepto se centra en la autoridad con su consecuencia: la obediencia. En los Sinópticos también prevalece esa misma concepción general. Sin embargo, en los escritos de Juan la frase no tiene tanto connotaciones mesiánicas o nacionales como ramificaciones personales al describir la relación del hombre con Dios a través de Cristo, el revelador de Dios. Examinemos esto ahora con más detalle.

1. *Con relación a Cristo.* Primeramente Juan usa dos términos, *el Padre* y *mi Padre.* Generalmente el último es usado para revelar al Hijo como quien cumple e interpreta adecuademente el verdadero judaísmo (Juan 2:16; 5:17; 6:32; 8:19, 49, 54; 10:37; 15:1, 8, 23-24). También es usado para revelar ciertos hechos acerca del Hijo mismo (Juan 6:39-40; 10:18, 29; 14:2, 7, 20-21, 23; 15:15; 20:17). la frase *el Padre* muestra a Dios como Aquel que es revelado por el Hijo (Juan 1:18; 6:46; 10:29), como Aquel que envió al Hijo (5:23, 36-37; 6:44; 10:36; 20:21; I Juan 4:14), y como Aquel que ayudó al Hijo a cumplir Su misión (5:19; 6:37; 10:15, 38; 14:10-11, 31; 16:32). En estos usos el concepto mesiánico está totalmente ausente.

2. *Con relación al creyente.* Juan también habla de la paternidad de Dios con relación al creyente en Cristo. Esta relación es personal y está basada en el nuevo nacimiento y enraizada en el amor de Dios hacia la humanidad. La idea de la Paternidad Universal no tiene fundamento. Más bien, lo opuesto es verdad, porque en ninguna otra literatura, con la excepción de la de Pablo, se enfatiza el renacimiento espiritual como un requisito para ser hijo como en la teología Juanina. Para aquellos que han venido a ser hijos por estar correctamente relacionados con el Hijo de Dios existen ciertas bendiciones y obligaciones. (1) El Padre quiere ser adorado por creyentes (4:24). (2) Es al Padre a quien debemos dirigir nuestras oraciones (15:16). (3) El amor del Padre hacia sus hijos es como aquel que tiene para su Hijo unigénito (17:23). (4) La promesa de ser hechos morada del Padre y del Hijo se da a aquellos que aman a Cristo (14:23). (5) Esta relación va acompañada del privilegio de la comunión

con el Padre (I Juan 1:3). Las intimidades de las relaciones familiares es la contribución particular de Juan a la doctrina del Padre de los creyentes.

3. *Con relación al Espíritu Santo.* Juan es el único que hace referencia a la relación del Espíritu Santo con las otras personas de la Trinidad; algo que los teólogos llaman procedencia (15:26). Como todos los esfuerzos por describir las relaciones entre la Deidad en términos temporales, el término *procedencia* no satisface completamente, porque no puede haber ningún pensamiento de inferioridad u orden cronológico en el término. La relación eterna del Espíritu con el Padre y el Hijo es de procedencia (nótese el tiempo presente, lo cual indica la eternidad de la relación).

Con respecto a la nueva relación que el Espíritu tendría con los creyentes, el Señor dijo que el Padre lo enviaría (14:16, 26). No es como si nada se hubiera sabido previamente del Espíritu Santo, porque El estaba activamente ministrando en los tiempos del Antiguo Testamento; sin embargo, Jesús habló de una relación diferente que tendría cuando el Padre lo enviara. Esa diferencia está concisamente establecida en Juan 14:17: "porque mora con (*para*) vosotros, y estará en (*en*) vosotros". La morada universal y permanente en todos los creyentes era la nueva relación que el Espíritu tendría después de que el Hijo regresara al Padre.

II. La Doctrina de Cristo

Si el propósito central de Juan es teológico y Cristológico, entonces es natural encontrar una gran suma de revelación concerniente a Cristo. En esta sección se ha de tratar la persona de Cristo aparte de Su obra.

A. *Los Títulos Usados con Referencia al Señor*

1. *Jesús.* Como en los otros Evangelios "Jesús" es el hombre generalmente usada por el escritor en la narración misma, la cual ocurre cerca de 250 veces. Sin embargo, aparece una variación de esta frecuente designación narrativa que llama la atención; ésta es la expresión "el Señor" en lugar de "Jesús" (4:1; 6:23; 11:2; 20:20; 21:12).

2. *Los títulos usados por el pueblo.* Juan menciona varias expresiones usadas por el pueblo con relación a Cristo: "el hombre que se llama Jesús" (9:11), "Jesús el hijo de José" (1:45; 6:42), "Jesús de Nazaret" (18:5, 7; 19:19), y "este hombre" (9:16, 24; 11:47; 18:17, 29).

3. *Los títulos usados por los discípulos.* "Maestro" y "rabí" eran los dos títulos usados con mayor frecuencia por sus seguidores (1:38, 49;

3:2; 4:31; 6:25; 9:2; 11:8, 28; 20:16). "Señor" también fue usado como un reconocimiento reverente de su autoridad (13:13-14). Tomás lo usa con implicaciones claras de deidad (20:28).

4. *Títulos mesiánicos.* El sustantivo *Cristo*, sin embargo se usa con poca frecuencia en el Evangelio. Esto armoniza con el propósito de Juan en contraste con los Sinópticos. Juan, sin embargo, señaló a Jesús como el Cristo (1:20, 25; 3:28); los discípulos lo reconocieron como el Mesías (1:41; 11:27); El mismo lo anunció a la mujer samaritana (4:25-26); la gente especulaba sobre ello (4:29; 7:26-42; 9:22; 10:24; 12:34); y fue llamado rey (1:49; 12:13; 18:33, 37).

5. *Hijo de Dios.* Este título tiene definitivamente implicaciones mesiánicas (1:49; 11:27; 20:31). Habla del origen sobrenatural de Jesús (5:25; 9:35; 10:36; 11:4). Está conectado con sus milagros (5:25; 9:35; 11:4), y fue reconocido claramente por el pueblo como una declaración de deidad (10:33, 36). El mero uso de este título prohíbe a cualquiera decir que Jesús mismo no afirmó ser Dios ni que no fue entendido así por la gente de su día.

6. *Hijo del Hombre.* Esta parece ser la denominación favorita del Señor para sí mismo. La persona descrita así no es meramente un ser terrenal (6:62), porque es el dador de la vida eterna (6:27; 3:14-15) y el juez de todos los hombres (5:27). Como en los Sinópticos, este título tiene implicaciones soterio-escatológicas.

7. *Denominaciones metafóricas.* En línea con el uso que Juan hace de símbolos encontramos ciertas expresiones metafóricas usadas referente al Señor en el Evangelio. El es llamado la luz del mundo (8:12; 9:5; 12:35-36, 46); la luz de los hombres (1:4, 5, 7-9); la puerta (10:7, 9); el pan de vida (6:33, 35, 41, 49); el buen pastor (10:11, 14); el esposo (3:29); y el paracleto (14:16).

Se pueden hacer ciertas comparaciones entre los títulos dados por Juan al Señor y de los de los otros escritores de los Evangelios. Hay menos énfasis mesiánico distintivo, aunque hay un énfasis más específico en la deidad de Cristo. El título *Hijo del Hombre* aparece con mucha frecuencia como la autodesignación favorita del Señor, y Juan usa más descripciones figurativas que los otros escritores.

B. *La Doctrina del Logos*

1. *En Filón* (cir. 20 a.C. – cir. 54 d.C.). Nadie puede discutir el *Logos* sin referirse a Filón, quien era el representante de la teosofía del judaísmo Alejandrino. Este fue un intento de combinar los elementos del

judaísmo con los de la filosofía Platónica y el misticismo Oriental. Resumiendo la idea Platónica de los arquetipos divinos Filón usó el término *Logos*. El substituyó la palabra *Logos* por la palabra Platónica *idea*, y usó el término para denotar la agencia mediadora por la cual Dios creó las cosas materiales y se comunicó con ellas. Cualquier cosa que Filón haya querido decir ciertamente no quiso decir con *Logos* un redentor personal del pecado como lo revela Juan:

> Por lo tanto, mientras Filón piensa en una perspectiva cultural semejante a las características del autor del Cuarto Evangelio, dos vastas diferencias desvían su doctrina. Por un lado, es especulativa, y no éticamente personal. Por el otro lado, falla completamente en determinar la naturaleza de su mediador en sí mismo, vacilando en una manera que muestra cuán vaga y fluída era realmente la concepción.[2]

2. En Juan.

a. **El significado de *Logos*.** La forma como Juan introduce el término *Logos*, asume que sus lectores lo entenderían. Esto normalmente no señalaría hacia la teosofía Alejandrina, sino hacia el judaísmo; por lo tanto, podría sospecharse que el origen de la frase se ha de encontrar en el judaísmo. En el Antiguo Testamento la Palabra o sabiduría de Dios frecuentemente es personificada como un instrumento para la ejecución de la voluntad de Dios como algo distinto de esa voluntad (Salmo 33:6; 107:20; 119:89; 147:15; Prov. 8). Esa personificación continúa en los libros Apócrifos (Ecles.- 1:1-20; 24:1-22; Sab. 6:22-9:18). En los Tárgumes (las paráfrasis aramea del Antiguo Testamento) es desarrollada aún más, y aunque estos Tárgumes todavía no estaban escritos, en el tiempo de Cristo eran usados oralmente por los judíos que habían olvidado el hebreo. En ellos la Palabra de Dios toma una personificación bien definida. Esa parece ser la columna de la que Juan se apoya cuando repentinamente introduce su Evangelio con la palabra *Logos*.[3] De la manera que usa dicho concepto, se reduce a un ser personal quien es el Hijo de Dios y la expresión completa del pensamiento de Dios en comunicarse a sí mismo con el hombre. Está completamente desprovisto

[2]R. M. Wenley, "Philo", *International Standard Bible Encyclopaedia* (Grand Rapids: Eerdmans, 1943), IV, 2382.
[3]A. Plummer, *The Gospel According to St. John*, *Cambridge Greek Testament* (Cambridge: Cambridge University Press, 1891), pp. 62-64. Entre los antiguos eruditos liberales se sostenía comunmente que el concepto de Juan del *Logos* estaba basado en el pensamiento helenista. Como resultado del estudio de los rollos del Mar Muerto, sin embargo, ha habido un gran giro a la conclusión de que el trasfondo del Evangelio de Juan es judaico.

de cualquier significado filosófico o místico debido a su identificación con la persona de Jesucristo.

b. Las relaciones del *Logos* (Juan 1:1-14). En el pasaje central sobre el *Logos,* Juan enumera ciertas relaciones que sostiene el Hijo de Dios. (1) Su relación con el tiempo (v. 1a). Antes de "el principio" el *Logos* estaba (*eimi*), es decir, ya existía.[4] Se declara del *Logos* que su existencia es anterior al tiempo o, por lo menos, a la historia tal como se conoce.

(2) Su relación con Dios (vv. 1b-2). Se dice que El es distinto y al mismo tiempo igual con Dios, porque El era con (*pros* — implicando dos personas distintas) Dios y al mismo tiempo era Dios.

(3) Su relación con la creación (v. 3). El es el agente eficaz de la creación, porque *todas* las cosas por El fueron hechas; El es el agente mediador, porque la creación fue efectuada a través de El; y es el agente necesario, porque sin El nada fue hecho.

(4) Su relación con el hombre (vv. 4-5, 9-13). El *Logos* trajo vida y luz al hombre. Juan habla de la vida treinta y seis veces en el Evangelio — más que cualquier otro libro del Nuevo Testamento. En verdad este es el propósito de su escrito (20;31), y el propósito declarado de la venida del Hijo de Dios (10:10; cf. I Juan 5:12). El *Logos* también trajo luz a la humanidad. Se habla de un alumbramiento universal (v. 9) el cual probablemente es la revelación de Dios a través de la naturaleza, y un alumbramiento específico que la persona del Hijo también ha hecho brillar en el mundo. Aunque algunos deliberadamente lo recharazaron, los que lo recibieron llegaron a ser niños (no hijos, porque ésta es una revelación exclusivamente paulina) de Dios.

(5) Su relación a la carne (v. 14). El *Logos* llegó a ser carne para que la gloria de Dios pudiera ser vista por los hombres. Ya que la gloria de Dios es la manifestación de sus atributos, el propósito de la encarnación del Hijo puede decirse que fue mostrar a Dios al homre.

Muchas ideas filosóficas en lo que respecta al *Logos* son refutadas por lo que Juan escribió. (1) El *Logos* de Juan es Dios absoluto, no algo menos que Dios, porque El es Dios y el Creador de todas las cosas. (2) El *Logos* de Juan es personal, porque está cara a cara con Dios y da vida a los hombres. (3) El *Logos* de Juan se hizo carne en una relación permanente de encarnación. El no es meramente una apariencia de Dios, sino que es el Dios-hombre, Jesucristo.

[4]Arndt and Gingrich, *A Greek-English Lexicon of the New Testament,* p. 222.

C. La Deidad de Cristo

1. *Afirmada por los nombres divinos que se le dan.* Los títulos *Hijo de Dios* y *Logos,* los cuales testifican de la deidad, ya han sido discutidos. A estos debe añadirse dos nombres de Cristo en el Apocalipsis: "el primero y el último" y "el principio y el fin" (1:17; 22:13).

2. *Afirmada por sus atributos revelados.* Se dice del Hijo que es omnisciente (Juan 1:48-50; 4:29; 20:24-28; Ap. 1:14; 2:18, 23; 19:12), omnipotente (Ap. 1:8), y omnipresente (Juan 14:23; 1:48).

3. *Afirmada por las obras que se le atribuyen.* Entre las obras que se le atribuyen a Jesús, las cuales son indiscutiblemente obras de Dios, están la de la creación (1:3), la de juzgar a los hombres (5:27), y la capacidad de dar la vida (5:24; 10:17). Si Jesús puede hacer estas cosas El debe ser Dios, porque éstas sólo son obras de la deidad.

4. *Afirmada por la adoración que se le da.* El Hijo recibe adoración de los hombres (Juan 20:28; Ap. 5:8, 14) y de los ángeles (Ap. 5:11-13; 7:11-12; 19:10; 22:9). Aquello que normalmente se le da a Dios también se le da al Hijo.

5. *Afirmada por sus milagros.* Las señales milagrosas registradas por Juan son una de las mayores y más singulares pruebas juaninas de la deidad de Jesús. Cada una de ellas de alguna forma señala al hecho de que El es Dios. El primer milagro en Caná de Galilea (Juan 2:1-12) fue hecho a propósito para mostrar su gloria. Ya que era bien conocido que en el Antiguo Testamento los milagros se efectuaban para la gloria de Dios, y ya que éste era para mostrar la gloria de Jesús, la conclusión es que Jesús era Dios. Una prueba adicional es el hecho de que la naturaleza del milagro era un acto de creación. El segundo (4:43-54) mostró la necesidad de creer en el Hijo para tener la vida. El tercero (5:1-23) condujo a una discusión en el curso de la cual se hizo muy claro a los judíos el punto de que Jesús estaba afirmando ser Dios (cf. v. 18). El cuarto (6:1-14) fue una señal para indicar que Jesús asevera ser el sustentador de la vida, una cosa que sólo Dios puede hacer. El quinto (6:15-21) resultó en la adoración de los discípulos a El (cf. Mt. 14:33). El sexto (9:1-41) demostró que El era la luz de los hombres, y resultó en adoración de parte del hombre que había recibido la vista. El séptimo (11:1-44) fue como el primero; es decir, para la gloria de Dios y para probar que Jesús es Dios. Cada milagro, en una forma particular, señala el hecho de que "Jesús es el Cristo, el Hijo de Dios".

6. *Respaldada por su preexistencia.* Aunque la preexistencia por sí sola no prueba la deidad, es un apoyo fuerte al la doctrina. En Juan hay

288 *Teología Bíblica del Nuevo Testamento*

cuatro pasajes sobresalientes: 1:1 (la Palabra no vino a la existencia sino ya estaba en existencia en el principio); 6:62 (el Hijo estaba — *eimi* en el Cielo antes de venir a la existencia terrenal); 8:58 se entiende en este caso la existencia pre-abrahámica como una afirmación de la deidad así como para la preexistencia, cf. v. 24); y 17:5 (Cristo siempre tuvo — el verbo es imperfecto — gloria conjuntamente con el Padre antes de que el mundo existiera). Los teólogos bíblicos han ofrecido varias explicaciones tocante al significado de estos versículos sobre la preexistencia. Brevemente, las explicaciones se clasifican en dos grupos: aquellas que rotundamente afirman la preexistencia histórica real y aquellas que afirman lo que se llama preexistencia ideal, es decir preexistencia que sólo existe en la mente de Dios, pero no en la realidad de personas distintas en la Trinidad.[5] La preexistencia ideal exige, por supuesto, una negación de la deidad de Cristo, porque tal punto de vista lo reduce a un simple hombre cuya razón de ser meramente preexistió en la mente de Dios, pero cuya exitencia no comenzó sino hasta que nació en Belén. Para un mayor estudio se remite al estudiante a las discusiones y refutaciones de Stevens sobre esta idea.[6] Su conclusión es digna de repetirse:

Hasta aquí nuestras investigaciones nos traen nuevamente cara a cara con el gran problema de la teología doctrinal respecto a la persona de Cristo. El problema es, si esa intimidad completamente excepcional entre el Padre y el Hijo, tomada en conección con la perfección impecable de Cristo y sus afirmaciones explícitas de una comunión eterna con Dios, no nos obliga a ir más allá de los límites de la humanidad para explicar su persona, y nos pide que afirmemos una relación ontológica como su único campo adecuado . . . Aquellos que están convencidos de que la consciencia de Jesús era "puramente humana", harían mucho mejor en buscar la confirmación de sus conclusiones en algún otro campo que el de la exégesis. En contra de esta conclusión la Iglesia apostólica y, en su mayoría, la Iglesia de todas las edades subsiguientes han sostenido que el testimonio del mismo Jesús tal como se presenta en el Nuevo Testamento obliga a aceptar la inferencia de que El participó eternamente en la naturaleza de la Deidad. Yo sostengo que esta conclusión es correcta.[7]

D. La Humanidad de Cristo

El Evangelio de Juan también aporta pruebas generalmente reconocidas tendientes a demostrar la humanidad de Cristo. Jesús tuvo un

---

[5]W. Beyschlag, *New Testament Theology* (Edinburgh: T. & T. Clark, 1899), I, 250-55.
[6]G. B. Stevens, *The Theology of the New Testament*, pp. 205-12.
[7]*Ibid.*, p. 212.

cuerpo humano (Juan 19:31, 40), alma (12:27), y espíritu (11:33; 13:21). Experimentó aquellas cosas que sólo pueden sucederle a seres humanos, tales como tener sed (19:28-30), cansancio (4:6), y molestias emocionales (11:35; 12:27; 13:21). Estas condiciones prueban rotundamente que El era verdaderamente tanto humano como divino.

La mayor contribución de Juan a esta doctrina, sin embargo, se encuentra en las ramificaciones de la frase *y aquel Verbo fue hecho carne* (1:14). Ya que el versículo y el contexto enseñan que el *Logos* llegó a ser una persona humana, la palabra *carne* en esta oportunidad implica no sólo la carne material sino toda la persona, material e inmatieral. Que el *Logos* — *Verbo* se hizo una persona humana es lo que Juan está diciendo y la afirmación implica un número de características de la persona.[8]

(1) La humanidad del Señor era completa. El Verbo se hizo carne, no el Verbo se hizo un cuerpo, porque una persona es más que un cuerpo. Esto refuta el error del apolinarismo, el cual enseñó que el *Logos* suplió el lugar de la parte que pertenece a la perfección de la humanidad.

(2) La humanidad del Señor fue real y permanente. El Verbo se hizo carne, no el Verbo se vistió a sí mismo de carne. Esto refuta el gnosticismo, el cual sostenía que el *Logos* sólo asumió en apariencia o temporalmente esa carne que era extraña a su naturaleza.

(3) Las naturalezas humana y divina del Señor permanecen sin cambio, cada una cumpliendo su parte de acuerdo a sus propias leyes. El Verbo se hizo carne y habitó entre nosotros. Ambos términos, *Verbo* y *carne,* son preservados lado a lado en la afirmación así que no es sólo el Verbo quien mora entre nosotros o sólo la carne, sino que el Verbo se hizo carne y habitó entre nosotros. Esto refuta el eutiquianismo, el cual enseñaba que el resultado de la Encarnación fue una tercera naturaleza.

(4) Las dos naturalezas del Señor estaban unidas en una persona. El Verbo se hizo carne e hizo su tabernáculo entre nosotros (1:14). No hay cambio de sujeto con el verbo *hizo su tabernáculo,* y además está en el singular; por lo tanto, el Verbo se hizo carne es una unión en una persona. Esto refuta el Nestorianismo, el cual enseñaba que el Señor tenía una personalidad humana y otra personalidad divina que estaban: juntas pero no unidas. La persona de Jesucristo era deidad no disminuida y perfecta humanidad, unidas en una persona para siempre. Esto se destaca sobremanera en el testimonio de Juan.

[8]Cf. B. F. Westcott, *The Gospel According to St. John* (Grand Rapids: Eerdmans), I, 20-21.

III. La Doctrina del Espíritu Santo

Aunque Juan dice más acerca del Espíritu Santo que los Sinópticos, su desarrollo de la doctrina no es sistemático o necesariamente completo. Sin embargo, algunas de las revelaciones más importantes concernientes al Espíritu se encuentran en la teología Juanina.

A. *La Persona del Espíritu*

En lo que respecta a la persona del Espíritu, Juan afirma tres cosas.

1. *El es una persona.* Es en los escritos de Juan donde se encuentra el uso no gramatical del pronombre masculino en substitución del sustantivo neutro para espíritu (14:26; 15:26; 16:13-14). En verdad, el uso del masculino parece haber sido de la preferencia del escritor a menos que estuviera extremadamente presionado por las normas propias de la gramática, y esto sólo se explica si se reconoce que Juan le atribuye personalidad al Espíritu Santo.

2. *Es una persona distinta.* El Espíritu Santo no es meramente otra forma de Cristo, porque El es distinto del Hijo, siendo otro Consolador quien da testimonio del Hijo (14:26; 16:13-14). El es distinto del Padre y aun se menciona junto con el Padre y el Hijo como parte de la Trinidad (Ap. 1:4-5; 4:5; 22:17).

3. *El procede del Padre y el Hijo.* Esta es la palabra usada para describir la relación del Espíritu con los otros miembros de la Trinidad (15:26). El tiempo presente del verbo denota el carácter eterno de la procedencia.

B. *La Obra del Espíritu*

La contribución más importante de Juan descansa en esta área, y lo que él dice de la obra del Espíritu puede ser resumido en una palabra: Consolador, Abogado, o Paracleto. Este parece ser su término favorito para describir la obra consoladora o legal del Espíritu (14:16, 26; 15:26 16:7; I Juan 2:1).

1. *El declarará al mundo culpable* (16:7-11). Una de las principales tareas del Espíritu hoy día es dar prueba[9] tangible al mundo del pecado, la justicia, y el juicio. Aunque ha ejecutado la obra de convicción antes (Gn. 6:3), el Señor afirma que en una forma particular ésta sería la obra

---

[9]Cf. Westcott, *op. cit.,* II, 219.

del Espíritu después de su partida. La singularidad de la obra para esta era es fácilmente explicada porque ya que cada una de las tres acusaciones que el Espíritu hace al mundo está basada en la obra de Cristo. Convence de pecado porque rechazaron a Cristo. Convence de justicia porque sólo después del ascenso de Cristo al Padre el mundo se dará cuenta que lo habían juzgado erróneamente. Ilumina tocante al juicio lo cual sólo puede hacerse con fuerza completa después de que Satanás ha sido juzgado en la cruz. Por lo tanto, esta es una obra distintiva del Espíritu hoy día.

2. *El haría que los discípulos recordasen.* Una de las obras más importantes e inmediata del Espíritu era con relación a los discípulos porque El os "enseñará todas las cosas, y os recordará todo lo que yo os he dicho" (14:26). Esta era una doble promesa: (1) El Espíritu haría que los discípulos recordasen los hechos de manera que sus escritos fuesen inerrantes, y (2) les enseñaría exactamente el significado de aquellos hechos de modo que su teología fuera correcta. La exactitud del registro y la interpretación dependía de la obra del Espíritu; negar ambas cosas es difamar de Su obra.

3. *El regenerará* (3:6). Este aspecto del ministerio del Espíritu a los hombres será discutido con más detalles bajo la soteriología.

4. *El sostendrá el cuidado espiritual de los creyentes.*

a. Morando. Aunque la morada del Espíritu en el creyente no era desconocida en el Antiguo Testamento, no era universal entre todos. Nuestro Señor mismo arroja el contraste de la relación del Espíritu con los hombres en el Antiguo Testamento al decir que estaba con ellos (14:17). Ahora El está en los creyentes, y evidentemente esa es una relación diferente. En la Primera Epístola Juan habla de la morada bajo la figura de unción (2:20, 27).

b. Enseñando. En la Primera Epístola el ministerio de la enseñanza está basado directamente sobre la unción o morada. Por supuesto, la presencia del Espíritu no garantiza en sí que el creyente será enseñado, pero lo hace posible. El contenido de esa enseñanza fue pronosticado por el Señor (16:12-15). Incluía cosas que los discípulos no podían entender sino hasta después de su resurrección y su objetivo era la persona misma de Cristo. De modo que, la glorificación de la persona es la demostración de que el Espíritu está enseñando.

c. Llenando. El Espíritu Santo en cumplimiento de la ceremonia de la fiesta de los tabernáculos satisfará la sed y desbordará las vidas de aquellos que creen en Jesús (7:37-39). Tal llenura resultará en servicio, porque los ríos correrán del creyente hacia otros.

Capítulo IV

LA DOCTRINA DE LA SALVACION

I. La Doctrina del Pecado

La salvación es del pecado; por lo tanto, esperaríamos que una teología cristológica, como la juanina, incluya una descripción del pecado. Lo que Juan dice con respecto al pecado se encuentra primordialmente en la Primera Epistola en vez del Evangelio.

A. *La Terminología del Pecado*

Todas las palabras principales para pecado se usan en los escritos de Juan. Por lo tanto el pecado es visto como errar al blanco (*hamartía*, Juan 1:29, 8:21, 24; I Juan 1:10), como aquello que es indigno (*ponēros*, Juan 3:19; 17:15; I Juan 2:13-14), como injusticia (*adikía*, Juan 7:18; I Juan 1:9), y como anarquía (*anomía*, I Juan 3:4).

B. *La Definición del Pecado*

La afirmación "el pecado es infracción de la ley" (I Juan 3:4) es tanto una definición exhaustiva como definitva de pecado. Es exhaustiva porque ambas palabras están precedidas del artículo definido, lo cual significa que la frase es convertible. La infracción de la ley es pecado, y el pecado es infracción de la ley. Es definitiva porque la infracción de la ley debe entenderse en el sentido más absoluto de la condición de estar sin ley de cualquier clase. Es contrariedad a la ley, no simplemente la violación de algún aspecto específico de la Ley Mosaica; por lo tanto, es la negación de aquello que es inherente en el carácter mismo de Dios. Por lo tanto, el pecado es aquello que es contrario a Dios mismo.

293

C. La Universalidad del Pecado

La universalidad del pecado se prueba por el estado de condenación en el cual se dice que se encuentran los que rechazan a Cristo (3:36; I Juan 3:14), por las afirmaciones explícitas de que todos han cometido actos de pecado (I Juan 1:10), y por el énfasis en la necesidad de un Salvador (Juan 1:29; 3:17; 4:42; 5:34; 10:9; 12:47; I Juan 4:14).

D. Las Consecuencias del Pecado

El pecado del incrédulo resulta en una deuda para él (Juan 20:23), una esclavitud a servir al pecado (Juan 8:32), una alienación de Dios (Juan 3:36; 9:41) y la muerte (5:24). Los incrédulos que enseñan doctrina falsa promueven el daño de la comunidad a causa de su pecado (I Juan 2:18-19; II Juan 10-11). Todas estas consecuencias del pecado se añaden al hecho de que el hombre es incapaz de salvarse a sí mismo (I Juan 3:8).

Para el cristiano, el pecado siempre trae la pérdida de comunión con Dios (I Juan 1:5-2:1), lo cual puede ser remediado únicamente a través de la confesión. Si se persiste en ciertos pecados el resultado es la muerte física (I Juan 5:16). El pecar siempre obstruye las facultades espirituales de una persona, porque el pecador no puede ver a Dios como El es, ni a sí mismo como es. Mientras más peca un hombre, menos se da cuenta del pecado (I Juan 1:6, 8; 2:11). Esto demuestra la falacia del pecado.

C. El Cosmos

Muy afín con los principales temas de la hamartología está la doctrina juanina del cosmos. Esto es principalmente una revelación juanina, y el cosmos puede definirse como todo aquello que se opone a Dios. Esto incluye a su líder, Satanás; la gente que, aunque amada por Dios, forma parte de ese sistema y, por lo tanto, es contraria a Dios; y las cosas, buenas o malas, que se oponen a Dios y a sus propósitos.

1. *La relación de Satanás con el cosmos.* En los escritos de Juan, Satanás es llamado el Diablo (Juan 8:44; 13:2), Satanás (Juan 13:27), el adversario (Ap. 12:10), y el maligno (Juan 17:15; I Juan 2:13; 3:12; 5:18). El es el gobernador o príncipe del cosmos (Juan 12:31; 14:30; 16:11) y como tal ejerce influencia sobre los hombres que viven en el mundo (Juan 8:44; 13:2, 27; I Juan 3:8; 5:19). En sus designios inescrutables, Dios ha

querido incluir esta autoridad delegada de Satanás sobre el sistema mundial.

2. *La relación de Cristo con el cosmos.* Era inevitable que nuestro Señor, quien siempre hizo las cosas que agradan al Padre (Juan 8:29), fuera odiado por el cosmos, porque eran rivales (Juan 15:18). Su obra sobre la tierra era colocar la base del juicio del príncipe del cosmos, lo cual hizo en la Cruz (Juan 12:31; 14:30; 16:11). Los frutos finales de esa victoria no serán vistos completa y finalmente sino hasta la consumación de todas las cosas cuando el Diablo sea condenado al lago de fuego y atormentado para siempre (Ap. 20:10).

3. *La relación del cristiano con el cosmos.* Se dice un número de cosas acerca de la relación del creyente con el mundo. Que no pertenece al mundo (Juan 15:19) aunque todavía no ha sido quitado de él (Juan 17:15). No es conocido por el mundo y, por lo tanto odiado por él (I Juan 3:13). Se asegura la victoria para todo cristiano mientras queda en el mundo, y esa victoria es la fe (I Juan 5:4), y hay suficiente recursos al alcance de todo creyente para ser vencedor. El Señor lo ha hecho enteramente posible; sólo nos queda hacerlo completamente práctico. La vida victoriosa se caracterizará por la separación del mundo (I Juan 2:15-17). Esto no significa un aislamiento ni una vida ermitaña, sino que es ponerse del lado de Dios y no del de Su rival, el cosmos. Aliarse con el mundo es no amar a Dios, porque uno no puede amar al enemigo de Dios y a Dios al mismo tiempo (v. 15b). Es interesarse en las cosas que no encuentran su origen en Dios (v. 16) y que son transitorias (v. 17). Sencilla y fundamentalmente la separación del mundo significa hacer la voluntad de Dios (v. 17).

II. La Encarnacion

Uno de los énfasis principales de la teología Juanina es la doctrina de la encarnación. Esto se debe en parte a los conceptos erróneos que Juan combatía en aquellos tiempos de que Cristo no pudo haberse encarnado o de que tomó un cuerpo humano ordinario sólo temporalmente. Un postulado básico de los escritos de Juan es que la deidad se unió a la humanidad de manera permanente.

A. *La Importancia de la Doctrina*

Pablo relaciona la Encarnación principalmente con la humillación de Cristo, mientras que Juan la relaciona con la revelación. Por eso es que decimos que la teología Juanina es teológica o Cristológica. Esta revelación de Dios que vino como resultado de la Encarnación no sólo nos muestra a Dios (Juan 1:14; 14:9), sino que destruye a Satanás y sus obras (I Juan 3:8) y quita nuestros pecados (I Juan 3:5). En otras palabras, Juan está diciendo que si la deidad no se hubiera unido a la humanidad en una persona, Jesucristo, no habría conocimiento de Dios, ni victoria sobre Satanás, ni salvación del pecado. Más adelante se señalará que la Encarnación también es el fundamento de la ética cristiana. No es que Juan menosprecie la obra en la cruz (cf. I Juan 2:2; Juan 3:14; 10:17-18); él meramente enfatiza que la validez de la obra en la cruz depende de la realidad de la Encarnación. Aquellos que niegan la doctrina y sus ramificaciones son anticristos (I Juan 2:22; 4:3; 2 Jn. 7) — así se subraya la importancia de dicho acontecimiento.

> En comparación con la teología paulina, la juanina no enfoca su atención totalmente sobre la muerte de Cristo. Enfáticamente es menos una teología de la cruz. La idea de la salvación ocupa el primer lugar . . . También se pone de manifiesto que Juan se inclinaba menos que Pablo a la elaboración del aspecto judicial de la obra de Cristo . . . Pero, es necesario admitir que en el trasfondo de la representación juanina hay un reconocimiento lo suficientemente claro de la misma fase objetiva de la expiación como aparece en otras partes del Nuevo Testamento. Esto se observa especialmente en la Epístola. Nada indica más claramente en los escritos paulinos que la dispensación universal de la gracia está basada sobre la obra de Cristo como la declaración juanina de que El es la propiciación . . . por los pecados del mundo.[1]

Debe reconocerse el énfasis de Juan, y al mismo tiempo debe de preservarse el equilibrio teológico que es propio de Juan.

B. *Las Pruebas de la Encarnación*

Algunas de las pruebas que Juan usa para la Encarnación son necesariamente las mismas que prueban la humanidad de Jesús. El uso de *sarx,* carne, en Juan 1:14, y el significado del título *Hijo del Hombre* son algunas de ellas. Además las muchas citas concernientes al hogar y a la vida familiar del Señor prueban la realidad de la Encarnación (Juan 1:46-47; 2:1; 6:42; 7:3, 10, 41; 52; 19:25-26). También, el testimonio inicial de la Primera Epístola es una de las afirmaciones más fuertes de la realidad de la Encarnación (I Juan 1:1-3). Los discípulos habían oído,

---

[1]H. C. Sheldon, *New Testament Theology* (New York: Macmillan, 1922), pp. 346-47.

visto, contemplado y palpado a Jesucristo, y tan seguros estaban de la realidad de la persona divino-humana que estaban arriesgando sus vidas por aquella verdad que predicaban. No era un mero fantasma ni una teofanía de la que testifica Juan en estos versículos. La encarnación fue real. La revelación fue su consecuencia; la salvación su clímax, y la ética cristiana su resultado.

III. LA OBRA DE CRISTO

A. *En Su Vida*

La vida de Cristo fue una revelación de Dios. Por lo tanto, su vida reveló gracia (Juan 1:17-18) ya que él manifestó a Dios. Reveló la verdad, porque El es la verdad (Juan 14:6; I Juan 5:20), y testificó de la verdad (Juan 18:37) la cual libera de la esclavitud (Juan 8:32) y santifica al creyente (Juan 15:3; 17:17). Su vida también reveló un ejemplo, el cual el creyente debe imitar (I Juan 2:3-11). La imitación es la prueba de la profesión de uno como un seguidor del Maestro, y Plummer probablemente está en lo cierto cuando dice que "en todos los casos es su abnegado sacrificio lo que debe imitarse".[2]

B. *En Su Muerte*

1. *El significado de su muerte*
a. La muerte de Cristo significa liberación. La libertad personal de un estado perdido es uno de los beneficios de la muerte de Cristo (Juan 3:17; 12:47). Esta no es una liberación nacional para los israelitas, y sin embargo, era bien conocida (cf. Juan 4:22). Debemos concluir de esto que la liberación esperada en el tiempo de Cristo no era sólo nacional y de Roma, sino también individual y de la muerte.
b. La muerte de Cristo es una propiciación. Sólo Juan usa el nombre *propiciación* en el Nuevo Testamento (I Juan 2:2; 4:10). La propiciación está inseparablemente conectada con la idea de la ira divina; por lo tanto, la propiciación afecta a Dios, porque allí es donde está la ira. Así, debe decirse que la propiciación es la satisfacción de Dios a través de la ejecución de su plan por medio de la cual el pecado, la causa de la ira de Dios, se quita a través de la muerte de Cristo.[3] Esto es, de acuerdo a la clara afirmación de Juan, para todo el mundo.

[2]A. Plummer, *The Epistles of St. John,* p. 39.
[3]Para un trato completo cf. Leon Morris, *The Apostolic Preaching of the Cross* (Grand Rapids: Eerdmans, 1955), pp. 125-85.

c. La muerte de Cristo quita el pecado. La sangre simboliza una muerte violenta; por lo tanto, hablar de la sangre de Cristo que quita el pecado equivale a decir que la muerte de Cristo quita el pecado, no una vida liberada y presentada como una ofrenda a Dios.[4] La sangre, es decir, Su muerte, es el fundamento para la vida eterna (Juan 6:53-56), continuamente efectúa limpieza del pecado (I Juan 1:7), y es el fundamento para la vida victoriosa (Ap. 12:11).

d. La muerte de Cristo significa posesión de la vida eterna. Este es un tema constantemente reiterado de Juan (Juan 3:36; 5:24; 6:47, 54; 20:31; I Juan 5:12-13). La vida eterna no es meramente la duración sin fin de un ser con relación a la medida del tiempo, sino que es una calidad de vida que es inseparable de Cristo mismo. La muerte no tiene efecto en ella (Juan 6:50-58; 8:51-52; 11:26), porque la resurrección del cuerpo es en muchas formas un resultado natural de la posesión de la vida eterna. Aunque se ve como algo futuro en lo que respecta a una comprensión completa (Juan 4:14, 36; 6:27; 12:25; 14:19; I Juan 3:2). Su disfrute completo espera un día futuro.

2. *El significado del nuevo nacimiento.* Ninguna discusión de la muerte de Cristo estaría completa sin una referencia al discurso con Nicodemo sobre el nuevo nacimiento (Juan 3:1-12). En aquella ocasión el Señor habló de tres características del nuevo nacimiento, el cual está basado en la muerte de Cristo (3:14).

a. Es sobrenatural (3:4). La interrogante de Nicodemo "¿Cómo puede un hombre nacer siendo viejo?" no era una pregunta superflua. Evidentemente pensó que Jesús estaba hablando del nacimiento físico cuando dijo que el hombre tiene que nacer de nuevo, porque Nicodemo razonaba que el carácter de una persona se origina con su nacimiento; por lo tanto, él no podía ver forma alguna de empezar otra vez moralmente a excepción de comenzar otra vez físicamente, y esta fue la manera en que interpretó las palabras del Señor. Nicodemo pensó que sería maravilloso empezar de nuevo con una hoja en blanco pero no concebía tal posibilidad aparte de un nuevo nacimiento físico. Por lo tanto, Nicodemo no entendió que el nuevo nacimiento era sobrenatural. El misterio de la religión no es castigo sino perdón.

b. Es espiritual (3:5-6). El reino de Dios es espiritual. Así también el nuevo nacimiento, el medio de entrada en dicho reino, debe ser espiri-

---

[4]Cf. Westcott, *The Epistles of St. John,* p. 35, para esta idea doble sobre la sangre, y véase a A. M. Stibbs, *The Meaning of the Word "Blood" in the Scripture* (London: The Tyndale Press, 1947), pp. 1-35.

tual. Es nacer del agua y del espíritu. La mención de agua fue probablemente para hacer reflexionar a Nicodemo tocante al bautismo de
arrepentimiento de Juan el Bautista.[5] Así que el agua y el espíritu describen los dos lados del nacimiento espiritual — el agua describe el testimonio externo del arrepentimiento y el espíritu el cambio interno del
corazón.

c. Es soberano (3:7-12). Así como el viento sopla hacia donde quiere,
también Dios escoge a quien El quiere; y así como los efectos del viento
se ven, también los resultados del nuevo nacimiento se ven en un cambio
de vida. El mismo Nicodemo ilustra el hecho de que un hombre no puede
entenderlo o quererlo por sus propias fuerzas. El esfuerzo intelectual sólo
pospondría la salvación; la obediencia de fe puede efectuarla
inmediatamente.

3. *La apropiación de la salvación.* La misma primera afirmación en
el Evangelio concerniente al nuevo nacimiento lo hace dependiente de la
fe (Juan 1:12). El versículo también menciona el objeto de la fe, Cristo.
Así ocurre a través de este Evangelio — el Hijo como el autor de la salvación debe ser el objeto de la fe (3:15-16, 18, 36; 4:29, 39; 7:38; 8:24;
20:29, 31; I Juan 3:23; 5:1, 12). La fe involucra la clase más completa
de apropiación de la persona y obra de Cristo como el fundamento de la
confianza absoluta del creyente para la salvación. La figura de comer Su
carne y beber Su sangre testifica de esa totalidad (6:53-56). La fe en Su
persona incluye creer en su deidad (Juan 3:13; 8:24; 9:22; 12:42; I Juan
2:23; 4:15), y la fe en Su obra incluye creer en la eficacia de Su muerte
para efectuar la liberación del pecado (Juan 1:29; 3:14-17; 13:19). En el
pensamiento de Juan la fe que salva está vinculada directamente a la
persona y obra de Cristo.

IV. La Vida de Comunion

Ya que la fe significa la más completa apropiación personal, surge
de ella una relación entre el creyente y aquél en quien ha puesto su fe.
Esta comunión de persona a persona también tiene una ramificación
horizontal en la relación de la comunidad de todos los creyentes. En el
pensamiento de Juan, esta vida de comunión — tanto en el plano vertical
como en el horizontal — resulta directamente de la obra salvífica de Cristo;
por lo tanto, una adecuada discusión de ello pertenece a la soteriología.

[5]Cf. B. F. Westcott, *The Gospel According To St. John,* I, 108-9. Posiblemente el
Kai es epexegético — "de agua, aún el Espíritu".

Si el énfasis de Juan en este tema fuera sólo ligeramente diferente, esta sección podría llamarse su doctrina de la Iglesia. Pero su énfasis no es ese, porque la palabra *iglesia* no se usa en ninguna parte del Evangelio o de la Primera Epístola.[6] Con respecto a las ordenanzas, hay un completo silencio en lo que respecta al bautismo y a la Cena del Señor como ordenanzas de la Iglesia.[7] Por lo tanto, estamos limitados a seguir el propio énfasis de Juan y considerar las relaciones del grupo bajo la doctrina de la salvación, porque la salvación es la causa de la cual éste, de acuerdo a la teología Juanina, es el efecto.

A. Las Condiciones de la Comunión

Los creyentes llegan a ser hermanos en virtud de ser hechos participantes del nuevo nacimiento a través de la fe en Cristo. Los hermanos mantienen comunión con Cristo y, consecuentemente, unos con otros al llenar una condición específica. Esa condición es "andar en la luz" (I Juan 1:7), o caminar en obediencia a la norma que es Dios mismo, quien es luz. Es practicar la verdad (I Juan 1:6) o vivir en obediencia a la norma de Aquel quien es verdad. Una vida tal trae comunión unos con otros en las relaciones de la comunidad (I Juan 1:7). Cuando se peca y no se cumple la norma, la comunión se rompe y es necesaria la confesión (I Juan 1:9). Así la comunión depende de nuestra respuesta a la norma, la cual es Dios mismo y de darnos cuenta de nuestro estado imperfecto mediante la confesión de los pecados conocidos. La vida de comunión es aquella donde no existe pecado no confesado, lo cual también es una vida de crecimiento progresivo, porque la confesión incluye el arrepentimiento y el perdón del pecado.

B. Las Características de la Comunión

Hay dos palabras que se destacan en la Primera Epístola como las características principales de la comunión individual y de comunidad: justicia y amor. La justicia significa que no se practica el pecado como un hábito de la vida (I Juan 3:4-9). No significa perfeccionismo ni licencia para pecar, sino que la justicia, no el pecado, es lo que caracteriza ha-

---

[6]Se refiere al grupo organizado en I Juan 2:19 y 3:14-18, y por supuesto la palabra *iglesia* aparece en la Tercera Epístola y en el Apocalipsis, pero aquí estamos señalando el énfasis de Juan.

[7]La mención de que los discípulos de Jesús bautizaban (3:22, 4:1-2) no puede ser considerada como una referencia a la ordenanza dada a la iglesia.

bitualmente la vida. Juan describe en detalle las características del amor (I Juan 3:10-18). No es como el amor que tuvo Caín; no será recibido por el mundo; se manifiesta en nuestro amor hacia los hermanos, lo cual podría incluir estar dispuestos a sacrificar nuestras vidas por otros, pero debería incluir para todos la dádiva de nosotros mismos y de nuestro dinero para el beneficio de nuestros hermanos. No todos son llamados a dar sus vidas por los hermanos, pero todos son llamados a sacrificar sus habilidades y recursos personales en el servicio de los otros. Es cosa fácil decir "amo a Dios" y aún parecer muy piadoso cuando se dice. Juan dice que la piedad verdadera se muestra no por lo que decimos acerca de nuestro amor a Dios, sino por lo que hacemos al mostrar amor para con nuestros hermanos (I Juan 4:11-21).

C. La Conducta de la Comunión

Una vida que anda en luz y se caracteriza por practicar la justicia y el amor también debe conducirse adecuadamente en las distintas relaciones de la vida. También Juan habla de esto.

1. *Con relación a la vida de Cristo* (I Juan 2:1-11). La vida de Cristo sirve como un patrón que el cristiano debe imitar. Esto incluye dos cosas: Su palabra (vv. 3-5) y su andar (v. 6). Es necesario obedecer sus mandamientos a fin de perfeccionar nuestro amor hacia Dios, e imitar sus acciones a fin de demostrar nuestra profesión como sus seguidores.

2. *Con relación al mundo* (I Juan 2:12-17). Ya se ha mencionado la responsabilidad del cristiano en cuanto a vivir separado del mundo, porque las cosas del mundo no son de Dios.

3. *Con relación a los anticristos* (I Juan 2:18-29; 4:1-6). Muchos anticristos estaban activos cuando Juan escribió. Por lo tanto, era necesario que los creyentes estuviesen en guardia respecto a sus relaciones. Un anticristo es "uno que, asumiendo la apariencia de Cristo, se opone a Cristo",[8] y en los días de Juan algunos aun pertenecían externamente a la comunidad cristiana (I Juan 2:18-19). Juan creía que estas personas poseían una fuerza sobrenatural (I Juan 4:3), así que el creyente necesitaba discernimiento sobrenatural para reconocerlo. Sin embargo, hay dos pruebas que menciona Juan para descubrir los anticristos. La primera es doctrinal (I Juan 4:2-3). Cualquiera que no reconoce abiertamente la persona del Salvador encarnado es un anticristo. Esto significa más que reconocer simplemente su venida, porque incorpora la idea de la per-

[8]Westoctt, *The Epistles of St. John,* p. 70.

manencia de la carne efectuada mediante la Encarnación. La segunda prueba es la del auditorio, porque Juan sugiere que un examen de aquellos que oyen a un profeta determinará la clase de profeta que está hablando (I Juan 4:4-6). Los cristianos deben aplicar ese examen a fin de guardar su propia comunión con Cristo contra los anticristos.

De esta forma, tanto en la soteriología como en toda la teología Juanina, el desarrollo del pensamiento del autor se centra en la persona de Jesucristo. El pecado se identifica como tal sólo viendo a Dios como ha sido revelado a través de Cristo. La encarnación de Cristo reveló a Dios al hombre. La salvación, la obra de esa persona, viene al hombre a través de la fe en esa persona y en lo que hizo. La vida de comunión resultante continúa esa relación con Cristo y se expresa en las relaciones de la comunidad de todos los creyentes.

> Estas doctrinas son los pilares fundamentales de la enseñanza apostólica; y estas son las mismas ideas que, con una referencia decidida a la superioridad del nuevo pacto sobre la antigua dispensación, se cumplen a cabalidad en el sistema de Juan mediante la prominencia que presenta de Cristo como el Verbo de Dios manifestado, y de la fe que ha vencido al mundo.[9]

---

[9]C. F. Schmid, *Biblical Theology of the New Testament*, p. 548.

Capítulo V

ESCATOLOGIA

La escatología juanina se encuentra principalmente en el Apocalipsis. Ya que ese es el caso, es necesario considerar ciertos asuntos fundamentales concernientes al Apocalipsis como base de las investigaciones doctrinales.

I. ASUNTOS PRELIMINARES CONCERNIENTES AL APOCALIPSIS

A. Paternidad Literaria

Generalmente hablando no hay mucho acuerdo hoy día respecto a la paternidad literaria del Apocalipsis. Los conservadores sostienen que la misma persona que escribió el Evangelio y las Epístolas escribió también este libro, y que esa persona era el apóstol Juan. Esto se determina sobre la base de la evidencia ya citada concerniente a Juan el apóstol y Juan el anciano. Otros están igualmente seguros de que Juan no pudo haber escrito el Apocalipsis principalmente porque hay una diferencia muy marcada entre éste y el Evangelio.[1] Eso obviamente es cierto, pero la naturaleza misma de una obra apocalíptica demanda que dicho libro siga un curso diferente tanto en estilo como en tono. Más recientemente ha surgido una teoría documentaria respecto al libro; es decir, que era una compilación de un número de pequeños apocalipsis. Algunos añaden que Juan fue el compilador; lo cual explicaría la asociación de su nombre con el libro.

B. Fecha

Tradicionalmente una fecha entre 95-96 ha sido asignada al Apocalipsis. Esa conclusión está basada en el testimonio de Ireneo, quien

---

[1]Cf. G. B. Stevens, *Theology of the New Testament*, p. 526.

dijo, "La visión del Apocalipsis fue vista no hace mucho tiempo, sino casi en nuestros días, hacia el final del reino de Domiciano (es decir, 81-96)".[2] Recientemente se ha abandonado esta fecha tardía por una más temprana que coloca el libro hacia el final del reino de Nerón (54-68). Sin embargo, si el testimonio de Ireneo recibe credibilidad, la fecha más tardía es la única conclusión posible. Su testmionio también rechaza cualquier idea de que las visiones se dieron antes y que Juan o alguien más las compiló posteriormente, porque él dijo que la visión fue vista, no escrita, en los días de Domiciano. En verdad, la tendencia de los eruditos más recientes parece regresar hacia la postura tradicional de la fecha más tardía.

C. Los Métodos de Interpretación

El método básico de interpretación divide todos los comentarios sobre Apocalipsis y arroja el molde para la teología del libro. No se debe saltar la cerca en este punto; de otra manera no puede haber teología. Hay cuatro puntos de vista tocante a este asunto.[3] (1) El punto de vista preterista sostiene que las profecías del libro fueron cumplidas en la historia primitiva de la Iglesia. (2) El punto de vista historicista ve un continuo cumplimiento a través de toda la era cristiana. Aunque es verdad que hay aplicaciones pertinentes del libro para toda generación, el problema bajo discusión es el de la interpretación, no el de la aplicación. (3) El punto de vista alegórico o espiritual considera el libro una alegoría, la cual describe el conflicto constante entre la luz y las tinieblas. (4) El punto de vista futurista considera que todo el contenido del libro, a excepción de los primeros tres capítulos, aún está por cumplirse. Los primeros tres puntos de vista están basados en el principio de interpretación alegórica, mientras el punto de vista futurista es el resultado del uso congruente de los principios de interpretación literal. El libro mismo sostiene la interpretación futurista en 1:19 y 4:1, y concuerda con otras Escrituras proféticas si se interpretan correctamente.[4]

Al manejar esta porción particular de la Palabra de Dios nunca debe olvidarse que el libro no está sellado (22:10) y que hay una bendición especial para aquellos que lo leen (1:3). Estas dos cosas deben animar a todo cristiano al estudio del Apocalipsis.

---

[2]*Against Heresies,* V, xxx, 3; cf. Eusebio, *Ecclesiastical History,* V, viii.

[3]Una excelente discusión crítica de la interpretación del Apocalipsis se encuentra en W. Graham Scroggie's *The Book of the Revelation* (Cleveland, Ohio: Union Gospel Press, 1920), pp. 75-156.

[4]Para un mayor estudio véase la obra del autor *Las Bases de la Fe Premilenial* (Barcelona: Portavoz Evangélico, 1982).

II. LA MUERTE

A. *La Muerte Espiritual*

Juan concibe la muerte espiritual como un estado de alienación de Dios. Es la falta de vida espiritual que sólo se encuentra en Cristo. Por lo tanto, la muerte espiritual es el estado de no estar en Cristo (Juan 5:24; I Juan 3:14). Juan reconoce además que alguien puede profesar de tener la vida, pero que tal profesión podría carecer de vida (Ap. 3:1). El remedio, por supuesto, para la muerte espiritual es la vida espiritual o la salvación. Esta tiene su fuente en el Hijo (Juan 5:26; I Juan 5:12), y se asegura mediante la fe (Juan 1:12), y su certeza se demuestra mediante el amor para los hermanos (I Juan 3:14). Como ya se ha señalado a través de la primera Epístola, la falta de amor hacia el hermano es la señal segura de permanecer en el estado de muerte espiritual.

B. *Muerte Física*

La muerte física es el fin de la vida en el cuerpo terrenal o la separación del espíritu vivificante del cuerpo de manera que como resultado el cuerpo se corrompe (Juan 11:39). Durante la vida de Cristo la muerte física fue usada como un medio para demostrar el poder y la gloria de Dios (Juan 4:47; 11:4, 15). Algunas veces la muerte se ve como una liberación del sufrimiento (Ap. 9:6). En otras ocasiones es un medio de juicio (I Juan 5:16). En los dos últimos ejemplos está definitivamente conectada con el pecado y viene como un resultado de haber cometido pecado.

El Señor afirmó claramente que el poder de la muerte física sería quebrantado para todos los hombres mediante la resurrección (Juan 5:28-29; cf. 8:51). La resurrección anula la muerte, y la propia resurrección de Cristo es la garantía de eso. La resurrección del incrédulo es para condenación en el lago eterno de fuego (Ap. 20:12 ss.), y para el creyente es para un estado eterno de gloria (Ap. 21:4).

C. *La Muerte Eterna*

Este es el estado final del incrédulo. Es la continuación permanente irremediante de la muerte espiritual, y encuentra su eterna consumación en el lago de fuego (Ap. 20:14). Dios, evidentemente, demostrará al incrédulo que merece este castigo tanto por sus obras (Ap. 20:12-13: 21:18; Juan 5:29) como por su rechazo del Hijo de Dios.

D. *El estado Intermedio del Alma Después de la Muerte*

Para el creyente el estado después de la muerte es uno de bienaventuranza consciente mientras espera por la resurrección. La consciencia se manifiesta de muchas formas en el Apocalipsis (6:10; 7:9, 15; 14:3, 20:4), y la bienaventuranza se describe con igual detalle (5:9; 6:11; 7:10, 16-17; 14:13; 19:8). No podría ser de otra manera porque el creyente al morir es llevado a la presencia de Dios inmediatamente (cf. Ap. 20:4 — cuando Juan miró, los sentados en los tronos, los santos de esta era, *ya* estaban allí). El estado intermedio del incrédulo es el hades. Tan pronto como la muerte demanda el alma (cf. Ap. 6:8 donde ambos siguen al jinete para demandar sus víctimas inmediatamente). A pesar de lo horrible del hades, es más que un lugar temporal que entrega sus cautivos al lago del fuego para el tormento eterno (Ap. 20:14).

El abismo está estrechamente identificado con el hades en los escritos de Juan. Las huestes satánicas están conectadas más particularmente con el abismo, mientras los seres humanos están asociados con el hades. El abismo tiene sobre sí a un gobernante sobrenatural (Ap. 9:11); la bestia surge de allí durante la tribulación (Ap. 11:7; 17:8); las langostas — instrumentos de juicio provienen de allí (Ap. 9:1-10); y la consumación de los abismos parece ser la misma que la del hades, el lago de fuego (cf. Mt. 25:41).[5]

[5]Una nota interesante comprobando la posibilidad del fuego eterno se encuentra en F. C. Schwarze, "The Bible and Sciencie on the Everlasting Fire," *Bibliotheca Sacra*, 95:105-12, January, 1938. El autor sugiere que el lago eterno de fuego puede estar en una forma líquida y muestra que un fenómeno tal existe hoy día en estrellas pequeñas, medianas o blancas. Estos son algunos trazos de su discusión: "una estrella enana es aquella que, por causa de algunas cosas que la han sucedido . . . ¡debería ser aproximadamente 55,000 veces más grande de lo que realmente es!" Las estrellas tienen una temperatura de 30,000,000 de grados fahrenheit o más y "a temperaturas tan altas toda materia sería en la forma de gas . . . en una estrella blanca la presión es tan grande que los gases se llegan a comprimir a la consistencia de un líquido aunque todavía puede responder a las características de un gas". Se explica cómo esto puede continuar perpetuamente: "Antes de que una estrella tal pueda enfriarse y gradualmente llegar a ser oscura tendrá que extenderse a las proporciones normales. Eso quiere decir, que tendrá que alcanzar un tamaño unas 5,000 veces mayor de lo que es presente. Aquí está la dificultad. Tal expansión causaría un calor enorme, el cual, a su vez, mantendría absolutamente la estrella comprimida, así que *hasta donde los astrónomos y físicos saben, las estrellas enanas nunca se pueden enfriar*, . . . Las pequeñas blancas, bajo todo intento, nunca pueden apagarse". Esto no es para sugerir que Dios usará estas estrellas para componer el lago de fuego; esto es citado meramente para mostrar que la idea literal de un lago de fuego no es imaginativo, porque un fenómeno similar existe ya en el universo.

III. EL JUICIO

Muy ligada a la doctrina de la muerte está la del juicio. En verdad, frecuentemente se habla de ambas cosas en los mismos pasajes.

A. *El Juicio con Relación a Cristo*

El juicio está invariablemente ligado con Cristo, el juez (Juan 5:22; Ap. 20:11-12). La causa de esto se expresa claramente en Juan 5:27. Según esta cita Cristo juzgará a los hombres porque El es un hijo de hombre.[6] En otras palabras, un hombre juzgará a los hombres. El propósito de este arreglo también tiene explicación: es con el fin de que el Hijo sea honrado por los hombres (Juan 5:23).

B. *El Juicio con Relación a la Resurrección*

Verdaderamente el juicio es un corolario de la resurrección (Juan 5:22-29). Aquellos a quienes el Hijo no se ha propuesto hacer vivir espiritualmente son como consecuencia juzgados y dejados en la muerte que, paradójicamente, ellos mismos han escogido. Están muertos espiritualmente; a ellos no se les vivificará; por lo tanto, el único resultado es una resurrección para juicio — el paso es del estado de muerte al de juicio. Aunque ésta no es especialmente una revelación juanina (pero cf. Ap. 4:4, 10) es verdad que la resurrección de los creyentes es seguida por juicio.

C. *El Juicio con Relación a las Personas Vivas*

El juicio del cristiano es un concepto paulino; el juicio del incrédulo es juanino (Ap. 20:12-15). La escena tiene lugar delante del trono cuyo ocupante es Cristo (Juan 5:22). El Cielo y la tierra son disueltos cuando ocurre la segunda resurrección. Luego con todos los incrédulos reunidos delante de El, los libros de las obras humanas son abiertos y el juicio es realizado sobre la base del expediente de cada individuo. La persona está en ese juicio particular porque es un incrédulo, pero al estar allí es juzgado según sus obras. Tal vez esto implica los correspondientes grados de castigo en el lago de fuego. Cuando se abra el libro de la vida no se

---

[6]La ausencia del artículo antes de los pronombres diferencia esta frase del título mesiánico *el Hijo del Hombre*. La contrucción concentra la atención sobre la naturaleza de la persona como ser humano.

encontrará allí ni un sólo nombre de los que están delante del trono, porque todos los que comparecen ante este juicio serán condenados en el lago de fuego. Este juicio no prueba si el destino final será el cielo o la tierra, de los que son juzgados; es un juicio para demostrar que el infierno es el destino merecido.

IV. EL ANTICRISTO

Aunque no todos están de acuerdo en los detalles, es universalmente reconocido que el anticristo es un concepto principalmente escatológico de la teología juanina.

A. *El Concepto del Anticristo*

El concepto básico para esta doctrina es complejo y necesita que se le de una atención cuidadosa.

1. *La palabra anticristo.* El prefijo *anti* puede significar, por supuesto, *en lugar de* o *en contra de*. Por lo tanto, el anticristo puede significar un substituto de Cristo o uno que está en contra de Cristo. Cuando *anti* es usado en el primer sentido en relación con otras palabras (como *antibasileus,* virrey), no tiene el sentido de un sustituto ilegal sino de uno que actúa rectamente en lugar de otro. En contraste, la descripción escritural del anticristo es de uno que usurpa la autoridad. Cuando esta idea de usurpar se incluye la Escritura usa la palabra *seudocristo,* un cristo falso.

Por el otro lado, *anti* en composición significa en contra de, y el anticristo en este sentido significaría uno que está en contra de Cristo. Así que, el énfasis principal en la palabra es una verdadera oposición, no una usurpación. Este sentido de *anti* parece armonizar mejor con la idea de la descripción escritural del anticristo. En los días de Juan un anticristo negaba que Jesús era el Cristo. En la apostasía final el Anticristo establece su propia religión sobre la base de su propia adoración. Esto no es una sustitución que imita o actúa en lugar de Cristo, sino una oposición absoluta. Así que, anticristo significa uno que se opone a Cristo abiertamente, no un Cristo falso.

2. *Los anticristos contemporáneos.* En los propios días de Juan los anticristos estaban presentes (I Juan 2:18; II Juan 7) y aun estaban asociados con el grupo de la Iglesia. Estos eran precursores de un gran Anticristo venidero, y Juan no niega que todavía está por levantarse un Anticristo futuro. Aquellos de los días de Juan no solamente eran gente

no creyente sino definitivamente eran *anti* cristianos. Juan los asocia con el anticristo futuro a fin de hacer ver a sus lectores del peligro de su enseñanza.

3. *El Anticristo futuro.* En la Primera Epístola Juan reconoce el carácter bien conocido del Anticristo venidero (2:18). Lo describe con detalle en el Apocalipsis (11:7; 13:1 ss.).

4. *El espíritu del anticristo.* Juan por un lado habla del espíritu del anticristo (I Juan 4:3), lo cual evidentemente es un espíritu sobrenatural trabajando a través del Anticristo. El está sugiriendo que los anticristos de aquellos tiempos eran hombres demoníacamente inspirados, y que de esa misma forma sería el Anticristo. El Apocalipsis algunas veces presenta al Anticristo como si fuera solamente un hombre y otras veces como si fuera el Demonio mismo. Evidentemente este concepto del espíritu del anticristo explica esa aparente contradicción (11:7; 13:8; 17:11).

B. Las Características del Anticristo

Esencialmente, el anticristo es uno que se opone a Dios. Esa oposición puede ser un ataque abierto como se verá en los días venideros o será más debajo de agua como en los días de Juan. El Anticristo puede pertenecer externamente al grupo cristiano aunque no orgánicamente. La doctrina básica de herejía promovida por los anticristos de los días de Juan era la negación de la Encarnación. En los días venideros el ataque del Anticristo obrará de forma que la gente sea condenada a muerte (Ap. 11:7).

C. La Culminación del Anticristo

En los tiempos de Juan aún se esperaba el Anticristo y aunque habían anticristos precursores, por así decir, en sus días, eran siempre comparados con el gran Anticristo único por venir, y no vice versa. Por lo tanto, este personaje futuro es el sobresaliente. Se ha producido una buena parte de confusión sobre el uso del nombre *Anticristo* con relación a los dos personajes importantes de los últimos días, la primera y segunda bestias de Apocalipsis 13. Muchos adjudican el nombre *Anticristo* a la segunda persona mencionada en el capítulo; es decir, a aquella de la cual comúnmente se habla como el líder religioso de los últimos tiempos. Otros, y este autor es uno de ellos, sienten que la primera bestia es la figura sobresaliente en esos días y que el nombre *Anticristo* le pertenece. Ambos grupos están de acuerdo que la primera bestia es el hombre de pecado, pero algunos no ven que él mismo ejercita ambas funciones, tanto la política como la religiosa. Sobre el fundamento del concepto del anticristo formado del significado de la palabra y del carácter sobresaliente de la persona, el nombre debe ser aplicado a aquel que toma el liderazgo en los últimos días: liderazgo general en el mundo y liderazgo específico en oposición a Dios. Esto puede serlo solamente la primera persona mencionada en Apocalipsis 13.

En la descripción que Juan hace de él (Ap. 13:1-10; 17:8-13) se hacen claras ciertas cosas. El está relacionado con la confederación de las diez naciones y gobierna sobre ellas. Tiene las características de un leopardo, un oso, y un león. Esto lleva al lector de regreso a la descripción de Daniel de los imperios del mundo (Dn. 7) y así asemeja al Anticiristo con las características que se vieron en aquellos reinos. Su poderío es de Satanás como ya se ha mencionado.

También se describe su actividad en los últimos días. Aunque este poder es limitado y delegado, es vasto mientras dura (cf. 13:4b, 5, 7, 10). El tiene poder para capturar y matar a la gente (v. 10), para controlar la compra y venta (v. 16) y para establecer su propio sistema religioso, el cual se centra en la adoración de sí mismo. Es ayudado en todo esto por un subordinado (la segunda persona mencionada en Ap. 13), el cual hace milagros, dirige la adoración a la primera bestia, y supervisa la colocación de la marca del Anticristo en las personas. Las tareas políticas del Anticristo, sin duda, lo sacarán frecuentemente de Palestina de forma que será necesario un subordinado para vigilar sobre todas las cosas allí mientras él atiende sus vastas tareas.

Se necesita un equilibrio cuidadoso en esta doctrina. La enseñanza de Juan concerniente al Anticristo futuro nunca debe cegarnos al peligro de la presencia de los anticristos en cualquier período de la historia de la Iglesia, y la verdad de anticristos contemporáneos no debe tender a restar importancia a nuestro interés en cada detalle que pueda aprenderse acerca del Anticristo de los útlimos días.

V. La Escatologia de los Judios

La manera más simple de considerar lo que Juan dice acerca del futuro para los judíos es por categorías o grupos del pueblo judío.

Para los judíos no redimidos el futuro que les espera es el mismo que para los gentiles no redimidos. Aquellos que tienen que pasar a través de la tribulación necesariamente tendrán que experimentar los juicios de ese período. Durante la eternidad su parte será, como para toda gente no salva, el lago de fuego.

Juan presenta un grupo especial de judíos en el Apocalipsis, los 144,000 testigos señalados (Ap. 7:4-8; 14:1-15). Si el lenguaje del texto se tomase de manera natural, se aceptaría que este es un grupo compuesto de un número exacto de personas, que se describen particularmente como los siervos de Dios. Su sello les garantiza una protección especial hasta que su obra de testificar concluya. Son gente redimida y evidentemente, quedan como un grupo distintivo entre todos los redimidos como "primeros frutos delante de Dios y del Cordero" (Ap. 14:4). Entre los testigos de la gracia de Dios durante la tribulación, hay dos singularmente sobresalientes (Ap. 11:14). Su testimonio singular, el cual incluye el poder de matar a sus enemigos, detener la lluvia, y traer plagas sobre la tierra, dura cuarenta y dos meses, o sea la primera parte de la tribulación. Cuando su obra sea hecha Dios los tomará a través de la muerte física. Entonces después que los hombres hayan hecho un espectáculo de sus cadáveres por tres días, serán resucitados y llevados al Cielo donde morarán con los redimidos por la eternidad.

Durante los días de la tribulación habrá un remanente fiel de judíos que creen. Para éstos habrá una intensa persecución de parte de Satanás y sus seguidores. Se les dará protección sobrenatural en lugares desiertos (Ap. 12:1-17). Sin embargo, algunos serán martirizados y formarán parte del grupo mencionada en Apocalipsis 15:2-3.

El estado de todos los judíos redimidos, sin distinción del grupo o era que pertenecieran, es el de bienaventuranza eterna. Aunque es difícil ser dogmático en cuanto a los detalles del estado eterno, tal vez pueda sugerirse que su morada especial es la Nueva Jerusalén (algo que se discutirá en detalle más adelante).

VI. La Escatologia de la Iglesia

Los conceptos involucrados en el uso de la palagra *iglesia* son frecuentemente solapados. Sin embargo, debe hacerse una distinción entre el grupo que se constituye como perteneciente a una organización y el grupo que se constituye como perteneciente a Cristo. El último debe pertenecer al primero, y el primero idealmente debe estar compuesto sólo por el último, pero ese no es siempre el caso. Por lo tanto, en el bosquejo a seguir no se sugiere que estos grupos se excluyen mutuamente. Es más un asunto de énfasis para diferenciar que de exclusividad de distinción.

A. *El Futuro de la Iglesia Organizada*

Las cartas a las siete iglesias en Apocalipsis 2-3, por supuesto, fueron escritas a congregaciones localmente históricas de los días de Juan. Sin embargo, ya que no todas las iglesias en el Asia Menor recibieron una carta (y una iglesia tan importante como la de Colosas es dejada fuera) uno podría correctamente sospechar que el Espíritu Santo significaba cuáles debían ser escogidas por razones específicas. Por lo tanto, podría parecer que estas siete son sólo representativas de la Iglesia en toda esta era y características de las condiciones que existían continuamente y en todo lugar. Algunos futurista también ven estas iglesias como proféticas; es decir, que trazan el desarrollo histórico de la eclesiología, representando cada iglesia las condiciones de un período específico de la historia de la Iglesia. Indudablemente este es el significado menos importante de las cartas. Todas las condiciones descritas en estas cartas serán representadas en la Iglesia hasta su consumación. En el futuro, así como en el pasado, la Iglesia, mientras esté sobre la tierra, dejará su primer amor, sostendrá la doctrina de Balaam, permitirá Jezabeles en el grupo, tendrá obras imperfectas, y será tibia. También habrá esas condiciones que merecen condenación por la verdad y por los elementos de verdad profesados coexistirán hasta el rapto.

Cuando los creyentes sean removidos en el rapto (Juan no habla de esto específicamente en el Apocalipsis, aunque en la cronología del libro vendría a estar en el principio del capítulo 4), la Iglesia no cesará de existir o funcionar, pero vendrá a ser absoluta y completamente una Iglesia apóstata. La escatología de esta organización aparece en Apocalipsis 17 bajo la figura de Babilonia la ramera. Esta es la organización de la Iglesia que durante la primera parte de la tribulación une a la Iglesia y el Estado (v. 2), gobierna a la bestia (vv. 3, 11), se manifiesta a sí misma con grandeza y gran pompa (v. 4), es organizada como una federación (v. 5), y reina con injusticia cruel (v. 6). Cuando el Anticristo muestra sus verdaderos colores, demandando la adoración de sí mismo debe destruir a su rival. Tan completa es esa destrucción (v. 16) que puede decirse que la cristiandad organizada llega, entonces, a su fin.

B. *El Futuro de la Iglesia Universal*

En esta sección consideramos las promesas hechas a individuos que son verdaderos creyentes. La totalidad de esas personas forman la Iglesia universal, y obviamente, muchos de ellos están en las organizaciones locales y manifiestan las características enumeradas en la sección anterior. Sin embargo, estamos considerando ahora aquellas cosas que tienen que ver con todos los creyentes porque están unidos al cuerpo místico de Cristo.

1. *La esperanza de la Iglesia.* En el aposento alto el Señor enseñó a sus discípulos tocante a lo que sería la esperanza de la Iglesia a través de toda su historia. La esperanza se centra en Su regreso personal por ellos — es la esperanza de velar por El (Juan 14:1-3). En segundo lugar, tenemos la esperanza de las mansiones o moradas celestiales para la eternidad. También nuestra esperanza incluye un cambio en nuestra naturaleza de ser como El (I Juan 3:1-3).

2. *La ocupación futura de la Iglesia.* En el Apocalipsis los redimidos se miran adorando a Dios y al Cordero (4:10-11; 5:8). Esto, evidentemente, será una de las ocupaciones principales de la Iglesia a través de la eternidad. La Iglesia también es vista sobre tronos juzgando (Ap. 20:4), aunque lo que esto implica en particular no lo dice Juan.

3. *La cena de las bodas del Cordero.* Un matrimonio hebreo requería tres pasos: (1) el matrimonio legal consumado por los padres de la novia y el novio; (2) el novio va por la novia a recogerla a casa de sus padres; y (3) la fiesta de bodas o banquete. Es de este último paso que habla Juan en Apocalipsis 19:7, y esto significa que la Novia ya ha sido quitada de su hogar terrenal.

VII. LA TRIBULACION

La mayoría del contenido de Apocalipsis concierne al tiempo futuro de tribulación. Aunque hay una amplia divergencia de opiniones concernientes a la interpretación de las características básicas y detalladas del material, entrar en la discusión de estos asuntos sería inapropiado para el plan de este libro. Ya se han dado las razones para preferir el punto de vista futurista literal del Apocalipsis, y ese punto de vista será el principio sobre el cual se trabaje en esta sección.

A. *La Duración de la Tribulación*

La duración de los períodos se da en el capítulo 11. Se dice de los dos testigos que llevan adelante su obra por 1,260 días; luego la bestia quien los mata, se dice que continúa por cuarenta y dos meses; así el período total son siete años. Esto por supuesto es confirmado en otros lugares de la Escritura (cf. Ap. 12:6, 14; 13:5; Dn. 9:27).

B. *Los Distintivos de la Tribulación*

El Señor ha declarado que este tiempo será como ningún otro período
en la historia del mundo (cf. Mt. 24:21), pero es la revelación juanina la
que lo presenta como un tiempo tan singular. La tribulación ha venido
no meramente cuando los tiempos son malos, sino cuando la raza se da
cuenta que es amenazada con la extinción y actúa en consecuencia
(6:15-17). Los hombres pueden hablar de una posible extinción como lo
hacen hoy día, pero se darán cuenta de ello de manera real cuando las
actividades ordinarias de la vida alcancen un estado caótico. Será entonces cuando la tribulación ha empezado.

C. *La Descripción de la Tribulación*

La convicción de este autor es que los movimientos cronológicos del
libro siguen las tres series sucesivas de juicios (caps. 6, 8-9, 16), el último
de los cuales se mueve muy rápidamente hacia su conclusión. Los capítulos intermedios revelan asuntos que se ajustan a la cronología básica
y dan algunos de los detalles que por necesidad son omitidos en la descripción de los juicios. Sobre dicha base y entendiendo el plan del libro,
este es el bosquejo general de los eventos durante la tribulación como
Juan los vio.

1. *Los eventos de la primera parte de la tribulación*

a. Los 144,000 testigos judíos son sellados muy al principio de ese
tiempo (7:1-8).

b. Se efectúa la federación de las iglesias apóstatas (17:1-6).

c. La confederación de naciones de los diez reinos empieza a tomar
poder bajo el liderazgo del Anticristo (17:12).

d. Los juicios de los sellos son derramados sobre la tierra.

(1) La guerra fría (6:1-2). Primero hay una conquista aparte de
la guerra (cf. v. 4).

(2) La guerra abierta (6:3-4). Siguen la revolución y la guerra.

(3) Hambre (6:5-6). El sueldo de un día comprará solamente una
medida de trigo, cuando normalmente hubiera comprado ocho.

(4) La destrucción de un cuarto de la población terrestre (6:7-8).

(5) Martirio (6:9-11). Aun en el comienzo, algunos mueren por
su fe.

(6) Disturbios físicos en el universo (6:12-17). Es entonces cuando
los seres humanos, a causa de esos disturbios, perciben que su destrucción es inminente.

e. Los dos testigos llevan adelante su testimonio durante todo ese período (11:1-6).

2. *Los sucesos de la mitad de la tribulación*

a. Los dos testigos son ejecutados después de sus cuarenta y dos meses de testimonio (11:3, 7).

b. El Anticristo mostrará su verdadero carácter en este tiempo. Por supuesto que ha tenido existencia histórica antes de esto, pero no es sino hasta ahora que él revela su verdadero carácter y demanda ser adorado (11:7; 13:1-10).

c. Satanás, el acusador, es echado fuera del Cielo (12:7-12).

3. *Los sucesos de la última mitad de la tribulación.*

a. Se intensifica la persecución de Israel (12:13-17).

b. Los juicios de las trompetas son decretados sobre la tierra.

(1) Aflicción sobre la tierra (8:7). Una tercera parte de la vegetación es destruída.

(2) Azote sobre las aguas saladas (8:8-9). Una tercera parte de los mares se vuelve sangre.

(3) Azote sobre las aguas dulces (8:10-11). Una tercera parte se vuelve amarga.

(4) Azote de los cielos (8:12-13). La uniformidad de la naturaleza es alterada.

(5) Los hombres son atormentados con langostas como escorpiones por cinco meses (9:1-12).

(6) Una tercera parte de la población es destruída (9:13-21). Esta destrucción se acopla con la que está en el cuarto sello y deja sólo la mitad o menos de la gente que entró en la tribulación después del rapto de la Iglesia. Aun a pesar de toda esta demostración de la ira de Dios, los hombres no se arrepentirán de la maldad de sus corazones.

c. La marca de la bestia se exige para el comercio (13:16-18).

d. Hacia el mero fin del período y en sucesión rápida los juicios de las copas son derramados sobre la tierra.

(1) Juicio en la tierra (16:1-2). Esto trae úlceras graves que aún aflige a la gente cuando se derrama la quinta copa (cf. v. 11).

(2) Juicio en el mar (16:3). Todos los océanos (los cuales cubren el 72 por ciento de la superficie terrestre) se convierten como sangre de manera que todos los peces mueren.

(3) Juicio en los ríos (16:4-7). Las aguas dulces también se convierten en sangre.

(4) Juicio en el sol (16:8-9). El calor del sol llegará a ser tan intenso que los hombres serán quemados, y aún así no se arrepentirán.

(5) Juicio en el trono de la bestia (16:10-11). La capital de su reino será plagada con oscuridad.

(6) Juicio en el Eufrates (16:12-16). Las aguas sangrientas del Eufrates serán secadas de manera que los ejércitos de las naciones del oriente podrán pasar sobre él rápidamente.

(7) Juicio en el aire (16:17-21). Esto provocará disturbios en gran escala y destrucción, incluyendo granizos que pesen unas 77 kilos cada uno.

e. El sistema comercial del mundo es derribado (18).

f. Los ejércitos del mundo serán reunidos para la gran batalla de Armagedón (14:20; 16:14; 19:19).

g. El Señor Jesucristo regresará con poder y gran gloria (19:11-16).

En general, éste es un breve bosquejo de los sucesos principales del terrible período del derramamiento de la ira de Dios. Que Dios puede hacer cosas semejantes no puede negarlo el hombre; que Dios las haga, algunos lo encuentran difícil de creer. Dos mil años de silencio relativo y de untrato de gracia nos han hecho insensitivos a la santidad, ira y justicia de Dios. Que Dios hará estas cosas es la única forma posible en que puede entenderse todo el sentido del texto. Uno se ve obligado a aceptar la conclusión de Seiss:

> . . . si no es literal, entonces las plagas de Egipto no son literales, no hay ninguna otra suerte posible de cumplimiento; y así el tremendo testimonio es despojado de todo su significado. Yo lo tomo como se lee; y si alguien lo niega, sobre ellos cae la responsabilidad de probar cualquier otro sentido, y de reducir a un acuerdo sus nociones mutuamente destructivas como a lo que singifica. Tómese como Dios ha querido que fuese escrito, y no podrá haber ningún desacuerdo; tómese en cualquier otra forma, y el fin será la incertidumbre.[7]

VIII. El Milenio y el Estado Eterno

A. *La Posición de Cristo*

Juan tiene algunas cosas específicas que decir acerca de la posición de Cristo durante el milenio y el estado eterno. A él se le mostró que el gobierno del Señor durante el milenio sería mundial en su extensión y que sería para siempre (siendo el milenio meramente sólo la primera parte de eso, 11:15). En 20:9, se sugiere que Jerusalén será la capital del

[7]J. A. Seiss, *The Apocalypse* (New York: Charles C. Cook, 1901), III, 72.

reino milenial, ya que esa ciudad será el centro del ataque satánico al final. Se establece completamente el carácter del gobierno del Rey:

> De su boca sale una espada aguda, para herir con ella a las naciones, y él las regirá con vara de hierro; y él pisa el lagar del vino del furor de la ira del Dios Todopoderoso.

En la eternidad el Cordero estará sobre todo el universo incluyendo el lago de fuego (14:10), y será la luz de la ciudad celestial (21:23).

B. *La Posición de Satanás*

En el principio del milenio Satanás será encadenado (20:1-3) en el abismo (9:1-3; 17:8). Este es un encierro temporal donde por mil años estará confinado vivo de manera que no pueda actuar para confundir a las naciones de la tierra. En el final del tiempo será soltado y dirigirá una revolución contra Dios (20:7-9). Después de esta breve libertad su juicio final tendrá lugar y será lanzado en el lago de fuego para siempre en compañía de la bestia, el falso profeta, y sus ángeles (20:10).

C. *La Posición del Incrédulo*

Los incrédulos que han muerto no tienen parte en el estado milenial, porque no serán resucitados sino hasta después de su conclusión (20:11-15). Luego encontrarán su lugar en el lago de fuego para siempre. Aquellos que viven y rehúsan aceptar al Rey durante el milenio seguirán a Satanás en su última revuelta, pero su destino es también el lago de fuego.

D. *La Posición de los Creyentes*

Los creyentes serán los habitantes de la Nueva Jerusalén durante estos períodos. Ha surgido mucha discusión entre los premilenialistas de que si la Nueva Jerusalén es milenial[8] o eterna[9]. En realidad la ciudad parece pertenecer a ambos períodos.[10] Juan la vio como la morada de la Esposa (21:9) lo cual la relaciona con el milenio. Esta también claramente se relaciona con la eternidad (21:1-8). En ambos períodos se ob-

[8]Cf. Scott, Seiss, Gaebelein, Ironside, and Grant.
[9]Cf. Newell, Larkin, y Ottman.
[10]Cf. J. Dwight Pentecost, *Things to Come* (Findlay, Ohio: Dunham Publishing Company, 1958), pp. 563-83.

tienen condiciones eternas y no temporales en la ciudad y para sus habitantes. Por lo tanto, la Nueva Jerusalén es milenial y eterna tanto en lo que respecta a tiempo como a posición, y siempre es eterna por las condiciones internas. (Ap. 21:9 ss. parece describir el tiempo milenial de la ciudad y sus condiciones eternas que por supuesto la caracterizarán aun durante este tiempo).

Los deleites de esa ciudad, los cuales gozarán los redimidos, incluyen plenitud de comunión con El, quien es la plenitud de la vida (22:4), descanso (14:13), plenitud de bendición (22:2), gozo (21:4), servicio (22:3), adoración (7:9-12; 19:1), gozo completo del paraíso donde no hay pecado ni ninguna de sus consecuencias.

La escatología juanina verdaderamente es:

> la corona de ese vástago cuyo follaje se extiende delante de nuestros ojos en los escritos proféticos y apostólicos del Antiguo y Nuevo Testamento. Como las vertientes se pierden en el océano, así todas las expectaciones de bendición abiertas a nosotros en las Escrituras se unen en la perspectiva apocalíptica; y precisamente en el último libro del Nuevo Testamento la investigación, como la de la unidad más alta de los diferentes sistemas doctrinales, se adjudica fácilmente, y como si fuere poco, sin esfuerzo alguno.[11]

Al resumir la teología juanina, permítase repetir que su punto de vista es teológico, lo cual quiere decir Cristológico, y sus categorías de pensamiento primordiales son pocas. Las doctrinas de Dios, la salvación, y las cosas futuras se acoplan en toda la teología Juanina. La suya es la verdadera piedra angular del desarrollo doctrinal del Nuevo Testamento desde la perspectiva de la Teología Bíblica, porque la totalidad de los pensamientos juaninos se centran en la persona de Jesús el Hijo de Dios, el redentor y juez del mundo.

---

[11]J. J. Van Oosterzee, *The Theology of the New Testament* (New York: Dodd and Mead, 1871), p. 414.

CONCLUSION

Nuestra investigación de la Teología del Nuevo Testamento nos ha llevado a todas las partes de la revelación progresiva como fue dada en el Nuevo Testamento, desde los Evangelios hasta el Apocalipsis, desde Belén a la Nueva Jerusalén. Nuestra tarea ha sido sistematizar la verdad de Dios como fue compilada a través de varios hechos sucesivos y a través de las mentes de los distintos autores del Nuevo Testamento. Nuestro interés ha estado centrado en los diferentes énfasis de los instrumentos humanos de revelación, como se ve en los escritos. Las divisiones principales del progreso de la revelación están claramente presentadas, y puede haber poco debate acerca de ellas. La Teología Sinóptica, la teología Paulina, y la teología Juanina son las tres áreas principales del desarrollo doctrinal, pero entre los Sinópticos y la teología Paulina viene la contribución importantes de la Iglesia primitiva como se ve en Hechos y Santiago. Entre las teologías Paulina y Juanina viene el posterior desarrollo como se refleja en Hebreos y las Epístolas de Pedro y Judas. Así, estas siete divisiones son de categorías obvias de la Teología Bíblica del Nuevo Testamento.

Asimismo, el énfasis entre estas secciones ha surgido claramente de nuestro estudio. La teología Sinóptica es primordialmente una teología del Rey y Su reino. Esto lo descubrimos de Mateo, el Evangelio teológico, y es la llave que abre el significado teológico de la vida y ministerio de Cristo. La teología de Hechos es un puente entre el Evangelio y las enseñanzas de Pablo. Los Hechos continúan el registro de la obra de Cristo en su estado resucitado y presenta la nueva entidad, la Iglesia, cuya doctrina es desarrollada posteriormente por Pablo. La teología de Santiago muestra que la cercana relación entre la doctrina y la vida fue observada por algunos y pasada por alto por otros en la Iglesia primitiva. La doctrina estructural principal de esta teología es la palabra, la que nos hace renacer a la nueva vida, la cual también pobierna.

Un punto crucial en el progreso de la revelación del Nuevo Testamento es presentado en la teología Paulina. Aquí se revela la nueva posición del redimido en la esfera de la vida resucitada en Cristo. La doctrina de Pablo es en todo lugar ética, con el intento que los miembros del Cuerpo de Cristo practiquen en todos los aspectos de la vida su posición exaltada en El. La consonancia doctrinal entre Pablo y Cristo es evidente, porque la teología Paulina es grandemente una elaboración de las promesas del Salvador que "en aquel día vosotros conocereis que yo estoy en mi Padre, y vosotros en mí, y yo en vosotros". (Juan 14:20). Las teologías de Hebreos y de Pedro y Judas son decididamente Cristológicas, presentando al Señor como la cura para las dificultades y descarríos en la vida de la Iglesia. El climax de la Teología del Nuevo Testamento se alcanza en los escritos juaninos. Es Cristo el Salvador y Juez quien es presentado allí. De nuevo la continuidad es evidente, porque al Apocalipsis es un cumplimiento de la promesa del Salvador de que El enviaría el Espíritu Santo para "mostraros las cosas por venir" (Juan 16:13). También la escatología de Pablo, completa como es, todavía necesita la palabra final concerniente a la consumación como se contiene en Apocalipsis. La sorprendente declinación doctrinal y ética denunciada por Pedro y Judas crean la necesidad de una palabra más de parte de Dios como se da en el último libro de la Biblia. Así el desarrollo de la autorevelación de Dios en el Nuevo Testamento es progresiva tanto en sus pasos como en sus énfasis.

El desarrollo progresivo y diversificado no significa desacuerdo doctrinal. En cualquier parte del progreso histórico condicionado de la revelación se hace manifiesto una

> unidad muy alta . . . [así que] no solamente en los conceptos fundamentales, sino también en la presentación de los temas principales, e incluso en el número de asuntos de relativa importancia, debe observarse una armonía natural y sin ambages entre ellos [los distintos autores]. No existe contradicción alguna entre ellos tocante a la más mínima cuestión . . .[1]

Se ha señalado en la introducción que la Teología Bíblica es fundamental a la Teología Sistemática. Esta unidad mayor percibida por el método de la Teología Bíblica prueba la validez de las doctrinas de la Teología Sistemática, porque si las enseñanzas de los distintos escritores del Nuevo Testamento sólo consistieran de una conglomeración de pensamientos

---

[1] J. J. Van Oosterzee, *The Theology of the New Testament* (New York: Dodd & Mead, 1871), p. 416.

humanos que frecuentemente se encontraran contradictorios entre sí, no habría dogmáticas verdaderas. Las doctrinas cardinales de Dios, Cristo, el pecado, la salvación, la Iglesia, y el futuro están congruente y armoniosamente presentadas por los escritores. Aunque éste es un fenómeno tan destacado que no hay contraparte en la historia de las religiones, el cristiano se da cuenta que no podría ser de otra manera; porque esta unidad es la obra del Señor de Gloria, quien a través del Espíritu Santo guió a cada autor humano en su propia forma individual de manera que todos contribuyeron sin manchar o ni empañar esa descripción tan perfecta y armoniosa que nosotros llamamos el Nuevo Testamento, supervisado por el mismo Autor divino. El estudio de la Teología Bíblica nos da apremiante confianza en la autoridad de las Escrituras, porque en la investigación de las distintas partes con sus distintas funciones, relaciones y énfasis vemos las diversas aleaciones dentro de un esquema doctrinal unificado. Las partes vienen a ser un todo; en los muchos autores, vemos al Autor único; los libros vienen a ser un Libro.

> Como estudiantes, quienes acuden con interés crítico a las obras de Mateo, de Pablo o de Juan, hemos llegado a los más altos niveles de creyentes quienes abren con regocijo santo "el Nuevo Testamento de nuestro Señor y Salvador Jesucristo . . ."[2]

Esta es la gloriosa meta hacia la cual se dirige la Teología Bíblica.

[2]T. D. Bernard, *The Progress of Doctrine in the New Testament* (Grand Rapids: Zondervan, n.d.), p. 215.

LISTA SELECTA DE TEOLOGIAS BIBLICAS

Adeney, W. F. *The Theology of the New Testament.* London: Hodder and Stoughton, 1894.

*Bernard, T. D., *The Progress of Doctrine in the New Testament.* Grand Rapids: Zondervan Publishing House, s.f. *El Desarrollo Doctrinal en el Nuevo Testamento,* trad. por Felipe Delgado. 1a. ed. Mexico, D.F., Publicaciones De la Fuente, 1961. 265 págs.

Beyschlag, W. *New Testament Theology.* 2 vols. Edinburgh: T. &T. Clark, 1899.

Bruce, A. B. *St. Paul's Conception of Christianity.* Edinburgh: T. & T. Clark, 1894.

Bultmann, Rudolf. *Theology of the New Testament.* 2 vols. New York: Scribner's, 1951.

Gould, E. P. *The Biblical Theology of the New Testament.* New York: The Macmillan Co., 1900.

Kennedy, H. A. A. *St. Paul's Conceptions of the Last Things.* London: Hodder and Stoughton, 1904.

*————. *The Theology of the Epistles.* London: Duchworth, 1919.

King, J. M. *The Theology of Christ's Teaching.* London: Hodder and Stoughton, 1902.

McNeile, A. H. *St. Paul, His Life, Letters, and Christian Doctrine.* Cambridge: Cambridge University Press, 1920.

Moffatt, J. *The Theology of the Gospels.* New York: Charles Scribner's Sons, 1913.

*Ramsay, W. M. *The Teaching of Paul in Terms of the Present Day.* London: Hodder and Stoughton, s.f.

Rostron, S. N. *The Christology of St. Paul.* London: Robert Scott, 1912.

*Schmid, C. F. *Biblical Theology of the New Testament.* Edinburgh: T. & T. Clark, 1877.

Sheldon, H. C. *New Testament Theology.* New York: The Macmillan Co., 1922.

Stauffer, E. *New Testament Theology.* New York: The Macmillan Co., 1955.

*Stevens, G. B. *The Johannine Theology.* London: Richard B. Dickinson, 1894.

*_____. *The Pauline Theology.* London: Richard B. Dickinson, 1892.

*_____. *The Theology of the New Testament.* Edinburgh: T. & T. Clark, 1899.

Stewart, J. S. *A Man in Christ.* London: Hodder and Stoughton, 1935.

*Van Oosterzee, J. J. *The Theology of the New Testament.* New York: Dodd & Mead Co., 1871.

*Vos, G. *Biblical Theology; Old and New Testament.* Grand Rapids, Wm. B. Eerdmans Publishing Co., 1954.

*Weidner, R. F. *Biblical Theology of the New Testament.* 2 vols. New York: Fleming H. Revell Co., 1891.

*Weiss, B. *Biblical Theology of the New Testament.* 2 vols. Edinburgh: T. & T. Clark, 1882.

Wilder, A. N. *New Testament Faith for Today.* New York: Harper and Brothers Publishers, 1955.

*Estos libros pueden ser considerados como los de mayor ayuda, y los cuales representan puntos de vista similares a los sostenidos en este libro.

_____

OBRAS BASICAS DE REFERENCIA PARA EL ESTUDIO DE LA TEOLOGIA BIBLICA DEL NUEVO TESTAMENTO

Alford, H. *The Greek Testament.* 4 vols. London: Rivingtons, 1859. Reimpreso, Chicago: Moody Press, 1958.

Allis, O. T. *Prophecy and the Church.* Philadelphia: The Presbyterian and Reformed Publishing Co., 1945.

The Ante-Nicene Fathers. 9 vols. Grand Rapids: Wm. B. Eerdmans Publishing Co., 1951.

Arndt, W. F., and F. W. Gingrich. *A Greek-English Lexicon of the New Testament and Other Early Christian Literature.* Chicago: The University of Chicago Press, 1957.

The Cambridge Greek Testament.

Carnell, E. J. *An Introduction to Christian Apologetics.* Grand Rapids: Wm. B. Eerdmans Publishing Co., 1948.

Carrington, P. *The Early Christian Church.* Cambridge: Cambridge University Press, 1957.

Chafer, L. S. *Systematic Theology.* 8 vols. Dallas: Dallas Seminary Press, 1947. *Teología Sistemática.* Trad. por Evis Carballosa, Rodolfo Mendieta P., M. Francisco Liévano R. 1a. ed. Dalton, Georgia: Publicaciones Españolas.

Davidson, F. *Pauline Predestination.* London: Tyndale Press, 1945.

Edersheim, A. *The Life and Times of Jesus the Messiah.* 2 vols. Grand Rapids: Wm. B. Eerdmans Publishing Co., 1943.

Encyclopaedia Biblica. 4 vols. New York: The Macmillan Co., 1899.

Expositor's Greek Testament. 5 vols. Grand Rapids: Wm. B. Eerdmans Co.

Fairweather, W. *The Background of the Epistles.* 2 vols. Edinburgh: T. & T. Clark, 1908.

Hamilton, F. E. *The Basis of Millennial Faith.* Grand Rapids: Wm. B. Eerdmans Publishing Co., 1952.

Hastings, J. A. *Dictionary of the Apostolic Church.* 2 vols. Edinburgh: T. & T. Clark, 1915.

—————. *A Dictionary of the Bible.* 5 vols. New York: Charles Scribner's Sons, 1901.

—————. *A Dictionary of Christ and the Gospels.* 2 vols. Edinburgh: T. & T. Clark, 1912.

The International Critical Commentary. Edinburgh: T. & T. Clark.

The International Standard Bible Encyclopaedia. 5 vols. Grand Rapids: Wm. B. Eerdmans Publishing Co., 1947.

Kennedy, H. A. A. St. *Paul and the Mystery-Religions.* New York: Hodder and Stoughton, s.f.

Ladd, G. E. *Crucial Questions About the Kingdom of God.* Grand Rapids: Wm. B. Eerdmans Publishing Co., 1952.

Machen, J. G. *Christianity and Liberalism.* New York: The Macmillan Co., 1923.

—————. *The Origin of Paul's Religion.* New York: The Macmillan Co., 1921.

McNeile, A. H. *An Introduction to the Study of the New Testament.* Oxford: Oxford University Press, 1953.

Morris, L. *The Apostolic Preaching of the Cross.* Grand Rapids: Wm. B. Eerdmans Publishing Co., 1955.

Moulton, J. H., and Milligan, G. *The Vocabulary of the Greek Testament.* Grand Rapids: Wm. B. Eerdmans Publishing Co., 1952.

Pentecost, J. D. *Things to Come.* Findlay, Ohio: Dunham Publishing Co., 1958. *Eventos del Porvenir.* Trad. por Luis G. Galdona. 1a. ed. Maracaibo, Venezuela: Editorial Libertador, 1977. 460 págs.

Peters, G. N. H. *The Theocratic Kingdom.* 3 vols. Grand Rapids: Kregel, 1952.

Ramm, B. *Protestant Christian Evidences.* Chicago: Moody Press, 1953.

Ramsay, W. M. *The Church in the Roman Empire Before A.D. 170.* London: Hodder and Stoughton, 1894. Reimpreso, Grand Rapids: Baker Book House.

Robertson, A. T. *A Grammar of the Greek New Testament in the Light of Historical Research.* New York: Hodder and Stoughton, 1919.

_____. *Luke the Historian in the Light of Research.* Edinburgh: T. & T. Clark, 1920.

Ryrie, C. C. *The Basis of the Premillenial Faith.* New York: Loizeaux Brothers, 1953. *Bases de la Fe Premilenial.* Barcelona, España: Publicaciones Portavoz, 1982.

Schaff, P. *History of the Christian Church.* 8 vols. Grand Rapids: Wm. B. Eerdmans Publishing Co., 1950.

Scroggie, W. G. *Guide to the Gospels.* London: Pickering and Inglis, 1948.

_____. *Know Your Bible.* London: Pickering and Inglis, 1940.

Stibbs, A. M. *The Meaning of the Word "Blood" in Scripture.* London: Tyndale Press, 1947.

Tenney, M. C. *The New Testament, An Historical and Analytical Survey.* Grand Rapids: Wm. B. Eerdmans Publishing Co., 1953. *Nuestro Nuevo Testamento*; Una Perspectiva Histórica-analítica. Chicago, Editorial Moody, 1973.

Warfield, B. B. *The Lord of Glory.* London: Hodder and Stoughton, 1907. Reimpreso Grand Rapids: Zondervan Publishing House.

Wright, G. E. *Biblical Archaeology.* Philadelphia: Westminster Press, 1957.

Zahn, T. *Introduction to the New Testament.* 3 vols. Grand Rapids: Kregel, 1953.

Commentarios en varios libros de J. B. Lightfoot, C. J. Ellicott, F. Godet, B. F. Westcott, A. Plummer, y K. Wuest.

BIBLIOGRAFIA

Alexander, J. A. *The Acts of the Apostles.* New York: Charles Scribner's Sons, 1872. Reimpreso, Grand Rapids: Zondervan Publishing House.

Alford, H. *The Greek Testament.* 4 vols. London: Rivingtons, 1859. Reimpreso, Chicago: Moody Press, 1958.

Allen, W. C. *A Critical and Exegetical Commentary on the Gospel According to St. Matthew. International Critical Commentary.* Edinburgh: T. &T. Clark, 1907.

Allis, O. T. *Prophecy and the Church.* Philadelphia: The Presbyterian and Reformed Publishing Co., 1945.

Appleton, G. *John's Witness to Jesus.* New York: Association Press, 1955.

Baur, F. C. *Paul, His Life and Works.* London: Williams and Norgate, 1876.

Bernard, T. D. *The Progress of Doctrine in the New Testament.* Grand Rapids: Zondervan Publishing House, s.f. *El Desarrollo Doctrinal en el Nuevo Testamento.* Trad. por Felipe Delgado. México, D.F.: Publicaciones de la Fuente, 1961.

Beyschalg, W. *New Testament Theology.* Edinburgh: T. &T. Clark, 1899.

Bigg, C. *A Critical and Exegetical Commentary on the Epistles of St. Peter and St. Jude. International Critical Commentary.* Edinburgh: T. T. Clark, 1902.

Blenkin, G. W. *The First Epistle General of Peter. Cambridge Greek Testament.* Cambridge: Cambridge University Press, 1914.

Bruce, F. F. *The Acts of the Apostles.* Chicago: Inter-Varsity Christian Fellowship, 1952.

Brumback, C. *"What Meaneth This?"* Springfield, Mo.: Gospel Publishing House, 1947.

Brunner, E. *Man in Revolt.* Philadelphia: Westminster Press, 1947.

Buis, H. *The Doctrine of Eternal Punishment.* Philadelphia: Presbyterian and Reformed Publishing Co., 1957.

Calvino, J. *Las Instituciones de la Religión Cristiana.* Trad. y publicado por Cipriano de Valera en 1597. Reeditada por Luis de Usoz y Río en

1858; nueva edición revisada en 1967. Países Bajos: Fundación de Literatura Reformada, 1967.

Carnell, E. J. *An Introduction to Christian Apologetics.* Grand Rapids: Wm. B. Eerdmans Publishing Co., 1948.

Carr, A. *The Gospel According to St. Matthew. Cambridge Bible for Schools and Colleges.* Cambridge: Cambridge University Press, 1896.

_____. *St. James. Cambridge Greek Testament.* Cambridge: Cambridge University Press, 1886.

_____. *St. Matthew. Cambridge Greek Testament.* Cambridge: Cambridge University Press, 1887.

Carrington, P. *The Early Christian Church.* Cambridge: Cambridge University Press, 1957.

Chafer, L. S. *Systematic Theology.* 8 vols. Dallas: Dallas Seminary Press, 1947. *Teología Sistemática.* 2 tomos. Trad. por Evis Carballosa, Rodolfo Mendieta P., M. Francisco Liévano R. Dalton, Georgia: Publicaciones Españolas.

Clarke, W. K. L. *New Testament Problems.* London: Society for Promoting Christian Knowledge, 1929.

Crichton, J. "Messiah," *International Standard Bible Encyclopaedia.* Grand Rapids: Wm. B. Eerdmans Publishing Co., 1943.

Dana, H. E., y Mantey, J. R. *A Manual Grammar of the Greek New Testament.* New York: The Macmillan Co., 1927. *Manual de Gramática del Nuevo Testamento Griego.* Trad. por Adolfo Robleto D., Catalina H. de Clark y Stanley D. Clark. El Paso, Texas: Casa Bautista de Publicaciones, 1977.

Davidson, F. *Pauline Predestination.* London: Tyndale Press, 1945.

Deissmann, A. *Bible Studies.* Edinburgh: T. & T. Clark, 1901.

_____. *Light from the Ancient East.* New York: Hodder and Stoughton, s.f.

Dix, Gregory. *The Apostolic Ministry.* K. E. Kirk, ed. London: Hodder and Stoughton, 1946.

Edersheim, A. *The Life and Times of Jesus the Messiah.* Grand Rapids: Wm. B. Eerdmans Publishing Co., 1943.

_____. *The Temple, its Ministry and Services.* London: Religious Tract Society, 1908. Reimpreso, Grand Rapids: Wm. B. Eerdmans Publishing Co.

Edwards, D. M. "Mystery", *International Standard Bible Encyclopaedia.* Grand Rapids: Wm. B. Eerdmans Publishing Co., 1943.

Ellicot, C. J. *A Critical and Grammatical Commentary on St. Paul's Epistles to the Philippians, Colossians, and to Philemon.* London: Longmans, Green, and Co., 1888.

English, E. S. *Re-thinking the Rapture.* Travelers Rest, S.C.: Southern Bible Book House, 1954.

Eusebius. *Ecclesiastical History.*

Filson, F. V. "The Epistle to the Hebrews," *Journal of Bible and Religion.* January 1954.

Finney, C.G. *Lectures on Systematic Theology.* South Gate, Calif.: Colporter Kemp, 1944.

Gibbon, E. *The Decline and Fall of the Roman Empire.*

Godet, F. L. *A Commentary on St. Paul's Epistle to the Romans.* Edinburgh: T. & T. Clark, s.f. Reimpreso, Grand Rapids: Zondervan Publishing House.

_____. *A Commentary on the Gospel of St. Luke.* Edinburgh: T. & T. Clark, 1890.

Gore, C. *The Question of Divorce.* London: John Murray, 1911.

Gray, J. M. "Peter," *International Standard Bible Encyclopaedia.* Grand Rapids: Wm. B. Eerdmans Publishing Co., 1943.

Hamilton, F. E. *The Basis of Millennial Faith.* Grand Rapids: Wm. B. Eerdmans Publishing Co., 1952.

Harnack, A. *What is Christianity?* London: Williams and Norgate, 1904.

Harrison, P. N. *The Problem of the Pastoral Epistles.* London: Oxford, 1921.

Henry, C. F. H. *Christian Personal Ethics.* Grand Rapids: Wm. B. Eerdmans Publishing Co., 1957.

Hobart, W. K. *Medical Language of St. Luke.* London: Longmans, Green, and Co., 1882. Reimpreso, Grand Rapids: Baker Book House.

Hogg, C.F., y Watson, J. B. *On the Sermon on the Mount.* London: Pickering and Inglis, 1933.

Ireneo. *Against Heresies.*

James, M. R. *The Second Epistle General of Peter and the General Epistle of Jude. Cambridge Greek Testament.* Cambridge: Cambridge University Press, 1912.

Kelly, W. *Lectures on the Church of God.* London: Morrish, 1918.

_____. *The Preaching to the Spirits in Prison.* London: F. C. Race, s.f.

Kennedy, H. A. A. *St. Paul and the Mystery-Religions.* New York: Hodder and Stoughton, s.f.

_____. *St. Paul's Conceptions of the Last Things.* London: Hodder and Stoughton, 1904.

_____. *The Theology of the Epistles.* London: Duckworth, 1919.

King, J. M. *The Theology of Christ's Teaching.* London: Hodder and Stoughton, 1902.

Kraeling, C. H. *John the Baptist.* New York: Charles Scribner's Sons, 1951.

Ladd, G. E. *Crucial Questions About the Kingdom of God.* Grand Rapids: Wm. B. Eerdmans Publishing Co., 1952.

Lenski, R. C. H. *The Interpretation of the Epistles of St. Peter, St. John, and St. Jude.* Columbus, Ohio: Lutheran Book Concern, 1938.

Liddon, H.P. *St. Paul's First Epistle to Timothy.* London: Oxford, 1897.

Lightfoot, J. B. *Biblical Essays.* London: The Macmillan Co., 1893.

_____. *St. Paul's Epistle to the Philippians.* London: The Macmillan Co., 1885. Reimpreso, Grand Rapids: Zondervan Publishing House.

Lillie, J. *Lectures on the First and Second Epistles of Peter.* London: Hodder and Stoughton, 1870.

Lindsay, J. "Biblical Theology," *International Standard Bible Encylcopaedia.* Grand Rapids: Wm. B. Eerdmans Publishing Co., 1943.

Lindsay, T. M. "Baptism," *International Standard Bible Encyclopaedia.* Grand Rapids: Wm. B. Eerdmans Publishing Co., 1943.

Lock, W. "Love-feasts," *A Dictionary of the Bible.* Ed. J. Hastings. Edinburgh: T. & T. Clark, 1899.

Machen, J. G. *Christianity and Liberalism.* New York: The Macmillan Co., 1923.

_____. *The Origin of Paul's Religion.* New York: The Macmillan Co., 1921.

_____. *The Virgin Birth of Christ.* New York: Harper and Brothers Publishers, 1930.

McNeile, A. H. *An Introduction to the Study of the New Testament.* Oxford: Oxford University Press, 1953.

_____. *St. Paul. His Life, Letters, and Christian Doctrine.* Cambridge: Cambridge University Press, 1920.

Manson, W. *The Epistle to the Hebrews,* London: Hodder & Stoughton, 1941.

Major, H. D. A., Manson, T. W. and Wright, C. J. *The Mission and Message of Jesus.* London: Ivor Nicholson and Watson, 1937.

Mayor, J. B. *The Epistle of St. James.* London: The Macmillan Co., 1897. Reimpreso, Grand Rapids: Zondervan Publishing House.

Miller, R. B. "Sermon on the Mount," *International Standard Bible Encylcopaedia.* Grand Rapids: Wm. B. Eerdmans Publishing Co., 1943.

Milligan, G. *The Theology of the Epistle to the Hebrews.* Edinburgh: T. & T. Clark, 1899.

Moffatt, J. *A Critical and Exegetical Commentary on the Epistle to the Hebrews. International Critical Commentary.* New York: Charles Scribner's Sons, 1924.

_____. *The Theology of the Gospels.* New York: Charles Scribner's Sons, 1913.

Moorehead, W. G. "Jude, The Epistle of," *International Standard Bible Encyclopaedia.* Grand Rapids: Wm. B. Eerdmans Publishing Co., 1943.

Morris, L. *The Apostolic Preaching of the Cross.* Grand Rapids: Wm. B. Eerdmans Publishing Co., 1955.

Newell, W. R. *Hebrews Verse by Verse.* Chicago: Moody Press, 1947.

Nicole, R. "Old Testament Quotations in the New Testament." *The Gordon Review.* February, 1955.

O'Hair, J. C. *A Dispensational Study of the Bible.* Chicago: O'Hair, s.f.

Orr, J. "The Bible," *International Standard Bible Encylcopaedia.* Grand Rapids: Wm. B. Eerdmans Publishing Co., 1943.

Pentecost, J. D. *Things To Come.* Findlay, Ohio: Dumham Publishing Co., 1958. *Eventos del Porvenir.* Trad. por Luis G. Galdona. Maracaibo, Venezuela: Editorial Libertador, 1977.

Peters, G. N. H. *The Theocratic Kingdom.* 3 vols. Grand Rapids: Kregel, 1952.

Plummer, A. *The Epistles of John. Cambridge Greek Testament.* Cambridge: Cambridge University Press, 1886.

_____. *A Critical and Exegetical Commentary on the Gospel According to St. Luke. International Critical Commentary.* Edinburgh: T. & T. Clark, 1910.

_____. "The General Epistles of St. James and St. Jude." *Expositor's Bible.* Grand Rapids: Wm. B. Eerdmans Publishing Co., 1943.

_____. *The Gospel According to St. John. Cambridge Greek Testament.* Cambridge: Cambridge University Press, 1891.

Plumptre, E. H. *The General Epistle of St. Peter and St. Jude. Cambridge Bible for Schools and Colleges.* Cambridge: Cambridge University Press, 1893.

Rackham, R. B. *The Acts of the Apostles.* London: Methuen and Co., 1951.

Ramsay, W. M. *The Church in the Roman Empire Before A.D. 170.* London: Hodder and Stoughton, 1894. Reimpreso, Grand Rapids: Baker Book House.

_____. *The Teaching of Paul in Terms of the Present Day.* London: Hodder and Stoughton, s.f.

————. *Was Christ Born at Bethlehem?* London: Hodder and Stoughton, 1898.

Renan, E. *The Apostles.* New York: Carleton, 1869.

Robertson, A., and Plummer, A. *A Critical and Exegetical Commentary on the First Epistle of St. Paul to the Corinthians. International Critical Commentary.* Edinburgh: T. & T. Clark, 1914.

Robertson, A. T. *A Grammar of the Greek New Testament in the Light of Historical Research.* New York: Hodder and Stoughton, 1919.

————. *Luke the Historian in the Light of Research.* Edinburgh: T. & T. Clark, 1920.

————. *Word Pictures in the New Testament.* New York: Harper and Brothers Publishers, 1930.

Robinson, J. A. "Deacon and Deaconess." *Encyclopaedia Biblica.* London: Oxford, 1897.

Rostron, S. N. *The Christology of St. Paul.* London: Robert Scott, 1912.

Ryle, J. C. *Expository Thoughts on the Gospels.* New York: Baker and Tylor, 1858. Reimpreso, Grand Rapids: Zondervan. *Los Evangelios Explicados.* New York: Sociedad Americana de Tratados, s.f.

Ryrie, C. C. *The Basis of the Premillennial Faith.* New York: Loizeaux Brothers, 1953. *Bases de la Fe Premilenial.* Barcelona, España: Publicaciones Portavoz, 1982.

————. *The Place of Women in the Church.* New York: The Macmillan Co., 1958.

————. "The Significance of Pentecost," *Bibliotheca Sacra,* October, 1955.

Salmon, G. *The Human Element in the Gospels.* London: John Murray, 1908.

Sanday, W., and Headlam, A. C. *A Critical and Exegetical Commentary on the Epistle to the Romans. International Critical Commentary.* New York: Charles Scribner's Sons, 1895.

Schaff, P. *History of the Christian Church.* 8 vols. Grand Rapids: Wm. B. Eerdmans Publishing Co., 1950.

Schechter, S. *Some Aspects of Rabbinic Theology.* New York: The Macmillan Co., 1923.

Schmid, C. F. *Biblical Theology of the New Testament.* Edinburgh: T. & T. Clark, 1877.

Schmiedel, P. W. "Resurrection and Ascension Narratives," *Encyclopaedia Biblica.* New York: The Macmillan Co., 1914.

Schultz, H. *Old Testament Theology.* Edinburgh: T. & T. Clark, 1895.

Schurer, E. *A History of the Jewish People in the Time of Jesus Christ.* Edinburgh: T. & T. Clark, 1890.

Schwarze, F. C. "The Bible and Science on the Everlasting Fire," *Bibliotheca Sacra.* January, 1938.

Scroggie, W. G. *The Book of the Revelation.* Cleveland, Ohio: Union Gospel Press, 1920.

_____. *Guide to the Gosepls.* London: Pickering and Inglis, 1948.

_____. *Know Yor Bible.* London: Pickering and Inglis, 1940.

Seis, J. A. *The Apocalypse.* New York: Charles C. Cook, 1901. Reimpreso, Grand Rapids: Zondervan Publishing House.

Sheldon, H. C. *New Testament Theology.* New York: The Macmillan Co., 1922.

Smith, W. R., y von Soden, H. "Hebrews," *Encyclopaedia Biblica.* New York: The Macmillan Co., 1914.

Stevens, G. B. *The Johannine Theology.* London: Richard B. Dickinson, 1894.

_____. *The Pauline Theology.* London: Richard B. Dickinson, 1892.

_____. *The Theology of the New Testament.* Edinburgh: T. & T. Clark, 1899.

Stewart, J. S. *A Man in Christ.* London: Hodder and Stoughton, 1935.

Stibbs, A. M. *The Meaning of the Word "Blood" in Scripture.* London: Tyndale Press, 1947.

Tenney, M. C. *The New Testament, An Historical and Analytical Survey.* Grand Rapids: Wm. B. Eerdmans Publishing Co., 1953. *Nuestro Nuevo Testamento;* Una Perspectiva Histórica-analítica. Chicago: Editorial Moody, 1973.

Trench, R. C. *The Star of the Wise Men.* Philadelphia: H. Hooker, 1850.

_____. *Synonyms of the New Testament.* Grand Rapids: Wm. B. Eerdmans Publishing Co., 1950.

Van Oosterzee, J. J. *The Theology of the New Testament.* New York: Dodd and Mead, 1871.

Vitringa. *De Synagoga Vetere.* Franequerae: Johannis Gyzelaar, 1696.

Vos, G. *Biblical Theology.* Grand Rapids. Wm. B. Eerdmans Publishing Co., 1954.

Warfield, B. B. *The Lord of Glory.* London: Hodder and Stoughton, 1907. Reimpreso, Grand Rapids: Zondervan Publishing House.

_____. "Predestination," *A Dictionary of the Bible.* Ed. J. Hastings. Edinburgh: T. & T. Clark, 1902.

Weidner, R. F. *Biblical Theology of the New Testament.* New York: Fleming H. Revell Co., 1891.

Weiss, B. *Biblical Theology of the New Testament.* Edinburgh: T. & T. Clark, 1882.

Wenley, R. M. "Philo," *International Standard Bible Encyclopaedia.* Grand Rapids: Wm. B. Eerdmans Publishing Co., 1943.

Westcott, B. F. *The Epistle to the Hebrews.* London: The Macmillan Co., 1892. Reimpreso Grand Rapids: Wm. B. Eerdmans Publishing Co.

_____. *The Gospel of St. John.* London: John Murray, 1908. Reimpreso, Grand Rapids: Wm. B. Eerdmans Publishing Co.

Wilder, A. N. *New Testament Faith for Today.* New York: Harper and Brothers Publishers, 1955.

Wuest, K. S. *First Peter in the Greek New Testament.* Grand Rapids: Wm. B. Eerdmans Publishing Co., 1945.

_____. "The Rapture-Precisely When?" *Bibliotheca Sacra.* January, 1957.

Zahn, T. *Introduction to the New Testament.* 3 vols. Grand Rapids: Kregel, 1953.

Indice de Materias

INDICE DE LAS ESCRITURAS

Marcos

Juan

Santiago

La Biblia de estudio Ryrie ampliada es una herramienta única y amplia que satisface todas las necesidades del estudio de la Biblia. Incluye:

- 10.000 notas explicativas concisas
- Abundantes mapas, cuadros, cronologías y diagramas
- Extensas referencias cruzadas
- Índice de temas ampliado
- Amplia concordancia
- Breve resumen de doctrinas bíblicas
- La inspiración de la Biblia
- Cómo comprender la Biblia
- Cómo nos llegó la Biblia
- Significado de la salvación y bendiciones que comporta
- La arqueología y la Biblia
- Panorama de la historia de la iglesia
- Bosquejos de los libros en un formato fácil de leer
- Introducción minuciosa a cada libro
- Introducción al Antiguo y Nuevo Testamento así como a los Evangelios

"La Biblia es el libro más grandioso de todos; estudiarla es la más noble de todas las ocupaciones; entenderla, la más elevada de todas las metas".
—Dr. Charles C. Ryrie

ISBN: 978-0-8254-1816-7 / Tapa dura

Otros recursos bíblicos
de Charles C. Ryrie:

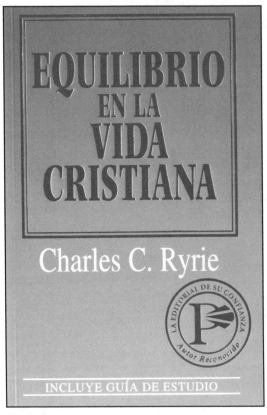

EQUILIBRIO EN LA VIDA CRISTIANA

Un libro provechoso para los que deseen una aplicación práctica de espiritualidad equilibrada. Nueva edición con guía de estudio.

ISBN: 978-0-8254-1628-6 rústica / 256 páginas

Disponible en su librería cristiana favorita o en www.portavoz.com

La editorial de su confianza

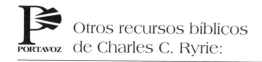
Otros recursos bíblicos
de Charles C. Ryrie:

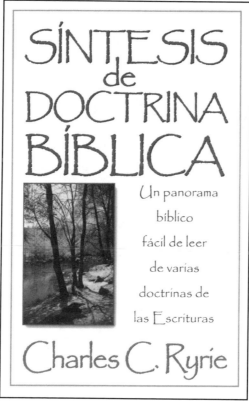

SÍNTESIS DE DOCTRINA BÍBLICA

Una vista panorámica de las doctrinas fundamentales de la Biblia.

ISBN: 978-0-8254-1636-1 / rústica / 216 páginas

Disponible en su librería cristiana favorita o en www.portavoz.com

La editorial de su confianza

PORTAVOZ

NUESTRA VISIÓN

Maximizar el efecto de recursos cristianos de calidad que transforman vidas.

NUESTRA MISIÓN

Desarrollar y distribuir productos de calidad —con integridad y excelencia—, desde una perspectiva bíblica y confiable, que animen a las personas a conocer y servir a Jesucristo.

NUESTROS VALORES

Nuestros valores se encuentran fundamentados en la Biblia, fuente de toda verdad para hoy y para siempre. Nosotros ponemos en práctica estas verdades bíblicas como fundamento para las decisiones, normas y productos de nuestra compañía.

Valoramos la excelencia y la calidad
Valoramos la integridad y la confianza
Valoramos el mérito y la dignidad de los individuos y las relaciones
Valoramos el servicio
Valoramos la administración de los recursos

Para más información acerca de nuestra editorial y los productos que publicamos visite nuestra página en la red: www.portavoz.com